LIGATVRES
DES LANGVES,
FRANCOISE,
ET LATINE,

RECIPROQVEMANT APPA-
riées, & proprement randuës, les vnes
par les autres,

OV

Explication des mots … François, &
Latins, qui sont la liaison de la structure, du langage,

Par le P. … MERET, de la
Compignie de …

A Lyon, & se vendent,

A PARIS,

Chez GVILLAVME … ruë S. Iacques,
deuant l'Image S. Pierre.

M. DC. XXIX.

Auec Priuilege du Roy.

A maitreſſe main de Nature
atache, & vnit par anſamble,
d'vne liaiſon admirable, les os,
les nerfs, & la chair, es ioin-
tures du cors de l'animal. A cet effet, elle
diſpoſe au prealable, que les tetes des os, voiſines, & oppoſées antre elles, s'aillent termi-
nans an des Epiphyſes, ou excroiſſances de
matiere, aſſez molle, ſpongieuſe, ſucculante,
& viſqueuſe, & par ce moien, fort capable à
contracter reciproque, & ſolide alliage. Au
meme tans, que le cors eſt ieté au moule,
par l'ordre exprés de cete Diuine ouuriere,
les extremités des os ſe treuuent fournies
de l'etofe de ces ligatures, & â l'inſtant
auſſi accouplées, & anchaineées les vnes aux
autres, moiennant les cartilages, nerfs
mambranes, & tandons, produits à chaque
bout de la ſubſtance des Epiphyſes, & excroiſſances ſuſdites. Les cordages, qui operent cete ligature, ne ſont autres, que me-

nus, & deliés filamans de chair molle, an-
taßés les vns contres les autres, & compo-
ſans par cete voye les nerfs, & tandons,
dont reüßit ce lien ſi ferme des iointures,
qu'au tirer par violance, la rupture ſe fera
außi toſt en la ſolidité de l'os, qu'an la mol-
leße de ces ligamens. Et cete fermeté de
iointures eſt ſuiuie d'vne fort commode
aiſance, pour le mouuemant de chaque
piece de mambre, & de toute la maße du
cors. Elle eſt ancore accompagnée d'vne
gracieuſe bien-ſeance, qui ſe fait veoir,
& admirer de ceux, qui ietent les ieux
ſur l'agreable ſymmetrie des parties cor-
poreles, diſtinguées, & parées de la varieté, & ornemant de leurs articulations.
Il n'appartient, qu'à l'ingenieuſe Nature,
d'entreprandre, & conduire à perfection
ſemblab'es chefs d'œuure, & aux excellans
artiſans de dreſſer, & former leur beſogne
ſur le modele de ces rares pieces, pour ap-
procher au plus prés de l'inuantion, &
artifice de cete incomparable ouuriere. A ce
but viſent ſoigneuſemant les ſegnalés or-
fevres, quand par les principes du regu-
lier alliage, ils amenent la ſoudure, de
memes, differans metaux, à tel point,
qu'il

qu'il ne paroiſſe an leur ouurage aucune trace de liaiſon, & que les extremitez, ſoudées, & incorporées anſamble, mordent ſi ſerré l'vne ſur l'autre, qu'il n'y eſchée iamais aucune diſſolution, que par pure, & violante fracture.

Le diſcours de l'homme, exprimé de parole, & couché par ecrit, eſt de ſa nature vn vray cors artificiel, compoſé de ſes mambres eſſanciels, & les mambres d'icelui ſont batis d'os, de muſcles, de cartilages, de nerfs, de mambranes, de tandons, & le tout de ſon eſtoc, & qualibre. La batiſſe de cors verbal ne ſçauroit etre reſſeante, ni receuable, ſi tous les mambres, grands, mediocres, petits, ne ſont reciproquement antrecouſus par vne ſortable diſtribution, aſſiete, & conuenance de ligamens du totage, & des parties. Car à faute de cete induſtrieuſe, & ordonnée tiſſure de pieces de langue, & de plume, ſe rancontre au diſcours vn goſe, & fade aſſamblage de parties diſproportionnées, & deſvnies, qui creent d'elles memes vn monſtre hideux de paroles deſaccordantes, & non pas vne iuſte conſonance, & methodique ſtructure de bon langage. Samblable maſſe de diſcours ſeroit autant

agrea-

agreable, & supportable aux ecoutans, que
pourroit etre aux regardans vn homme
couché tout de son long sur vne table , auec
toutes les iointures de son pauure cors de-
noüées, & les os de ses mambres deboités,
paroissans tous de fort mauuaise grace hors
de leurs sieges naturels.

Ce liuret contient les conuenables , & as-
seurés preseruatifs , pour garantir la ieunes-
se non ancore façonnée es deux langues,
Françoise, & Latine, de cheoir an l'incon-
ueniant de ce disgracié langage. Car an peu
de clairs preceptes , il lui enseigne la vraie
Theorie des ligatures de l'vne, & de l'autre
langue, & quant, & quant es exemples,
couchés an suite des preceptes , il lui montre
la iuste Pratique des memes ligamans. Qui
est , an vn mot , lui grauer dans l'ame la
bien aisée, & brieue adresse, de telemant
ordonner l'etaim, & la trame de son langage, que la tissure an paroisse, & soit an effet,
legitime, & reguliere : c'est à dire, si iustemant rangée, & solidemant affermie, qu'elle
an reüßisse doucemant coulante, grauemant
maiestueuse, & plaisamment agreable, aux
ieux, & à l'oreille.

PRIVI-

PRIVILEGE DV ROY.

LOVIS par la grace de Dieu Roy de Frãce, & de Nauarre. A nos amez, & feaux Conseillers, les gens tenans nos Cours de Parlement de Paris, Tolose, Bourdeaux, Roüan, & autres: Nos Baillifs de Paris, Seneschaux de Lyõ, de Tolose, Guiéne, Baillif dudit Roüan; & a tous nos Iusticiers, & Officiers, qu'il appartiendra, Salut. Noſtre cher, & bien aymé Abraham Cloquemin, marchand Libraire en noſtre dite ville de Lyon, nous à fait treshumblement remonſtrer, qu'il luy a eſté mis en main, vn liure intitulé, *Ligature des langues, Françoiſe, & Latine, par le Pere Philibert Monet, de la compagnie de Ieſus*, lequel il deſireroit pour le bien public imprimer. Mais il craint que quelques autres ne vouluſſent faire le sẽblable, ou extraire partie d'iceluy, qui ſeroit le fruſtrer de ſes frais, miſes, peines, & trauaux, s'il n'auoit ſur ce nos lettres de grace, & priuilege, humblement icelles requerant, A CES CAVSES inclinant à la requeſte dudit expoſant, luy auons permis d'imprimer ledit liure, en tel volume que bõ luy ſemblera, auec defẽces à toutes perſonnes de quelque qualité, & cõdition qu'ils ſoient, d'imprimer, ou faire imprimer, vendre, ou debiter ledit liure, par tous nos Royaumes, païs, terres, & ſeigneuries de noſtre obeïſſance; pendant l'eſpace de ſix ans, à compter du iour & date, du paracheuement de l'impreſſion d'iceluy, à peine de conſ-

ſca-

fiscation desdits exemplaires, & de cinq cens
liures damende, moitié à nous applicable , &
l'autre audit expofant, & de tous defpens, dô-
mages & interefts : comme auffi defendôs fur
les mefmes peines, à tous marchands, tant fo-
reins, que autres nos fubiets en apporter, vendre, debiter, ou efchanger, en nofdits Royaumes, & terres, en quelque façon que ce foit, au
contraire de noftre prefent priuilege. Voulôs
que celui, ou ceux qui ferôt treuuez faifis d'vn
feul exêplaire, foient pourfuiuis fur les peines
que deffus. Voulans en outre, que mettant, ou
faifant mettre par l'expofant, ces prefaces, ou
l'extrait d'icelles, au commencement, ou fin
dudit Liure, qu'elles foient tenuës pour figni-
fiées, & venuës à la cognoiffance de tous : à la
charge qu'il en fera mis deux exêplaires dans
noftre Bibliotheque. Mandons aux premier
noftre Huiffier, ou Sergent fur ce requis, faire
tous exploits requis, & neceffaires, pour l'e-
xecution des prefentes, fans demander côgé,
plaid, vifa, ne pareatis, nonobftant oppofitiô,
ou appellations quelconques , clameurs de
Haro, où chartre Normâde, couftume de Paris, & autres lettres au contraire. Donné au
campt deuant la Rochelle, le huictiefme iour
d'Aouft, l'an de grace mil fix cés vingt-huict,
& de noftre Regne le dix-neuf.

Par le Roy.

THIBAVT.

Acheué d'imprimer le 3 Ianuier 1629.
LIGA-

LIGATVRES
DES LANGVES,
FRANCOISE,
ET LATINE,
RECIPROQVEMANT
appariées, & propremant randuës,
les vnes par les autres.

A

PARTICVLE *du langage François, ores* *prepofition, ores article, ores ne l'vn, ne l'au-* *tre, mais finguliere an fon geanre, & par-* *ticuliere an la nature de la langue Françoife,* Fran- cicum, A, nunc præpofitio, nunc articulus, nunc neutrum ex eis, fed fui generis vocula, & linguæ Gallicæ propria.

1 *A, particule du langage François, fe met pour* *marque de tout lieu, où eft, & où fe fait, quoi que ce* *foit,* Francicum, *A,* index eft cuiufcumque loci, ac fedis, in qua fit, aut fiat res quælibet. *A la ville,* *à la metairie, à la maifon, à la place, à la cham-* *bre, à table, toufiours il eft aferé.* In vrbe, in villa, in ædibus, in publico, in conclaui, in menfa, fem- per negotiofus eft. *A couuert, à pied, à cheual , à*

la pluie, au vant, par tout, tu te trouues bien,
Agenti in aperto, in operto, equitanti, pedibus,
pluuio, & ventoso cælo, tibi perpetuò est commodè. *A Roüan se font les bons draps, à Cambrai les
fines toiles, à Paris toutes rares etofes.* Rothomagi
egregiæ texuntur ex lana vestes, Samarobrinæ
stipantur eximia carbasa, Lutetiæ cuiusque generis fiunt insignia textilia. *A Orleans croit le vin
delicat, à Paris se mange le bon pain, à Roüan se
prand du meilleur poisson.* Aureliis delicatum vinum nascitur, Lutetiæ eximius editur panis, Rothomagi è piscium genere optimus quisque ca-
pitur.

　　2 *A, etant indice de lieu, assiete, residance, de fa-
cture d'vne chose, aura par fois vne particule Latine
correspondante, par fois n'an aura point,* Vernaculum, *A*, vt situs, ac loci est nota, affinem sibi Latinam voculam habebit interdum, qua exprimatur, interdum ea carebit. *A l'Eglise, à la place, à
la boutique, à l'armée,* In templo, in foro, in ta-
berna, in exercitu. *A Rome, à Venise, à Rhodes, à
Malte,* Romæ, Venetiis, Rhodi, Melitæ.

　　3 *A, se ioint aux noms propres de villes, bourgs,
villages, hameaux, & samblables.* Gallicum, *A*, propriis nominibus vrbium, oppidorum, vicorum, &
ciusmodi copulatur. *A Paris, à Roüan, à Tolose, à
Bordeaux, à Nantes, à Dijon, à Grenoble, à Aix,
font les Parlemans de France,* Lutetiæ, Rothomagi, Tolosæ, Burdigalæ, Nannetibus, Diuione, Cu-
laronæ, Aquis Sextiis, supremæ sunt Gallicanæ
Curiæ. *Ez dernieres guerres le Roi fut à Poitiers, à
Xaintes, à Tolose, à Bordeaux, à Marseille, à Aix, à
Arles, à Valance, à Grenoble, à Lyon, & quasi à toutes les villes de France.* Postremis tumultibus bellicis,

licis,Rex fuit Auguſtoriti Pictonum , Mediolani
Santonum,Tololæ Tectoſagum , Burdigalæ Vi-
biſcorum,Maſſilię Ligurum,Valentiæ Cauarum,
Cularonę Vocontiorum,Lugduni Seguſianorum,
ac fermè in Galliæ vrbibus omnibus.

*4 A,s'accouple auſſi aux noms appellatifs,de tou-
te ſorte de lieux,*Gallicum,*A,*cuiuſquemodi locorum appellatiuis adhibetur nominibus. *A la ville,*In vrbe,in oppido : *A la tauerne ,* In caupona,
in popina: *A l'Egliſe ,* in templo , in ſacra æde.
I'etoi a la metairie , quand tu plaidois au barreau,
Eram in villa,cùm tu in foro diceres,cauſas ageres.*Il eſt dés dix ans à l'armée d'outre mer,*Abhinc
decennio agit in tranſmarino exercitu. Iam ſolidum decennium verſatur in tranſmarinis caſtris. *La nege,& le froid ſont à la montagne , la
verdure,& le chaud regnent à la plaine,*Nix,& algor ſæuiunt in montium iugis : herbida viridi-
tas,& ſuauis tepor ſolis vigent in planis camporum. *Qui te croiroit etre ſi matin à table?*Quis te
adeò matutinum crediderit in menſa verſari?*On
ſe ſied à terre , à faute de ſelles ,* Sedilium inopia
humi conſidetur. *Il giſoit à terre , bleſsé à mort,*
Letali plaga ſaucius humi iacebat. Mortifero
confoſſus vulnere in nuda humo decumbebat.

*5 A , ſe met pour marque de certain androit de
lieu determiné ,* Vernaculum, *A,*certam deſignati
loci regionem indicat. *A droite ,* A dextra , Ab
dextera. A dextra manu. Ab dextera regione. E
regione dexteræ.Ab dextra parte.*Le vant ſouffle à
droite,* Ad dextram ſpirat ventus. Dexter nobis
flat ventus. *L'annemi nous choque à gauche , la
tourmante nous bat à droite ,* In nos ab læua hoſtis inuehitur, ab dextera diuerberat tempeſtas,

Nous fumes inuestis à droite, & à senetre, Dextra,
læuáque fuimus ab hoste circumsessi. *A dos, & à
vantre, par derriere, & par deuant,* Ponè & antè.
Ab tergo, & ab fronte. *Il a eté froté à dos, & à
vantre, tout son beau saoul,* Ab tergo, & ab fronte,
plagis perquàm liberaliter cæsus est. Ponè, &
antè, verberum affatim excepit. Eius dorso, atque
aluo largiter sunt incussa verbera.

6 *A, est par fois marque de certaine assiete, etat,
situation, posture de personne, & d'autre chose,* Francicum, *A*, nota est certi cuiusdam positus, sedis,
habitus, status hominis, aut alterius rei cuiuslibet. *A cheual, à pied, à bateau, à litiere,* Equo, pedibus, nauigio, lectica. *Ce chemin ne se fait an hiuer,
ni à pied, ni à cheual, ni à charrete, ni à coche,* Nec
equo, nec pedibus, nec carro, nec essedo, hoc iter
hieme conficitur. *Ton pere etoit à genoux, & toi
an pied deuãt lui, ah quelle indignité!* Tuus parens
genibus, velut supplex, nitebatur, tu in pedes ante
ipsum stabas : ah indignitatem facinoris! *Cete
grote est basse, nous ne sçaurions la passer qu'à genoux.* Depressa est hæc spelunca vsque eò, vt eam
nequeamus traiicere, nisi genibus nixi, nitentes
genibus, in genua procumbentes. *A croupetons, les
iarrets pliés, la croupe, & les fesses abatuës aux ta-
lons,* Inflexis poplitibus, & deuexis ad talos clunibus. *Marcher à croupetons,* Incedere deiectis ad
calces clunibus. *A chatons, à quatre pieds,* Qua-
drupedantis habitu. *Aller à chatons,* Ingredi qua-
drupedantis statu. Quaternis viam inire pedibus.
Gradientis quadrupedis habitu, motúque iter ca-
pessere. *Nous marchions à chatons par celle grote,*
In ea spelunca quadrupedantes gradiebamur. *A
clochepied,* Altero suspenso pede. *Tu ne sçaurois al-*
ler

ler vne toise loin à clochepied, Vel vnam vlnam non progrediare, pendulo crure altero. *A tatons,* In tenebris. Sine luce. Per tenebras. *Nous allions à tatons le long d'vne profonde rade,* Meris tenebris, præter altissimi sali oram, iter inibamus. Andabatarum ritu secundùm profundissimæ aquæ littus ambulabamus. *A bouchon,* Prono corpore, ac vultu. Prono corporis statu, & ore. Cernuo vultu, ac toto corpore. *Ne dors pas à bouchon, sur la terre humide,* Caue pronus dormias super humente solo. Ne committe, vt prono ore somnum capias vuida in humo. *A l'anuers,* Supino habitu. Resupino statu. Supino corpore. Supini corporis habitu. Resupini oris statu. *Ie ne dors iamais plus mal, qu'à l'anuers,* Numquam inquietior, quàm supinus, dormio. *A ieux clos,* Clausis luminibus. Occlusis oculis. *I'irois à ieux clos au fond de ce bois toufu,* Vel occlusis luminibus in imam hanc densam siluam rectà penetrauerim. *A part, separémant,* Seorsum. Separatim. *Mettre à part,* Sepono, posui, situm, ponere. Seorsùm ponere. *Metre à part l'or de l'argeant,* Aurum ab argento seponere, separare, seiungere. *A part, an particulier, priuémant,* Priuatim. Seorsùm ab cæteris. *Se retirer à part soi,* Seorsùm secedere. Priuatim secedere. In secessum se recipere. *Tirer à part vn sien ami,* Certum ex amicis seducere. Priuatum in locum seducere ex amicis vnum aliquem. *A part, riere soi,* Apud se. Penes se. Secum. *Discourir à part soi,* Secum ratiocinari. Apud se ratiocinationem inire. Priuatim cum animo, ac tacitum disputare. *Mediter à part soi,* Apud se meditari. Secum meditationem agitare. Tacitum per se quidpiam animo versare. *A couuert, an lieu non*

ouuert,ou par le haut , ou par les cotés. In operto.
Tecto loco. Tecto in loco. Loco non aperto. *A*
couuert du vant,de la pluie , du froid , du chaud,
Tecto loco à pluuia,vento,algore,ac æstu.Loco,
& statu aduersùs omnem cæli iniuriam operto,& munito. *Cete allée est à couuert du chaud,*
du froid,de la pluie,du vant,des passans, Hæc ambulatio vndique operta , & tecta est ab æstu , ab
frigore , ab imbre , ab vento , à prætereuntium
aspectu. *An ce logis tu ne seras à couuert,ni du se-*
rein,ni du gel,ni de la nege meme. In illis ædibus
tibi nihil tectum & munitum fuerit,vel ab sero-
tino cælo,vel ab gelu,vel ab ipsa quoque niue.In
ea domo,ab gelida niue,ab glacie , ac vespertina
aura tectus nequaquam fueris. *A couuert,hors de*
blame,ou de danger , Extra periculum. Extra periculi aleam. *Etant auctorisé du Prince,tu es à cou-*
*uert,*Quando huius facti auctor tibi Princeps est,
planè quidem es extra omnem noxam , & multam. *A decouuert,*In aperto.In aperto loco.In minimè tecto,ac munito loco. *Vn flanc de notre ba-*
taillon etoit tout à decouuert , Aciei nostræ latus
alterum erat apertum,detectum,immunitum,pa-
tebat hostium ictibus,hostilibus petitionibus. *Il*
a reconnu à decouuert tout le clos de la forteresse.
Hostilem arcem,apertis circumiens regionibus,
penitùs inspexit , ac denotauit. Limitibus haud
quaquam tectis,ac intra teli iactum , hostium arcem ambiens explorauit. *A decouuert , ouuerte-*
mant , sans feintise. Apertè. Haud dissimulanter.
Palàm. *Il te trauerse tout à découuert ,* Palàm tibi est aduersarius. Apertè,ac omnibus palàm,ti-
bi aduersatur,te oppugnat.
  7 *A,est indice de mouuemant vers vn lieu,vers*
vne

vne perſonne , & autre choſe , Vernaculum, *A*, nota eſt motionis versùs locum,hominem,aut rem
aliam quamlibet. *Allant à Troie , il va ancore à
la foire,à ſes negoces, à ſon pere,& ailleurs.* Dum
Trecas ire contendit, vna, eadémque opera adit
ad nundinas,ad priuata negotia,ad parentem , &
ad alia.

 8 *A,ſe ioint aux noms propres de lieux,an fait
de mouuemant* , Propriis locorum vocabulis copulatur,*A*,Gallicum,in exprimendo motu versùs
locum. *D'vn meme train ie vai à Lyon , à Roane,
à Neuers,à Orleans , à Paris , à Roüan* , Vna,ea-
démque via, vno tractu,adeo Lugdunũ,Rodum-
nam,Nouiodunum ad Ligerim , Aurelios , Lure-
tiam,Rothomagum. *An cas de mouuemant vers
vn lieu , A, etant ioint aux noms propres de lieux,
chés tous les anciens & bons Ecriuains Latins,s'exprime bien ſouuant auec la prepoſition,Ad,& In,*In
ratione motus ad locum,vernaculum,*A*,propriis
locorum nominibus adiunctum , apud vetuſtiſſi-
mos quoſque , ac optimos Latinos Scriptores,
præpoſitione,*Ad*,vel *In* , frequenter exprimitur.
*Mais prouuons ce, que nous venons de dire , par les
temoignages des parangons de la langue Latine,*
Sed age , hanc noſtram aſſertionem, Latinæ dictionis coryphæorum teſtimoniis , & auctoritatibus confirmemus. Nihil me tibi gratius facere poſſe,quàm ſi ad Sedam nauigaſſem. *Tullius,*
ad Fam.libro tertio,epiſt.ſexta. Cùm ego Laodi-
cea ad Iconium iter ita fecerim. *Tullius* ,eodem
libro,epiſt.octaua.Tertio die , abs te ad Alyziam
acceſſeramus.*Tullius*,ad Fam.libro decimo ſexto,
epiſt. quarta. A portu Corcyræorum ad Caſſio-
pen, ſtadia centum viginti proceſſimus. *Tullius,*
      A 4   eodem

eodem libro, epiſt. nona. Poſtero die ludibundi
ad Hydruntem peruenimus. *Tullius*, eodem libro,
epiſt. nona. Cæſar ad Capuam, vel ad Luceriam
iturus putabatur. *Tullius* ad Atticum, libro octauo, epiſt tertia. Cæſaris per Apuliam ad Brunduſium curſus. *Tullius*, eod. libro, epiſt. vndecima.
Ad Albam exercitus mittatur. *Tullius*, eod. libro,
epiſt. duodecima. Vt timeam, ne citiùs, quàm
opus ſit, ad Brunduſium Cæſar acceſſerit. *Tullius*,
eod. libro, epiſt. decima quarta. Cæſar in Galliam
vlteriorem contendit, & ad Geneuam peruenit.
Cæſar, libro primo belli Gallici. Ad Gergouiam
Cæſar caſtra mouit. *Cæſar*, libro ſeptimo Gallici
belli. Labienus, ſecundo flumine, iter ad Lutetiam
facere cœpit. *Cæſar*, eodem libro. Galli ad Ale-
ſiam, fidei pleni, proficiſcuntur. *Cæſar*, eodem libro. Cæſar omnibus copiis ad Ilerdam profi-
ciſcitur. *Cæſar*, primo Ciuilis belli. Dimiſſis hominibus, ad coëmendum frumentum, vſque ad
Cumas. *Liuius*, quarto, ſect. centeſ. quinta. Ad La-
uicos ductus exercitus. *Liuius*, quarto, ſect. centeſ. triceſ. tertia. Ad Sutrium profectus Camillus.
Liuius, ſexto, ſect. nona. Ad Satricum profecti Valerius, & Furius. *Liuius*, ſexto, ſect. decima nona.
Ad Priuernum profectus Conſul. *Liuius*, libro
octauo, ſect. prima. Ad Cales, vnde bellum ortum
erat, Valerius Conſul profectus. *Liuius*, octauo,
ſect. quadrageſima ſexta. Ad Soram traductæ le-
giones. *Liuius*, octauo, ſect. ſexageſima tertia. Ad
Romuleam pergunt milites, vltrò adhortantes
imperatorem. *Liuius*, decimo, ſect. quadrageſima
nona. Ad Cluſium venerunt Senones. *Liuius*, decimo, ſect. ſeptuageſima nona. Ad Cominium
Caruilius, ad Aquiloniam peruenit Papirius. *Li-*

uius,

uius,decimo , ſect. centeſ. decima octaua. *Et ces*
paſſages ne ſont pas la vintieme part de ceux,qu'on
peut produire à ce ſuiet de tous les meilleurs Au-
*teurs Latins.*Et hęc quidem loca,non ſunt eorum
portio viceſima,quę ex optimis Scriptoribus Latinis proferri poſſunt ad noſtram probandam
ſententiam. *Les Grammairiens donques , & les*
Maitres d'ecole , qui empechent la ieuneſſe de
parler,& ecrire , comme les plus diſerts Latins ont
fait fort ſouuant , ſont tres-mal fondés , & ne doi-
uent etre creus,ni ſuiuis an leur erreur. Grammatici ergo,Ludíque Magiſtri, prohibétes literariæ
palæſtiæ tirones,eas vſurpare loquendi , ſcriben-
díque formulas,quæ diſertiſſimis Latinorũ fuere
frequentiſſimæ,audiendi non ſunt,nec in illo ſuo
errore imitandi. *Voiés ce que nous diſons an la*
*prepoſition,*De,*nombre quatrieme,touchant le mou-*
uemant,& depart d'vn lieu, Conſule , quæ obſeruamus in Francica præpoſitione, *De* , cap.quarto,
de digreſſu ex loco,vbi agitur de vrbium, & oppidorum propriis nominibus.

9 *A , eſt fort ſouuant indice de mouuemant*
vers vn lieu , quand il eſt ioint aux noms appella-
tifs, Francicum, *A,*appellatiuis iunctum nominibus,motionem versùs locum frequentiſſimè indicat. *Il alloit à la chaſſe , quand nous reuenions à*
la ville , Venatum abibat,dum in vrbem reueni-
remus.Ad venationẽ ibat, cùm in oppidum redi-
remus. *Ton metaier va plus ſouuant à la tauerne,*
que ſes bœufs à la charruë, Villicus tuus frequen-
tior adit in cauponam,in popinam ſe abdit,quàm
eius boues aratrũ ineant. *On te voit aller plus vo-*
*lõtiers au berlan,qu'à la beſogne,*In ganeã libẽtiùs
itare animaduerteris , quàm ad faciendum opus.

10 *A, est assez souuant marque d'androit de passage* , Vernaculum, *A* , frequenter nota est transitus certa quapiam regione, seu traiectus per certum aliquem locum. *De Lyon à Paris, tu passeras, ou à Neuers, ou à Troies,* Lugduno Lutetiam concessurus, iter facies, aut Nouioduno ad Ligerim, aut Trecis ad Sequanam. *De Vienne aux Pyrenées, tu passeras à Auignon, ou au Pui.* Vienna ad Pyrenen transibis Auenione , aut Anicio.

11 *A, exprime la circonstance de certain tans determiné* , Gallicum, *A* , certi cuiusdam temporis peculiarem rationem , conditionémque describit. *A vne heure de releuée precisémant,* Pomeridianâ primâ horâ omninò. *A l'aube du iour,* Albente aurora. Albescente cælo. *Soiés pret à minuit , & que nous partions iustemant à vne heure apres,* Expeditus , ac succinctus esto , nocte ipsa media, vt ineunte primâ pòst horâ, nos demus in viam. *Que les cheuaux demeurent tousiours sellés, à ce que nous les aions à point nommé ,* Sint perpetuò instrati equi , vt cùm eorum vsus erit, præstituto temporis articulo, habeamus ad manum.

12 *A, sert à mesurer certaine etanduë , ou distance de tans* , Vernaculum, *A* , designati temporis spatium , ac modum definit. *Ie vous reuerrai d'ici à deux, ou trois iours.* Post biduum, triduúmve, te visam iterum. *D'auiourd'hui à dix ans , à peine qu'aucun de cete compagnie soit viuant.* Decimo post hunc diem anno, vix quisquam de hoc cœtu superstes fuerit.

13 *A, limite la mesure de l'etanduë d'vn lieu.* Francicum , *A,* modum loci certis finibus determinat.

minat. *La Seine coule à soixante pas de notre porte*, Sexagesimo passu ab nostra ianua, præterfluit Sequana fluuius. *L'anuemi a campé à vn mille de nos tranchées*, Vnum dumtaxat milliare ab nostris munitionibus, castra hostis posuit. *A deux iets de pierre de ce ruisseau, tu rancontreras force gibier*, Altero lapidis iactu ab hoc riuo, venaticæ alitis affatim deprehendes. *Du premier coup d'arquebuse, il a donné à vn trauers d'ongle du blanc*, Ipso primo catapultæ iactu, transuersum vnguem ab scopo glandem defixit.

14 *A, determine la quantité des choses, qu'on mesure, qu'on iauge, qu'on pese*, Gallicum, *A*, earum rerum definit modum, quæ pondere, aut mensura exiguntur. *Ie te marquerai, à vne once prés, le pain, que mangera l'armée chaque mois*, Quantum menstrui panis absumturus sit totus exercitus, sic tibi definiero, vt vna vix aberrem vncia. *Pour auoir du bon vin cuit, le moust se doit consumer sur le feu, iusques à deux tiers, ou à la moitié*, Ad optimæ notæ coquendum defrutum, absumi mustum in aheno oportet, ad duas tertias, aut etiam ad medias. *Les bleds, & vins de cete saison sont decheus chés nous, à vne dixieme de tare*, Apud nos huius anni frumenta, & vina in cellis decessere ex portione decima.

15 *A, taxe la valeur, & somme d'vne chose estimable*, Vernaculum, *A*, cuiuslibet rei pretium certa æstimatione designat. *Soixante ans auant notre âge, l'ecu sol etoit à trante cinq sols*, Sexagesimo abhinc anno, aureus nummus Francicus erat tricenis quinis assibus. *L'ecu d'or Romain fut iadis, longues années durant, à raison de vint-cinq deniers Romains, qui sont iuste-*

ment

mant fet liures Tournois , Aureus folidus Romanus, diu pridem fuit vicenis quinis Romanis
denariis, qui colligunt feptenas omninò Turo-
nicas libras æris Francici. *Le blé* , *& vin n'eſt*
point cher , *à deux ecus la charge* , Tritici, ac vini
iumentarium onus haud carum cenfendum eſt
geminis aureis.

16 *A* , *circonſtancie la maniere* , *& le moien*
d'vne action , Gallicum , *A* , actionis , aut facti
rationem certa conditione circumfcribit , & defignat. *A veüe de païs* , *à perte de veüe* , *autant*
que la veüe peut feruir à bien remarquer , *& dif-*
cerner vn lointain obiet, an vn vuide de campagne,
ouuerte , *& interminée* , Quoad de procul pofi-
tis poſſit afpectus decernere , diiudicare. Quantum longè oblata valet vis luminum difpicere,
ac diſtinguere. *A veüe de païs* , *à perte de veüe,*
à l'incertain , *par cas fortuit* , *tout ainſi* , *que l'œil*
ne peut porter iugemant de l'obiet lointain , *que*
par cas de hafard , In incertum. In ambiguum
cafum. In fortuitum euentum. Vti fors , & cafus tulerit. Vt fe cafus dederit. *Tu parles du fait*
des armes, à perte de veüe , *& lui de la marine* , *à*
veüe de païs , Tu de re militari diſſeris , hic de re
nautica proloquitur , quod in buccam venit,
quod cafus obtrudit, non quod fcientia, vsúfve
fuggerit. *A bon ieu* , *bon argeant : à certes* , *à ef-*
ciant , Seriò prorsùs. Serium in modum. Serio
animo. *C'eſt à bon ieu, bon argeant* , *que vous rou-*
lés le dés. Vt quidem video , teſſerariam aleam
feriò exercetis , alea teſſeraria non ludicra , fed
feria luditis. *Ce n'eſt pour rire* , *mais à bon ieu, bon*
argeant , *qu'ils fe batent* , Illi certè non ioco dimi-
cant , fed ferio conflictu. Hæc quidem non eſt
dimi

dimicatio ludicra , ſed infeſta pugna. *A outran-*
ce,an qualité d'annemi mortel,à deſſein de ſe defai-
re l'vn l'autre , Hoſtiliter. Hoſtilem in morem.
Hoſtilibus animis , armiſque. Infeſto animo,
atque certamine. *Eſcrimeurs à outrance , gladia-*
teurs s'egorgeans les vns les autres ,pour   plaiſir
des ſpectateurs , Romani moris gladiatores. Romani muneris gladiatores.Hoſtilibus animis de-
pugnantes gladiatores. *Combatre à outrance ,ſur*
*le theatre,*Gladiatorium ludicrum in ſcena exer-
cere.Infeſtis armis gladiatorem in theatro agere.
A perte de finances, an quitant bonne partie du ca-
pital,pour les intereſts non ancores ancourus,ni com-
mancés ,de la ſomme, qu'on amprunte , Graui iactura ipſius capitis.Ingenti detrimento ipſius ſor-
tis. Decedente bona capitis parte in ipſum eius
nondum initum fenus. *Prandre argeant à perte*
de finances, Accipere mutuum ingenti deceſſio-
ne capitis ipſius,anticipati fenoris gratia. *A tou-*
tes fins , à quel pris que ce ſoit , Quouiſcumque
periculo. In cuiuſvis periculi euentum.

17 *A , limite le nombre d'vne choſe , an fait*
d'vne action d'appareil, ou autre , Vernaculum, *A,*
in ratione apparatus, actioniſve alterius , rem
certo numero definit. *Son train ordinaire eſt à*
cinquante cheuaux. Ordinarius eius campeſter
comitatus eſt quinquagenûm equorum, eſt aſ-
ſectantium equitum quinquaginta.Campeſtrem
viam vulgò init affectatoribus equitibus quin-
quagenis. *Les plus grandes galeres de Malte ſont à*
trante , ou trante deux rames par bande , Maioris
modi Melitenſes quadriremes tricenis , aut tricenis binis,quoque latere , remis inuehuntur.
Armée nauale à trois ſans voiles , Trecentarum
nauium

nauium exercitus naualis. Armata claſſis mare
iniens trecenis nauibus.

18 *A, exprime l'inſtrumant, l'outil, l'arme,
la maniere d'agir, dont on vſe, an quoi que ce ſoit,*
Francicum, *A,* exprimit inſtrumentum, telum,
agendi rationem, qua quis vtitur, in re qualibet.
*Nous faiſons des armes à l'epée rabatuë, à l'epée
blanche, ou tranchante, à la pique, à la halebarde, Animi, &* exercitationis cauſa, nunc retu-
ſis, nunc acutis enſibus, aliàs ſariſſis, aliàs ca-
ſtrenſibus ſecuribus, eludimus. *Tout le iour ils
combatirent à la lance emouſſée, & puis au cimeterre, à cheual, & à pied,* Solidum diem præpi-
latis dimicarunt haſtis, ac deinde, tum ex equo,
tum de plano, depugnarunt acinacibus. *Sur le
ſuiet de quelque parole piquante, de la lance cour-
toiſe, on an eſt venu à la lance à outrance.* Ob
aculeatum dicterium, ab ludicris, & amicis haſtis, ad infeſtas, & hoſtiles tandem decurſum eſt.

19 *A, ſert à repreſanter la figure, forme, façon,
garniture, de quoi que ce ſoit,* Francicum, *A,* de-
pingit figuram, effigiem, formam, inſtructum,
ornatum rei cuiuſlibet. *Lance à fer emoulu,* Exa-
cuti ſpiculi haſta. Exacuto ſpiculo haſta. Procuſi, & infeſti ſpici haſta. Procuſo, infeſtóque ſpi-
co lancea. *Epée à pointe, & tranchant aigu,* Acu-
ti mucronis, & aciei enſis. Acuto mucrone, acié-
que gladius. *Cimeterre à pointe mouſſe, & tranchãt
rabatu.* Obtuſi mucronis, hebetíſque aciei aci-
nacis. Retuſo mucrone, hebetatáque acie aci-
nacis. *Pique à petit fer, court, etroit, aceré, &
perçant,* Sariſſa exiguo, breui, anguſtóque,
ſed durato, & ad plagam eximiè acri ferro. *Les
Suiſſes auec la pique à longue hante, ne peuuent*
comba

combatre an lieu etroit , & ambarraßé, Heluetij,
præ longi haftilis framea , loco angufto , & im-
pedito , pugnam expedire commodè nequeunt.
Le vaiſſeau à voiles, & à rames eſt propre du Me-
diterranée , Velis, ac remis inftructum fimul
nauigium , Mediterranei maris eft peculiare, ac
proprium. *Le nauire à bas bord peut etre à ra-*
mes , & à voiles : celui, qui eſt à haut bord,ne peut
etre qu'à voiles ſeules , Depreffi lateris nauigium
remis fimul , ac velis agi poteft : fed fublati mar-
ginis nauis , velorum dumtaxat , non etiam re-
morû vfum admittit. *Il ſe voit ſur l'vne,& l'autre*
mer de France des grands vaiſſeaux à quatre mas,
& à neuf voiles , In vtroque Gallicano mari vifuntur quaternis malis , nouenifque velis præ-
grandia nauigia.

20. *A, vaut autant , que,Pour,* Celticum, *A,*
perinde valet , atque Gallicum,*Pour,*hoc eft,La-
tinum,Vt,Vti. *A ce que vous l'antandiés , ie l'ex-*
plique , Vti perfpectam rem habeas , eam expli-
co.*A an dire ce,qu'an eſt ,* Vt dicamus, quod res
eft. Vt rem , prout habet. , interpretemur. *A*
an parler clair,& net , Vti aperte , dilucidè , ac
fine ambagibus , proloquamur. *A le prandre , &*
examiner au fonds , Vt id , quod agitur , ab ipfo
capite arceffamus. *A differance , à diſtinction,*Ad
alterius difcrimen.Ad eius difcrimen , quod affi-
ne eft. Vti inter affinia difcrimen interponatur.
Difcriminis interponendi gratia. *Ie di Lyon,*
ſur Saone , à differance de Lyon le Saonnier,an la
Franche Comté , Dico Lugdunum ad Ararim , ad
difcrimen Ledonis in Sequanico folo , vernacula lingua,Celtico Lugduno cognominis.

21 *A , marque à quel amploi , vſage , ſeruice,*
eſt

eſt appliquée , ou propre quelque choſe, Francicum, *A*, indicat, & exponit , quem ad vſum, & ad quod miniſterium , vel deſtinata , vel idonea res ſit quælibet. *Cheual à ſelle* , Equus ab ephippio. Equus ad ephippium. Equus ab ephippij miniſterio. Iumentum ab ephippiata opera. Iumentum ab ephippiatæ equitationis miniſterio. *Cheual à baſt* , Equus ab clitellis. Equus ad clitellas. Equus clitellarius. Iumentum ab clitellario miniſterio. *Cheual à carroſſe* , Equus ab rheda. Equus rhedarius. Rhedariæ operæ iumentum. Rhedarij miniſterij equus. *Cheual à trait , de trait* , Ab helcio equus. Helciarius equus. Helciariæ operæ iumentum. *Cheual à trait , & bateau , à trait de bateau , à haler bateaux le long de la riuiere* , Naualis helcij equus. Nauicularij helcij iumentum. *Mulet à litiere* , Lecticarius mulus. Ab lectica mulus. Ab lecticaria vectura mulus. *Mulet à ſomme , voiturant à dos* , Doſſuarius mulus. Doſſuariæ vectionis mulus. *Valet à tout* , Ab miniſterio quolibet famulus. Operæ, ac miniſterij cuiuſlibet famulus. *Homme à tout, idoine à tout faire* , Cuiuis rei homo idoneus. Vir ad quodlibet gerendum idoneus. Cuiuſlibet operæ , ac negotij vir. Omnium rerum homo.

22 *A, eſt circonſtance de condition auantageuſe , ou indifferante an la choſe* , Vernaculum, *A*, eſt nota conditionis eximiæ , aut mediæ in re qualibet. *Maiſon à loüage , à loüer* , Domus locaria , Ædes locariæ. Mercede inſcriptæ ædes. Proſcripta locationi domus. *Cheual à preter aux amis* , Vltrò commodandus amicis equus. Amicorum vſibus vltrò expoſitus equus. Gratuita opera deſtinatus amicis equus. *Ie ſuis à toi , à*

vandre , & angager , Tuus planè ſum , manci-
pio & nexu. Tuus omninò ſum , ſeu venali me,
ſeu pigneratitio abuti voles.

23 *A, eſt circonſtance de condition defectueuſe
d'vne choſe* , Francicum, *A* , index eſt deterioris
in aliqua re conditionis. *Etre à dire , ſe trouuer
à dire* , Abeſſe. Deeſſe. Deſiderari. *Mille ecus ſont
à dire an mes cofres , dés que tu an as la clef* , Ex
quo tibi eſt meas ad capſas familiari claue adi-
tus , milleni omninò aurei in eis deſiderantur.
Tu trouues à dire à toutes choſes , Nihil eſt , quod
non arguas , condemnes , coarguas , damnes,
carpas. *Terre à labourer* , Nondum aratus , exa-
ratus , aratro proſciſſus ager. *Ce champ eſt trop
de tans à herſer* , Iuſto diutiùs hoc aruum ſua
occatione deſtituitur. Æquo longiùs ſua occa-
tio huic agro profertur. *Les vignes d'vn braue
menager ne ſont meshui à foſſoier* , Induſtrij,ac va-
lentis patrisfamiliâs minimè fuerint hoc tempore foſſionis exſortes vineæ.

24 *A, ioint auec certains verbes , ou participes,
eſt marque d'action , paſſion, ou inclination.* Vernaculum, *A* , certis verbis , aut participiis nexum,
actionis, perpeſſionis, & propenſionis eſt index.
*Ateler les cheuaux à la herſe , les beufs à la char-
ruë* , Equos occæ , boues aratro adhibere, admouere , inducere , illigare. *Aſtraindre le vaincu à
tribut annuel , & perpetuel* , Victum armis adige-
re ad annuum , perpetuúmque tributum. *Il s'eſt
obligé à paier les vſures, plus hautes , que le capital
meme* ,Creditori ſe obſtrinxit ad grauius ipſo capite fenus. *Adonné à gourmandiſe,anclin à iuro-
gnerie , porté à la colere* , Gulæ deditus, vino addictus, in iram procliuis.

25　*A, etant accouplé à vn substantif, exprime avec lui quelque euenemant, ou accessoire, soit agreable, soit desagreable,* Celticum, *A,* certi generis substantiuo adiunctum, iucundi, aut iniucundi euentus est nota. *Que ce voiage te puisse etre à santé, profit, honneur, & ioie,* Faxit vtinam Deus, vt hæc tibi via cedat valetudini, compendio, lætitiæ, ac honori. *Si tu poursuis cete afaire, elle te tournera à perte, à confusion, & ruine,* Si contendes hoc negotium persequi, tibi tandem vertet damno, dedecori, ac exitio. *Tout lui reüssit à souhait, pource qu'il est grand homme de bien, & qu'il merite beaucoup,* Ei omnia cadunt ad arbitrium, quia vir est optimus, & hac felicitate dignissimus. *La nouuelle ne lui a eté tant à gré, comme ie cuidoi, & ce d'autant, qu'il l'attandoit plus heureuse,* Non tam gratus ei accidit nuncius, atque cogitaueram, eo scilicet nomine, quòd fortunatiorem animo, ac spe præceperat.

26　*A, appliqué à vn verbe, & à vne personne, ou autre suiet, est marc̨e d'accessoire, bon, ou mauuais,* Vernaculi sermonis, *A,* adhibitum verbo, ac personæ, alteríve rei, rationem commodi, aut incommodi, cuipiam obtingentis, explicat. *Tu ne dois dire outrage à l'etranger, ni faire tort à l'inconnu, non plus qu'à tes citoiens, & domestiques,* Tibi perinde nefas est conuicium peregrino facere, vel ignoto inferre iniuriam, atque tuis ciuibus, & domesticis. *Ce garnemant an veut à chacun, & tient tort à tous ses voisins,* Nequam, ac perditus ille nemini maleficium non intentat, & in vniuersos vicinos iniurius est.

27　*A, sert propremant à exprimer le domaine, & proprieté d'vne chose, etant mis apres les verbes,*
qui

qui la signifient,Gallicum, *A* , exprimendo cuiuſque rei dominio commodè ſeruit , ſubſtratum
verbis dominium ſua natura adſignificantibus.
Le harnois eſt à toi , mais le cheual , & le profit de
voiture eſt à moi,Inſtructus equi tuus quidem eſt,
ſed equus ipſe meus eſt , ideò,& vecturæ merces.
Le profit & butin de la victoire a eté tout à l'armée,
& aux ſoldats:mais la gloire de la bonne conduite
an reuient toute à ce braue Chef, Victoriæ cōpen-
dium , ac præda vniuerſa fuit quidem pugnantis
exercitus : vincendi tamen gloria ſolida eximij
huius Imperatoris eſt propria.

28   *A,ſe prand pour*,Selon,Comme,*& ſambla-*
bles mots,Celticum , *A* , vſurpatur eo ſenſu , quo
Latinæ voculæ,*Iuxta,Pro,Prout,Vt,Vti*, & huiuſmodi aliis. *A diſcretion* , Pro arbitratu. Pro arbitrio. Prout erit arbitrium. Vti fuerit arbitrium.
Vous-an ferez à votre diſcretion,De re tota decer-
nes pro arbitratu , prout tuum fuerit arbitrium,
pro eo ac cenſebis , vti videbitur , vti viſum tibi
fuerit,prout libuerit. *Vſés de ce cheual tout à vo-*
tre plaiſir , & le ranuoiés à votre commodité , Hoc
meo equo vtere , quo modo , & quàm diu voles,
eúmque tuo commodo remitte.   *Ie ne diſpoſeraĭ*
point de moi,qu'à votre gré, De me nihil omninò
ſtatuam,niſi ex animi tui ſententia.

A

Article de la langue Françoiſe, deuarçant les
Anoms de tous geanres, & de tous nombres,
Francicum, *A*,articulus,Gallicæ linguæ proprius,
in oratione antegrediens cuiuſque generis , ac
numeri

numeri nomina. *Ie n'ai sceu le reconcilier, ni à pe-*
re, ni à mere, ni à freres, ni à seurs, ni à aucuns de
ses parans, & alliés, Nec patri, nec matri, nec fra-
tribus, nec sororibus, nec vllis cognatorum, &
affinium eum reconciliare vmquam potui. *Voiés*
Au, Aux.

AINÇOIS.

1 A Inçois, *auant, auparauant, deuant, plutot,*
Antè, Anteà, Potiùs, Priùs. *Ainçois que vi-*
ser aux depoüilles, il faut combatre, & vaincre,
Antè pugnandum, vincendúmque est, quàm vt
cogitetur de spoliis. *Ainçois faloit-il tous mou-*
rir les armes au poing, que de randre tele place,
Præsidiariis vniuersis inter tela potiùs fuit pro-
fundenda vita, quàm tanti momenti arx deden-
da hostibus.

2 *Ainçois, au contraire, au rebours,* Contrà, Immò, Quin, Quinimmò, Quin potiùs. *On ne lui*
fait aucun tort, ainçois on l'oblige, de le deliurer de
la charge, dont il est incapable, Ei nulla infertur
iniuria, immò gratia confertur, cùm eo munere
absoluitur, cui est impar.

AINS.

1 A Ins, *auant, deuant, auparauant, plutot,* Antè,
Anteà, Priùs. *Ains, que venir aux charges, il*
a pratiqué toutes factions de soldat, Priuati militis
omnia, & singula priùs exercuit munia, quàm
ad castrenses præfecturas accesserit. *Ains, que de-*
mander

*mander part du butin, preuue, que tu as combatu,
& vaincu,* Antè comprobato, abs te oppugna-
tum, atque victum hostem, quàm manubiarum
portionem postules.

2 *Ains, au contraire, au rebours,* Contrà, Immò, Quin, Quinimmò, Quin potiùs. *Cete drogue
n'est pas pour te guarir, ains pour te tuer,* Hoc me-
dicamentum haud eiusmodi est, vnde sanitatem
haurias, sed certam perniciem tibi accersas. Istud
pharmacum id non est, quod te persanet, sed
quod te miserè interimat. *Cet aduis, qu'on te donne, n'est pas d'vn ami, ains d'vn annemi capital.*
Haud est ab amico, quod tibi suggeritur consilium, immò ab capitalissimo hoste. *Le feu ne s'e-
teint pas d'etre doucemant arrousé, ains s'ambrase
d'auantage,* Haud restinguitur leuiter aspersus
aqua ignis, quin tantò vehementiùs accen-
ditur.

A I N S I.

1 **A**Insi, *de cete sorte, an cete façon, comme
cela,* Hoc modo, Hoc pacto, Isto modo,
Isto pacto, Ad hunc modum, Ad istum modum,
ita, sic. *Ainsi, de celle façon, an celle maniere,*
Illo modo, Illo pacto, Eo modo, Eo pacto, Ad
eum modum, ad illum modum, ita, sic. *Ainsi
vous faut-il lire, & imiter Ciceron, si vous pre-
tandés quelque chose an l'oratire,* Ad hunc modum tibi legendus est Tullius, & imitatione ex-
primendus, si quid facultatis oratoriæ animo
destinasti. *Ainsi Phenix, par son example, mon-
troit à Achilles à bien dire, & à bien faire,* Ita,

suo

suo exemplo, Phœnix Achillem docebat rectè dicendi, agendíque rationem.

2 *Ainſi que, comme*, Eo modo ac, Illo pacto atque, Ad eum modum vt, Perinde ac, Perinde atque, Ita vt, Sic vt, Sic vti, Sicut, Sicuti, Vt, Vti. *Parle, & ecri ainſi, que font les mieux diſans, & tu te randras leur egal*, Loquere, ac ſcribe perinde, atque facere ſolent diſertiſſimi quique, hácque via tandem eorum ſimillimus euades. *Ainſi que la Lune croit, & decroit, de meme fait le ſuc des herbes, & la mouëlle des os*, Ita vti Lunæ orbis per vices creſcit, decreſcítque, ſic herbarum ſuccus, medulláque oſſium alternis augetur, minuiturǵue.

3 *Ainſi que, an meme tans que, comme, lors que*, Eodem tempore. Eo ipſo tempore. Illo eodem tempore. Eo planè tempore. Tum cùm. *Ainſi que lon fermoit la porte, nous ſortions de la ville*, Egreſſi vrbe ſumus illo ipſo articulo, cùm portæ clauderentur. *Ainſi que le Soleil poignoit de matin, l'annemi a paru ſur vn cotau*, Qua planè hora emicabat Sol oriens, in colle hoſtis comparuit.

4 *Ainſi, par ainſi, donques*, Ergo, Ideò, Igitur, Itaque. *Ainſi, de l'ombre de cete colomne, ie collige ſa hauteur, & l'heure qu'il eſt*. Colligo igitur, ex huius columnæ vmbra, & ipſius excelſitatem, & quæ hora diei ſit. *Ainſi conſte, qu'anuiron le ſolſtice d'eté, les iours ſont les plus grands*, Conſtat itaque, per æſtiuum ſolſtitium dies omnium eſſe longiſſimos. *Par ainſi, tu ne peux nier, que l'air ne ſoit plus leger, que l'eau*. Negare ergo non poſſis, quin aëri maior inſit, quàm aquæ leuitas.

AN

A N *pour* E N.

1   A N, *ou* En, *prepofition locale, fert à reprefan-*
ter toute forte de lieux, Francica præpofitio, *An*, vel, *En*, defignandorum locorum propria,
cuiufque generis exprimendis locis adhibetur.
An terre, an mer, an la colline, an la plaine, an la
maifon, an la place, an France, an Italie, In terra, in
mari, in colle, in planitie, in domo, in foro, in Gallia, in Italia.

  2 *An, rapporté au mot Latin,* Vbi, *fe rand fou-*
uant par la prepofition, In, *Latine, & fouuant fans*
icelle, felon la nature du mot, que ledit An *accom-*
pagne, Gallica præpofitio *An*, ad voculam Latinam, *Vbi*, aut expreffam, aut tacitam relata, frequenter Latina præpofitione, *In*, redditur, & frequenter non redditur, pro natura fcilicet eius
vocabuli, cui ipfum *An*, comitatur, & fubferuit.
An l'armée, an la bataille, an ambufcade, an che-
min, an l'hotelerie, an l'affamblée, an la conferance,
In exercitu, in pugna, in infidiis, in via, in diuer-
forio, in cœtu, in confultatione. *Nous logeons an*
la campagne, an la montagne, an lieu couuert, an
lieu decouuert, an lieu retranché, & fortifié, an lieu
mal affeuré. Confidemus in campeftribus, in
montanis, in operto loco, in aperto loco, in munito loco, in immunito, parúmque tuto loco.
Nunc operto, nunc aperto, nunc munito, nunc
immunito loco ftatiua habemus.

  3 *An, rapporté au mot Latin,* Vbi, *eft amploié*
pour indice de toute forte de lieu, où eft, & où fe fait,
quelle chofe que ce foit, Vernacula præpofitio, *An*,
infito fenfu ad *Vbi* Latinum relata, adhibetur vt
index

index cuiufque loci,in quo res quælibet,aut effe,
aut geri intelligitur. *On trauaille an la metairie,
on ioüe an la ville,on combat an l'armee , on vogue
an mer,*In villa fit opus, in vrbe luditur, in exercitu pugnatur,nauigatur in mari.

4 *An,eft ioint aux noms appellatifs de lieux,ef-
quels eft, ou eft faite quelque chofe.* Gallicum, *An,*
locorum appellatiuis nominibus adiungitur, in
quibus quæque res fignificatur,aut effe,aut etiam
geri. *An , & A,fe ioignent indifferammant à plufieurs noms appellatifs locaux . pour fignifier,que
quelque chofe eft , ou fe fait efd·ts lieux,*Francicæ
voculæ *An*, & *A*, plerifque locorum appellatiuis nominibus copulantur promifcuè, vt in eis
effe, fierive res quælibet oftendatur. *Quelque
honnorable occupation l'antretient inceffammant,
ou priant an l'Eglife , ou compofant an chambre,
ou plaidant an audiance , ou repondant aux con-
fultans an la fale , ou difcourant an table.* Ho-
norificæ occupationis quidpiam eum perpetuò
operofum habet , & quidem , aut precantem in
templo , aut fcribentem in conclaui , aut dicentem in foro , aut de iure refpondentem in cœna-
culo, aut difputantem in menfa. *Etre,faire, dire,s'arreter , s'occuper an table , an chambre , an
la chambre , an la maifon , an la cuifine , an cuifine , an ville , an la ville , an place , an la
place , & autres teles façons de dire , ne font pas
bien Françoifes , au iugemant de quelques modernes , difans,que la particule , An,i tient la place,
que doit tenir , A.* Effe, agere, dicere, immora-
ri, occupari in menfa, in cubiculo, in ædibus,
in culina ,in vrbe, in platea , in templo,ac cæte-
ræ huius generis loquendi formulæ, particula
verna

vernacula, *An*, expreſſæ, recentiorum quorum-
dam ſententia, non ſunt germanæ Francicæ,
quòd in eis locum occupet, *An*, vocula, quem, *A*,
debuit occupare. *Le temoignage de tous les meil-*
leurs Ecriuains de notre ſiecle, iuſques à cete heure,
nous apprand, qu'an teles manieres de parl.r, les
prepoſitions, An, & A, ſont indifferammant vſitées,
& que le ſcrupule de ces Critiques n'eſt pas ne-
ceſſaire pour bien dire, Politiorum huius ſæculi
Scriptorum frequentiſſima ad hunc vſque diem
teſtimonia nos docent, in eiuſmodi vernaculis
locutionum formulis, *An*, & *A*, Francicarũ præ-
poſitionum arbitrariũ eſſe vſum, miniméque ad
rectã dictionem Gallicam eſſe neceſſarium illum
Criticorũ ſcrupulum, de quo agimus. *On peut re-*
marquer, an bien peu de pages des meilleurs Ecri-
uains de ce tans, grand nombre d'examples, contrai-
res à l'opinion de meſſieurs les Critiques modernes,
Vel pauculis ex paginis diſertiſſimorum huius
ætatis Scriptorum pleraque poſſunt animaduerti
loca, Criticorum illi opinioni apertè repugnan-
tia. *C'eſt egale faute, an fait des langues, que d'etre*
trop liçancieux, ou trop ſcrupuleux, In linguarum,
& dictionis tradenda ratione, idem planè pecca-
ti genus eſt, æquo laxiorem, aut reſtrictiorem
eſſe.

　5 *An, s'applique aux noms propres de lieux,*
pour expliquer ce qui i eſt, ou qui s'i fait, Gallica
particula, *An*, locorum propriis adhibetur nominibus, vt eis in locis quidpiam eſſe, aut geri
explicetur. *Tu ne ſçaurois an meme tans etre an*
Athenes, an Sparte, & an Corinthe, Vti maximè
velis, eſſe tamen, eodem tempore, nequeas, &
Athenis, & Spartæ, & Corinthi. *Il eſt bien plus*

usité de dire, il residoit à Paris, à Rome, à Seuille, qu'an Paris, an Rome, an Seuille, ce dernier neantmoins n'est pas hors d'vsage, Lutetiæ, Romæ, Hispali habitabat, vernaculè dicere est vsitatius adhibita, *A*, quàm, *An*, vocula Francica, posterior tamen locutio extra vsum non est.

6 *An, est tousiours acouplé aux noms propres de Regions, païs, prouinces, iles, & samblables lieux, pour represanter quoi que ce soit, qui i soit, ou qui s'i face,* Francica præpositio, *An*, propriis regionum, prouinciarum, insularum, & eius generis nominibus perpetuò copulatur, vt in eis aliquid vel esse, vel agi ostendatur. *Les Romains eurent iadis des armées an garnison, an France, an Germanie, an Espagne, an Afrique, an Asie, & an toutes les regions de leur ampire,* Romani quondam præsidiarios exercitus habuere in Gallia, Germania, Hispania, Africa, Asia, & cæteris imperij regionibus vniuersis.

7 *An, est appliqué aux noms propres de païs, prouinces, iles, & samblables, an cas de mouuemant vers lesdits lieux,* Celtica præpositio, *in*, regionum, prouinciarum, insularum, & eiusmodi, propriis nominibus iungitur, cùm ad eius generis loca designatur motio. *Si la santé lui eut permis, il faisoit etat de passer an Alemagne, an Italie, an Espagne, an Afrique, & Asie, auant que se retirer an sa maison,* Si ei per valetudinem licuisset, priùs cogitabat, quàm domum se reciperet, transgredi in Germaniam, Italiam, Hispaniam, Africam, Asiámque. *Nous singlames tout d'vn train de Sicile, an Corfou, de là an Candie, de là à Rhodes, de là an Cypre, & puis an Syrie,* Haud intermisso cursu ex Sicilia in Corcyram,

inde

inde in Cretam , inde in Rhodum , inde in Cy-
prum, indéque in Syriam nauibus traiecimus.

8 *An , se met auec les noms propres de villes,
pour exprimer le mouuemant vers iceles ,* Vrbium
propriis nominibus nectitur vernaculum , *An,*
motus versùm eas exprimendi gratia. *Arriué an
Alexandrie , il s'ambarqua pour aller an Delphes,
consulter l'oracle, & de là rebroussa an Lacedemo-
ne,* Cùm Alexandriam appulsus esset , conscendit
nauem , vt Delphos nauigaret, consulturus ora-
culum, indéque Lacedæmonem est regressus. *A,
se ioint, an ce sans, auec les noms de villes plus souuant que An , neantmoins il se treuue plusieurs
examples de ce dernier,* Vrbium nominibus , *A,*
quàm, *An,* frequentiùs eo sensu adhibetur, poste-
rioris tamen satis crebra sunt apud probos Scriptores testimonia.

9 *An , accompagne quasi d'ordinaire les noms
appellatifs de lieux , an matiere de mouuemant
vers iceux, An,* Gallica præpositio ferè comitatur
appellatiua locorum nomina , cùm de accessu ad
eos agitur. *Antrer an l'ecole, an l'Eglise , an l'audiance, an la maison, an la cuisine, an la nef, an l'e-
table , an la prison,* In litterarium ludum , in sa-
cram ædem, in litium auditorium , in domum, in
culinam, in nauim, in stabulum pecudum, in car-
cerem ingredi. *Se porter an terre ferme , an vne
ile, an vne colline , an vn vallon , an vn vignoble,
an vne prairie , an pais lointain,* Contendere, ac
ferri in continentem , in insulam , in collem , in
vallem, in vinetum, in prata , in longinquum locum. *Certains Critiques de ce tans nous obligent à
dire tousiours aller, venir, antrer à table , à l'ecole,
à l'assamblée, à l'Eglise , à la maison , à la cuisine,*

à la

*à la chambre, à l'armée, & de meme , an tous mots
samblables, & iamais ne dire , aller, se porter, antrer an l'Eglise , an l'assamblée, an table , & le reste ,* De huius ætatis Criticorum decuria quidam
iubent nos, *A,* vocula perpetuò, numquam autem
particula, *An,* vernaculè efferre istas, & cõsimiles
loquendi formulas, Adire mensam , scholam,
cœtum, templum, domum, culinam , cubiculum,
exercitum. *A ce decret des sieurs Critiques nous
repondons, que les mieux disans , & ecriuans de ce
tans vsent indifferammant de ces deux façons de
parler, & que par tant toutes deux sont legitimes,*
Seuero illi Criticorum decreto id vnum modò
referimus, huius ætatis disertissimis quibusque,
vtramque illam dicendi formulam, & loquenti-
bus , & scribentibus ex æquo familiarem esse,
eáque propter quamlibet earum probam censeri
oportere.

10 *An, se ioint à des verbes, & substantifs ansamble, signifians chacun d'eux action mouuante,
pour denoter transport vers quelque part,* Vernaculum, *An* , verbis ac substantiuis motus actionem
significantibus , & vnà copulatis adhibetur, ad
profectionem versùs aliquem locum designan-
dam. *Aller an ambassade* , Abire in legationem.
Proficisci aliquò legatum , legationis gratia.
Aller an voiage, Peregrè abire. Itineris causa proficisci. Inire iter longinquius. *Aller an pelerinage,*
Religiosam peregrinationem instituere. Reli-
gionis causa peregrinatum ire. Ad religiosa loca
peregrè abire. *Aller an course , an quete des ecumeurs de mer , pour les combatre , & prandre,*
Classe instructa in piratas excurrere. Naualem
excursionem in maritimos prædones instituere.

Cete

Cete façon de parler est familiere sur la mer de Le-
uant , & aux Cheualiers Maltois , & aux autres,
qui courent sus aux ecumeurs de mer, In Medi-
terraneo mari , rem naualem exercentibus familiaris est hæc loquendi formula , vti Melitensi-
bus Equitibus, ac cæteris , in piratas classe armata excurrentibus.

   1 1 *An , vaut bien souuant le meme , que d'où,*
dont, de quele origine , de quel siege & lieu , & an
ce sans ce mot est indice de l'origine materiele , d'où
procede quoi que ce soit , & est marque du siege , &
place , d'où quelque chose se depart , ou est leuée, &
deplacée, Francicum , *An ,* frequentissimè idem
valet atque, Inde, Vnde, Quo ex fonte , ac capite,
Qua ex sede, ac loco ; quo quidem sensu eius
originis index est, vnde quidpiam exoritur, eius
sedis, ac loci est nota, ex quo aliquid decedit , aut
amouetur. *Fouïssez plus auant la fante de ce roc, &*
vous an tirerés des lingots de pur or , Altiùs defo-
dito diuulsæ huius rupis labem , indéque puri,
ac puti auri glebas educes. *Aians ouuert ces iours*
passés cete mote caillouëuse, nous an fimes iaillir ce
clair ruisselet d'eau viue, Calculosum hunc tumu-
lum cùm nuper perfodissemus , ex eo perennis
aquæ limpidum hunc riuulum expressimus. *Les*
Indois cultiuent soigneusemant vne palme , d'au-
tant qu'ils an reçoiuent toutes les commodités de la
vie humaine, viande, boisson, habits , voiles , corda-
ges, bois de charpante , & tout le reste , Indi genus
quoddam palmæ, eò excolunt accuratissimè, quòd
vniuersa humanæ vitæ commoda inde affatim
hauriunt, cibum , potum , vestem , nautica vela,
rudentes, fabrilem materiam , & eius generis cætera omnia. *Ce piedestal est plus auant dans ierre,*

qu'il ne paroit au dehors , & tu ne l'an arracherois
auec quatre paires de beufs, atelés, pour ce suiet , Altiùs humi est de fossus , quàm è terra exstet , ille
stylobates , vnde ne quaternis quidem boum iugis, ad extrahendum admotis euellas. *Quand il est*
vne fois collé sur ses liures, toutes les puissances hu-
maines ne l'an detacheroient pas, qu'il n'ait passé sa
fantasie , Vbi semel affixus libris fuerit , quoad
legendi, meditandíque sitim expleuerit, nulla hu-
mani imperij auctoritas, & maiestas eum inde
auocarit.

12　*An, és choses memes immatericles, represan-*
te la source , le fondemant , la cause d'où procede
quoi que ce soit. Vernaculum, *an*, in rebus, etiam
materiæ expertibus, exprimit originem , princi-
pium, causam vnde quæque res generetur , ac
nascatur. *Etoufez de bonne heure les passions dere-*
glées de votre ame , à faute dequoi , an pullulera
votre extreme malheur, Impotentes animi motus
antè præfocato, quàm se corroborent , vnde tibi,
nisi maturè occurreris, certissimum prosemina-
bitur exitium. *Si vous eussiez preuenu les animosi-*
tez, & factions de ces familles, vous n'eussiez souf-
fert la ruine de votre communauté , Si harum fa-
miliarum mutuas simultates , & factiones in
tempore occupassetis , publicæ vestræ rei vlti-
mam calamitatem inde non fueratis passuri.
Meublés-vous de toute sorte de bonnes lettres , &
vous an perceurés vn incroiable profit , plaisir , &
honneur , le reste de vos iours , Omnis litteraturæ
luculentissimum tibi accersito, vindicatóque in-
strumentum , ex eóque in reliquam vitam co-
piosissimæ vtilitatis , voluptatis , honestatísque
vberrimam materiam tibi partam putato.

13

13 *An, est diuersement ampluié, pour exprimer
diuerses saisons, & conditions de tans, & se rand
an Latin par vne preposition, ou sans icele,* Celtica particula, *An*, variè adhibetur ad varias temporis rationes, conditionésque exprimendas. *An
eté sont les chaleurs, an hiuer les froidures, an la
prime, & an automne le froid, & le chaud sont
antremelés,* Per æstatem vigent ardores Solis, per
hiemem sæuiunt frigora, per autumnum, & ver
modicus calor, algórque, inter se temperati, sentiuntur. Æstate calor, hieme algor, vere, ac autumno ex æstu, & frigore mistus tepor nos afficit. *An Mars nous semons, an Iuin nous moissonnons, an Septambre nous vandangeons,* Martio
frumenta conserimus, Iunio segetes demetimus,
Septembri vuás legimus. *An saison humide nous
sombrons nos terres, an tans sec nous hoüons les vignes, & nos voisins font tout au rebours,* Humente solo agros prima opera exaramus, arente humo vineta fodimus, quod vtrumque opus contraria penitùs ratione, ac nos, vicini agricolæ
exercent.

14 *An, represante an particulier le terme de
tans, dans, ou pandant lequel, se fait quelque chose,*
Gallica vocula, *An,* peculiarem vim habet certi
temporis, & certæ diei designandæ, intra quam
res aliqua fieri dicatur. *Des animaux les vns
randent leur fruit, dés la conception, an trois mois,
les autres an six, les autres an neuf, les autres an
douze,* Animantium aliæ fetum ab conceptu
edunt mense tertio, aliæ sexto, nono aliæ, aliæ
duodecimo. *Nous scions les vns de nos blés an trois
mois, dés les semances, les autres an cinq, les autres
an neuf,* Frumentorum quædam tertium intra

men

menſem ab ſemente deſecamus , quædam intra
quintum , quædam intra nonum. *Mon bidet fera
plus de chemin an trois heures , que ton malier an
vn iour,* Hic meus equuleus plus viæ ternis horis
confecerit , quàm tuus ille doſſuarius canterius,
vel vno die ſolido. *Et n'eſt-il pas vn vaillant ouurier puiſque il boit plus de vin an vn ſoupé,qu'il
n'an vandangeroit an vne ſemaine ?* An non eſt
ſtrenuus Bacchicæ decuriæ, ac palæſtræ athle-
ta , qui vini multò plus hauriat cœna vna,quàm
vel ſeptenis diebus poſſit ex vineto legere.

    15 *An, ſert à conceuoir , & exprimer le nom-
bre,auquel conſiſte l'etat d'vne choſe,moiennãt vne
tacite etanduë de tans ,* Francica particula , *An,*
adhibetur concipiendo , exprimendóque verbis
numero,in quo ſit poſita rei cuiuſpiam ratio, in-
terueniente ſuppreſſa temporis menſura. *An
trois ſyllogiſmes de ſuite il a amporté,& terraſsé
ſon homme,* Inducto,vna ſerie,ſyllogiſmo triplici,
aduerſarium confecit,& euertit. *De quele matiere que ce ſoit , il te depechera touſiours an trois
paroles ,* Quauis de re eum conſulueris , tribus
mox verbis te abſoluerit. *Tu ſeras habile homme,
ſi tu comprans an trois periodes , ce qu'il a dit an
vint-cinq ,* Quod vicenis quinis periodis eſt elocutus,ſi tribus fueris complexus , eximius vir, &
fueris,& meritò habeberis.

    16 *An,ioint à vn participe,declare vne certaine
action , & anſamble le tans,durant lequel elle ſe
pratique,* Francicum, *An,* participio commiſſum,
certę actionis genus deſignat,& ſimul ipſum tempus,quo ea exercetur. *An ſe chaufant de trop prés,
on ſe brule ,* Dum iuſto propiùs lucenti camino
admouemur,incauti adurimur. *An marchant touſiours.*

iours,tu auanceras chemin , Si continenter ambu-
las,lentè licèt,iter tamen promoues. *An riant,qui
t'ampeche,de dire verité ?* Etiam ridentem , te dicere verum , quid prohibet ? *An caufant , le iour
paffe , & la befogne demeure an arriere,*Inter fun-
dendas verborum nugas , labitur dies , opúfque
omiffum non procedit. *An etriuant,la colere s'e-
chaufe , & on an vient aux mains ,* Intereà dum
rixa contenditur , exardefcit bilis , & venitur ad
manus.

17 *An , reprefante la condition,l'etat,la difpofi-
tion d'vne chofe an particulier,ou de diuerfes antre
elles mutuelemant ,* Gallicum,*An,*exponit vnius
rei fingularis , aut plurium inter ipfas habitum,
conditionem,ftatum.*Tandis que nous vixons,nous
fommes ores an p ofperité , ores an aduerfité , ores
an ioie , ores an trifteffe,ores an paix , ores an trou-
ble ,* Quamdiu inter mortales agimus,nunc pro-
fperis,nunc aduerfis , nunc lætis , nunc triftibus,
nunc tranquillis , nunc turbidis rebus vtimur. *Tu
es an perplexité de ce , dont ie fuis an grand repos
d'efprit ,* Inde tibi eft inquieta,& perplexa mens,
vnde mihi admodū eft liquida,& pacata. *Quand
il eft an fougue , il s'echape an paroles : mais reuenu à foi,foudain il amande la faute.*Infolentio-
re verbo facilè labitur,dum eum exafperata bilis
infidet,fed fibi redditus,immoderatæ linguæ noxam mox eluit. *Ils ont continué quelques mois an
perpetueles riotes , & delà font tombés an diuorce,
& feparation de cors , & biens ,* Aliquot menfes
perfeuerarunt in continente iurgio , ac inde
funt deuoluti ad tori diuortium,fortunarúmque
diffociationem.*Aiant pafsé dix ans an groffes ini-
mitiés,ils fe font randus grans amis,*Solido decen-

nio in atrocibus inimicitiis traducto, deinde re-
conciliati, multam inter sese contraxere beneuolentiam. *Durant tout son sejour de court, il a eté an
grace, an credit, & an estime prés du Prince,* Quoad
in aula egit, perpetuò apud Principem fuit in
gratia, auctoritate, ac existimatione. *Notre terroir
ne fut, de çant ans, an si grande sterilité, & desola-
tion, qu'il est auiourd'hui,* Centeno abhinc anno,
noster ager non fuit tam deplorando fœdæ ste-
rilitatis, ac vastitatis habitu, atque nunc est. *Toutes les communautés de ce païs sont an extreme di-
fete de danrées, & an nompareille necessité d'argeant,* Vniuersæ ciuitates huiusce omnis regionis sunt in summis annonariæ rei angustiis, ín-
que incredibili nummorum penuria.

18 *An, sert à exprimer la condition, & etat d'u-
ne personne, an fait d'exercice, & occupation, de
dignité, de grade, d'office, & charge,* Celticum, *An,*
exprimit cuiusque hominis habitum, conditionem, statum, in eis, quæ sunt cuiuspiam exercitij,
occupationis, officij, muneris, gradus, dignitatis.
*Des soldats de garnison, les vns sont an santinele,
sur les murs, les autres an garde, aux pertes, les autres an œuure, aux fortifications,* Præsidiariorum
militum alij pro muris stant in vigilia, alij ad
portas sunt in custodia, alij sunt in opere, in pro-
mouendis munitionibus. *Tout le matin nous auons
eté an quete du cerf, par le bois, & fort an besogne,
& dés le soir il etoit an fuite, & bien loin de nous,*
Totum matutinum tempus, indagando per saltũ
ceruo, intenti fuimus, & in ea indagatione opero-
sissimi, càm is ab hesterna vespera iam in fuga
esset, & procul ab nobis versaretur. *Ce n'est pas
peu d'afaire, & d'annui, que d'etre an office, & an
charge*

charge parmi vne populace,& à sa discretion, Haud
leuis negotij,ac molestiæ res est , publico esse in
munere plebeios inter homines , & quidem ex
eorum arbitrio. *Iamais il n'a eté eleué an grade,
qu'à son cors defandant , sçachant bien qu'etre an
dignité parmi nos bourgeois,c'est pire , que tirer l'a-
uiron an Galere ,* Numquam nisi inuitus, ac coactus ad publicæ administrationis honores conscendit,gnarus scilicet perinde esse,inter hos ciues magistratum gerere,atque remigium ex com-
pede exercere.

19 *An , vaut autant que,de ce,quant à ce , touchant ce ,* Vernaculum , *An ,* perinde valet,atque,
De eo,Ea de re , Quoad illud , Quod ad id attinet,Quod ad eam rem pertinet. *I'an suis marri,ie
m'an repans,i'an demande pardon ,* Id mihi dolet,
eius me pœnitet,veniámque peto. Quod ad eam
noxam attinet,eam admissam doleo,cuius,vt me
tenet pœnitentia,sic eam mihi condonatam cu-
pio. *Quoi qu'on die,il ne m'an chaut , pourueu que
i'aie bien fait ,* Quid hominum vulgus loquatur,
aut sentiat , id quidem parum me mouet , dum
constet,rectè à me factum esse. *Presse tant,que tu
voudras,ie n'an ferai rien,s'il n'est equitable,* Insta,
& vrge,quantum voles,nisi æquum est, quod po-
stulas , id neutiquam fecero. *Ie m'an rapporte à
ceux,qui l'antandent mieux,* Eius rei arbitrium eis
defero , qui peritia plus pollent,possúntque. *De
porter plus les armes, ie m'an suis excusé vers le
Prince , pour mon âge ,* Quoad militaria munera,
Principi meam ætatem , & imbecillitatem excu-
saui , apud Principem ætatis , imbecillitatísque
meæ attuli excusationem. *Pour le fait de ta cause,ie m'an deporte dés à presant,si tu ne me fournis*

de meilleurs documans. De tua cauſa ſic habeto , eam me in præſentia deponere , niſi ad eam tuendam validioribus me auctoritatibus inſtruas.

ANCOR, ANCORE, ANCORES, *pour* ENCOR, ENCORE.

1 A*Ncor* , *Ancore* , *Ancores* , *iuſques à ores,* *Aduerbe* , *exprimant durée de tans* , Adhuc , Etiamnum , Etiamnunc , Huc vſque , In hanc horam , Vſque adhuc. *La vandange eſt ancore aux vignes* , *à la fin de Nouambre* , Exeunte Nouembri etiamnum vindemia pendet in vineis. *L'herbe apres midi eſt ancore moite de la roſée matiniere* , Etiam vſque ad pomeridianum hoc tempus, matutini roris humore madent herbæ.

2 *Ancor, Ancore, Ancores* , *iuſques alors* , Ad id temporis. Ad id vſque tempus. Ad eam tempeſtatem. Etiam tum. In eam vſque diem. Ad illam etiam diem. *Ancores à la fin de Iuillet, nous auions vn pied de nege* , Ad exeuntem vſque Iulium, apud nos vnum alta pedem nix perdurabat. *Ces années paſsées ancore trouuoit-on le long du Rhone des os d'elefans* , *depuis les vieilles guerres Romaines* , Etiam ad proximè lapſos annos, ſecundùm Rhodanum inuenta ſunt elephantorum oſſa, reliqua ex Romanorum vetuſtiſſimis prœliis.

3 *Ancore, ancores, an outre, outre ce, de plus,* Adhæc, Inſuper, Prætereà. *Ce n'eſt rien, que de chaſſer cet annemi* , *ſi ancores vous ne le combatés* , *& defaites,* Hoc genus hoſtis abs te fugari, ad rei ſummam

mam momenti nihil habet , nisi proelio insuper
congressus eumdem frangas,& sternas.

4 *Ancore,ancores,conjonction,pour,combien que,*
Etiamsi,Etsi,Licèt,Quamuis,Tametsi. *Ancore que
la Lune ait sa lumiere du Soleil , si ne chaufe-elle
point,comme lui,* Tametsi Solis ipsa luce Luna lu-
ceat , non tamen , vti Sol , suo nos calfacit lumine.

APRES.

1 A Prés,*depuis,du depuis , Aduerbe,declarant
vne suite de tans ,* Francicum , *Aprés,* Aduerbium est , seriem temporis exprimens. *Aprés,*
Dein , Deinde , Inde , Post , Posteà , Postmo-
dum , *A , Rome regna premieremant Romulus ,
aprés suiuit Numa ,* Romæ primùm regnauit
Romulus , deinde secutus est Numa. *On coupe
les foins , aprés on seïe les blés , depuis on cueille
les fruits des arbres , finalemant on fait vandange.* In primis defecatur fenum , pòst metuntur
frumenta , inde leguntur arborum fructus, denique fit vindemia.

2 *Aprés,consecutiuemant,Aduerbe local,an suite de lieu,*Gallicum,*Aprés.* Aduerbium est,conti-
nentem loci explicans positum. *Aprés,*Deinceps,
Deinde,Pòst,Posteà , Tum. *L'Espagne est la premiere terre d'Europe,du couchant au leuant , aprés
suiuent les Gaulles , & depuis l'Italie ,* Ab occasu
ad ortum,prima Europæ terrarum est Hispania,
quam deinceps excipiunt Galliæ,& Gallias Italia
consequitur.

3 *Aprés,derriere,an suite de lieu,*Ponè,Pòst , A
tergo,

tergo,Ab tergo,Poſt tergum,Retrò.*Le bagage va deuant, l'armée marche aprés,*Antè ſubuehuntur impedimenta , ponè, pòſt,ab tergo,poſt tergum, retrò ſubſequitur exercitus.

4 *Aprés que,depuis que,dés que,an ſuite de tans,* Ex quo,Ex quo tempore,Quo ex tempore,Poſteà quàm,Pòſt quàm. *Aprés que les moiſſons ſont faites,on ſombre les terres,pour les diſpoſer au labour, & puis à la ſemaille ,* Poſt expletas meſſes , agri prima aratri opera ſubiguntur, vt tantò faciliùs iterentur poſteà, & ſationi commodiùs præparentur.

A·v ,& Avx.

1 A V, & *Aux , articles François, & prepoſitions , dont le premier deuance les maſculins , & neutres , du nombre ſingulier , le ſecond precede les noms de tous geanres , du nombre pluriel, comme A deuance les noms de tous geanres,& de tous nombres,*Celticæ linguæ articuli ſunt, *Au,* & *Aux* , quorum prior anteit in oratione virilis , & neutrius generis, ſingularíſque numeri nomina : poſterior præit cuiuſque generis , & pluralis numeri nominibus: ſicuti ,*A,*eis affinis articulus , cuiuſcumque generis , ac numeri nomina antecedit. *Les ſoldats valetudinaires ſont au camp , les diſpos ſont à la campagne , contre l'annemi , & à la piquorée , pour auitailler l'armée ,* Militum valetudinarij tuentur caſtra , valentes in agris verſantur , pars in oppugnando hoſte, pars in cogendo commeatu, ad inſtruendum annona exercitum. *Les plus gaillards*

lards des soldats *valetudinaires logent à la tranchée exterieure , les plus foibles sont au retranche-
mant interieur , aux bastions , aux tours, aux pla-
teformes , aux caualiers , & aux autres fortifications* , Ægrorum militum alacriores confident
in exteriore fossa , & aggere , imbecilliores autem excubant in vallo intimo , in castellis , in
turribus , in machinariis molibus, atque in sub-
latioribus machinariarum molium appendici-
bus. *Les plus frais des soldats sont au fossé, & à
l'escarpe , attandans l'annemi , les plus las sont au
terrein de la muraille , aux creniaux , & aux
pointes des bouleuars* , Militum integriores ab labore hostem præstolantur in fossa , & fossæ in-
teriore crepidine , minùs integri ad interiorem
mœnium aggerem , ad murorum pinnas , atque
ad propugnaculorum cornua, structi , armatíque
consistunt.

   2 *Au , est souuant mis pour marque de lieu , auquel est , ou se fait , & est traitée quelque chose,* Gallicum , *Au* , vsurpatur , vti nota loci , aut sedis,
vbi aliquid sit , exerceatur, aut fiat. *Au , an ce
sans se rand souuãt an Latin par les particules,* In,
Apud , *& samblables ,* Celticum , *Au* , vt est nota loci , particulis *In,* & , *Apud,* frequenter Latinè redditur. *Ie suis ores au logis , ores au palais,
ores au ieu de paume ,* Nunc ago in ædibus , nunc
in palatio , nunc in sphæristerio.

   3 *Au , prins pour tele marque de lieu , se ioint à
certains noms propres de prouinces , & pais ,* Vernaculum , *Au* , vt est loci,ac situs index,propriis
prouinciarum , & plagarum certis nominibus
copulatur. *Les montagnes sont frequantes au
Languedoc , au Forés , au Daufiné , au Bourbo-
nois*

nois , Crebri funt montes in Arecomicis , in Segufianis , in citerioribus Allobrogibus , & in Boiis , apud Boios , citeriores Allobrogas , Segufianos , & Arecomicos. *Les anciens Romains ont bien fouuant eté au Langrois, Autunois, Chartrain, Berri,& Parifis.* Veteres Romani frequentes verfati funt in Lingonibus , Æduis , Carnutibus,Biturigibus,& Parifiis , vel apud Parifios, Biturigas , &c. *Dernieremant fe fouleuerent quelques mutins au Querci , au Roüerguois, Limofin, Poitou , Saintongeois* , Nuper in Cadurcis , Rutenis , Lemouicibus,Pictonibus , Santonibus , nefcio quid feditioforum coortum eft , vel , apud Santones, Pictones, &c.

4 *Au , mis pour marque de lieu , fe ioint auffi auec les noms appellatifs defdits lieux,* Francicum, *Au* , fumtum pro loci , ac fitus indice , locorum etiam appellatiuis nominibus adiungitur. *Au mont , au val , au pré,au bois , au champ , au couuert , au decouuert , par tout fe fait fantir le froid,* In monte , in valle , in prato , in filua , in agro, in operto , in aperto , & vbique locorum , fenfum vehementer afficit fæuientis vis frigoris.*On ne te voit iamais , ni au combat , ni au camp , ni au trauail des tranchées , & toufiours tu te rancontres au partage du butin , & au bureau de la montre.* Neque in prœlio , neque in caftris , neque in muniendo vallo vnquam compares , fed in participanda præda , & accipiendo ftipendio, te femper fiftis quàm cupidiffimè.

5 *Aux , eft la propre prepofition locale des noms pluriers , tant propres , qu'appellatifs ,comme, Au, eft cele des finguliers, de l'vne , & de l'autre forte,* Gallicum , *Aux*, propria eft præpofitio nominum

num numeri multitudinis , feu propriorum , feu
appellatiuorum , ficuti, *Au*, eft præpofitio nominum fingularis numeri „ feu proprij , feu appel-
latiui generis. *Aux Ceueines , & aux Pyrenées,*
ou , és Ceueines , & és Pyrenées , fe treuuent force
betes fauuages , & quafi toufiours de la nege, In
Cebennis, & Pyrenæis iugis vifuntur varij generis feræ pleræque, ac perpetuæ ferè niues. In
Cemmeno, atque Pyrene montibus multa eft fe-
rarum frequentia , & iugis fermè niuis copia.
Aux etuues artificieles , aux bains chauds d'eaus
natureles, quelques vns amandent leur fanté, quel-
ques vns l'ampirent , In thermis , natiuífque cali-
dæ balneis . alij valetudinem inftaurant , alij de-
teriorem faciunt. *Ce malheureux a paffé fa ieu-*
neffe aux cabarets , aux berlans, aux bordeaux, &
aux coins des bois , auec les voleurs , Ifte mifer, ac
perditus omnem adolefcentiam in popinis , ga-
neis , luftris, filuarúmque anguftiis, cum graf-
fatoribus , traduxit.

　6 *Au , eft marque de certain androit determi-*
né de lieu , partie , ou mambre d'vn tout , Gallicum , *Au* , index eft certi loci , membri , partis,
deffinatam in eis regionem defignans. *Au front,*
au nés , au col , au gofier , au manton , au coude,
au bras , au genoüil , au gras de la iambe, au pied,
au talon , par tout il eft bleffé, Saucius eft in fronte , in nafo , in collo , in gutture , in brachio , in
cubito , in genu , in fura , in pede , in calce , &
vbique locorum. *Aux colomnes de l'ordre Ioni-*
que fe reprefantent quafi tous les mambres , & pa-
rures du cors femenin , au chapiteau , la téte : aux
volutes , & feftons , la cheuelure : aux autres an-
droits du chapiteau , le front, la bouche , les leures,

les

les dans: au gorgerin de la colomne , le col : aux ca-
nelures du tronc , la robe, & les plis de la robe : au
foubaſſemant de la colomne , les ſouliers , & patins
de la famme , In columnis Ionicis exprimuntur
ferè vniuerſæ partes, & omnis ornatus muliebris
corporis : in eius ſcilicet capitulo , muliebre caput : in volutis , & encarpis , cincinnati capilli:
in reliquo capituli ſpatio , frons , os , labra, dentes: in ſtriis , ac ſtrigibus ſtyli , veſtes, ac veſtium
ſinus : in ſummo hypotrachelio , collum , & cer-
uix : in baſis denique ſpira , femineus calceus.
Au pied, & racines de l'arbre , on conſidere la tête,
& la bouche d'icelui : au tronc , le cors : aux bran-
ches , les cuiſſes, & les iambes : & au total de l'ar-
bre , la poſture ranuerſée d'vn homme , In arboris
rapo , ac radicibus , eius caput , & os fingimus,
& ſtatuimus : in trunco , ſummam partem corporis : in ramis coxas , & crura : in tota porrò
arbore , habitum , ſtatúmque inuerſi hominis.

7 *Au, eſt marque de mouuemant vers toute ſor-*
te de lieux , perſonnes , & autres choſes, & ſe ioint
auec tous noms de lieux , tant propres , qu'appella-
tifs , Celticum , *Au,* motionem ad quemuis locum , hominem , & quidlibet aliud deſignat, ad-
iungitúrque tam propriis , quàm appellatiuis
locorum nominibus. *De Lyon , tirant à gauche*
du Rhone , on va au Daufiné , au païs de Prouan-
ce , au Piedmont : prenant à droite, on ſe porte au
Viuarais , au Languedoc , au Limoſin , au Querci,
au Roüerguois , au Poitou , au Saintongeois , Ab
Lugduno , inita Rhodani læua, itur in Allobrogas citeriores , in Salyos , in Subalpinos : ſumta
eiuſdem amnis dextra , aditur ad Heluios , ad
Are

Arecomicos & Tectosagas, ad Lemouicas, ad
Cadurcos, ad Rutenos, ad Pictones , & Santones. *Ce santier mene au prochain mont, cetui-ci au
bois , cet autre au fleuue , celui là aux marais,
l'autre aprés aux vignes , & aux prairies : ce
grand chem'n conduit au port de mer, & au bourg
qui lui est proche ,* Hæc femita ducit in propin-
quum montem , ista in filuam , hæc alia in flumen , illa in paludem , & proxima in vineas,
& prata : via autem ista militaris in maritimum
portum , atque vicinum ei fert oppidum. *Auant
que d'arriuer au cabinet fecret , & au Prince , faut
que tu t'adreffes au cors de garde de la baffe court,
puis aux gardes de la porte , aprés au geantilhom-
me qui garde l antichambre , & peut-etre ancores
à quelque fauori , pour aborder au cabinet, & puis
au Prince ,* Priùs quàm interius conclaue , ac
ipsũ Principem penetres, adeundæ tibi funt pri-
oris atrij excubiæ , tum ostiariæ custodiæ, deinde conueniendus cubicularius procœtonis cu-
stos , ac præter hunc gratioforum fortaffe aliquis , vt per eum pertingas ad conclaue , ipfúm-
que adeò Principem. *Pour fortir an poste de ce
bourg , il nous a falu aller au capitaine de la garnifon , puis au conful , & aprés au fcribe des paffe-
ports, au maitre des postes, aux gardes de la porte,* Vt
veredis equis excederemus ex hoc oppidulo, nobis conueniendi anteà fuerunt , & dux præfidia-
riæ cohortis, & conful , & commeatuum fcriba,
& veredariæ rei præfectus , & portæ oppidanæ
excubitores. *Croi moi , ne va point au frais du
matin , ni au ferein du foir , car il est ici dangereux , & plus que d'aller au Soleil , & au chaud
de midi ,* Mihi crede , ne adeas ad frigidam au-
ram,

ram , nec matutinam , nec serotinam : est enim
hoc loco noxia , & magis etiam , quàm si adea-
tur feruidus Sol , & meridianus æstus. *Nous pou-*
uons aller hardimant au pourmenoir, aux ombres,
& aux exercices de paume , & de boule , de cete
forest , Liberè,ac tutò, tempestate hac, possumus
accedere ad huius siluæ ambulationem , vmbras,
pilæque , ac missilis globi exercitationem.

8 *Au,s'applique pour exprimer le passage par vn*
certain lieu,& androit , Adhibetur,*Au,*Gallicum,
vt exprimatur , certa regione loci , traiectus , &
transitus. *Ce iour nous passerons la riuiere au gué,*
au bac,& au pont , Hac ipsa die amnem traiicie-
mus vado,pontone, atque ponte,flumen in vado,
in pontone , in ponte transibimus. *Vous aurez*
meilleur conte de passer au grand chemin plain,
qu'au santier , qu'aux côtes,& aux vignes , Commodiùs longè vobis fuerit,iter habere plana , &
publica via,quàm semita,aut collibus,ac vine
L'annemi tient la campagne , & les collines , vous
ne pouuez aller par païs , qu'au deualant , & au
montant de la riuiere , Quoniam plana,& monta-
na omnia hostis obsidet,hac regione nullum iter
potestis facere,nisi aut secundo,aut aduerso flumine.

9 *Au,specifie la circonstance , & qualité de cer-*
*tain tans determiné,*Celticum,*Au ,* certi , ac designati temporis rationem describit , & definit.
Soiés ici au tans limité , & au deuant ancores,
Huc vos omninò sistite,ad præstitutum tempus,
& ante ipsum etiam. *Il ne se treuue iamais au*
point nommé,non pas memes au iour qu'il a assigné
*aux autres,*Numquam præfinita adest hora , nec
ipsa etiam die , quam aliis ipse condixit. *Au re-*
nou

nouueau de la Lune , & au declin , au commance-
mant des mois , & des quatre saisons de l'année , il
apprehande tousiours la mort, Reficiente se Luna,
eadémque deficiente, singulis ineuntibus, & mensibus , & quattuor anni tempestatibus, vehemen-
tiore interitus afficitur formidine. *Au plus floris-*
sant etat de son âge , & au plus haut point de sa
gloire, la maladie l'a troussé an vn iour, In ipso ęta-
tis flore , ac supremo gloriæ apice , atrox eum,
subitúsque morbus strauit, & vno die abstulit.

10 *Au , determine la quantité des choses, qui se*
baillent au nombre, au poids, & à la mesure , Francicum, *Au,* eorum modum exprimit , ac præfinit,
quæ ad numerum, pondus, & mensuram diuidun-
tur. *Preter argeant au taux du Roi,* Pecuniam occupare pręfinito ab Rege fenore, statutis ab Rege
vsuris , decretis ex regia formula mercedibus.
Nous ne prenons le change, de notre argeant, qu'au
denier vint-cinq, au denier vint , ou au plus, au de-
nier seze , Nummos non occupamus, nisi vsuris,
vel quadrantibus, vel quincuncibus , vel, sum-
mùm, septuncibus. Vsuras dumtaxat ex occupata
pecunia sumimus quadrantes, quincunces, aut
summas, septunces. *Par fois les marchans nous*
paient les changes au denier cinquante, par fois au
denier dix, selon le profit de leur negoce , Mercato-
res pecuniæ creditæ compendium nobis adnume-
rant, aut sextantibus, aut dextantibus vsuris, pro
negotiationis vario commodo. *Les loix Romai-*
nes ne permettoient point de plus haut change, qu'au
denier huit, & tiers, Romanę leges non passæ sunt
credi nummos maiore , quàm vnciario, fenore,
grauioribus, quàm centesimis, vsuris. *Tu ne dois*
vandre tes danrées au marché , qu'au feur du ma-
gistrat,

giftrat , Nefas tibi eſt, in foro annonam venalem
habere, niſi præfinito ab magiſtratu pretio. *Laiſſe*
conſumer ce ius an cuiſant, iuſques au quart, ou au
tiers , Sine ius illud coquendo abſumi ad quartas,
aut tertias. *Quand le mouſt aura cuit iuſques au*
dechet de deux tiers, ſera decheu an cuiſant, iuſques
aux deux tiers, lors le vin cuit an ſera parfait, Cùm
muſtum coquendo duabus tertiis minutum erit,
cùm ad duas tertias decoctum erit , cùm ei duæ
tertiæ coquendo deceſſerint , tum tempeſtiuum,
& optimum erit defrutum.

11 *Au, circonſtancie, & qualifie la maniere d'v-*
ne action, d'vn cas , d'vn accidant, ou d'autre choſe,
Au, vernaculum actionis, facti, caſus aut alterius
rei rationem certa conditione circumſcribit. *Tu*
me prans au pied leué , & à ton auantage , In ipſo
temporis articulo, & tibi opportuno, me occupas.
Si tu etois galant homme , tu ne me courrois ſur au
depourueu, Si vir eſſes, imparatum me non oppri-
meres. *Au pis aller* , Vt in hoc negotio accidant
extrema omnia. Vt, quæ in hanc rem cadunt, con-
tingant vltima omnia. *Au pis aller , la vie etant*
ſauue , nous ne pouuons que perdre les biens. Dum
in tuto eſt ſalus , extremum erit omnium malorum, ſi fortunas amittamus , nihil grauius nobis
acciderit, quàm vt res familiaris pereat.

12 *Au, repreſante l'inſtrumant l'outil , l'arme la*
maniere d'agir, dont on vſe, an quoi que ce ſoit, Gallicanum, *au,* explicat inſtrumentum, telum, agendi modum , & rationem , qua quis vtatur , in re
qualibet. *Ie ne ioue ni aux dés , ni aux cartes, ni*
aux eſchecs, ieux que ie treuue trop ſongears, & me-
lancoliques, Nec teſſeris, nec pictis pagellis, nec la-
trunculis ludere ſoleo, vt ludis, meo ſenſu, triſtio-
ribus.

ribus. *Auec lui ie feroi dix ans aux epées blanches,*
sans offanse d'aucun coté, auec toi, pas vn quart
d'heure. Cum eo rectis,& micantibus enfibus,neu-
trius noſtrûm offenfione, decennium totum,elu-
ſerim,tecum verò,nec minimo quadrante horæ.
Eux,& leurs cheuaux doiuët eſtre fort las,car ils ont
combatu tout le iour aux lances courtoiſes. Et ipſos,
& eorum equos vehementer defeſſos eſſe oportet, vt qui ſolidum diem puris haſtis decerta-
runt. *Ces deux là ne tirent quaſi iamais au fleu-*
ret,qu'ils n'an viennent aux epées nuës, Illi duo
vix vmquam rudibus ſimul eludunt,quin ad ſtri-
ctos enſes decurrant,quin ab ludicra rudium, ad
infeſtam nudorum gladiorum dimicationem
prorumpant. *Marcher ores au pas, ores au trot,*
ores au galop, Nunc preſſo greſſu,nunc citato inceſſu,nunc lento curſu equitare. Modò plani pedis,modò concti,& ſublati greſſus,modò remiſ-
ſioris curſus equitatione vti. *Que lui cheuauche*
au trot, moi au pas, & toi au galop, ie gage que
nous te tiendrons pied, Vt ille ocyore gradu, ego
preſſiore greſſu, tu curſui proximo vtare gradu,
ſpondeo,quod voles ni tuum inceſſum æquemus,
ni æquo tecum inceſſu viam ineamus.

1 3 *Au, exprime la figure, forme, façon,gar-*
niture de quoi que ce ſoit, Vernaculum , *Au,* figuram, effigiem, ſpeciem, inſtructum, & ornatum rei cuiuſlibet deſignat, & deſcribit. *Ca-*
ualier aux eperons, & armet dorés, Eques calcaribus, & galea inauratis. Galeæ , & calcarium
auratorum eques. *Preſidant au mortier,* Hono-
rarij cudonis Præſes. Sollemnis cudonis Præſes.
Honorario vtens cudone Præſes. Ius ſollemnis
cudonis nactus Præſes. *Lance au fer emoulu,* De-
terſi,

terſi,ſamiatíque ſpiculi haſta. Procuſi , ac ſplen-
dentis ſpici haſta. *Pique au fer , & poignée dorée,*
Lancea cuſpide , & capulo auratis. *Galeres aux*
voiles de ſoie,& aux auirons argeantés, Sericis velis,& argentatis remis triremes.

14 *Au ,explique à quel vſage ,amploi,ſeruice ,eſt*
propre,deſtinée,ou appliquée vne choſe , Celticum,
Au, quem ad vſum,& miniſterium idonea, de-
ſtinatáve ſit res quæpiam,ſolet indicare. *Argeant*
au negoce , au trafic, deſtiné à cela , Negotioſa
pecunia. Addicta negotiationi pecunia. *Argeant*
au ieu , Luſoria pecunia. Luſioni ſepoſita pecunia. *Argeant aux pauures ,* Sollemnis ſtipis pecunia. Stipi addicta pecunia. Eroganda in ſti-
pem pecunia. *Le pain aux chiens,* Canarius panis.
Canarij eſus panis. Canarij vſus panis. Alendis
canibus panis. Sollemnis canum panis. *Etable*
aux cheuaux, Hoc equile , is. Equarium ſtabulum. Equorum ſtabulum. *Dragée aux cheuaux,*
herbe , dont les cheuaux ſont frians , Hoc Ocy-
mum , i. *Herbes aux teigneux ,* Hoc Hippola-
pathum , i. Lapathum maius. *Herbe aux tau-*
pes , Hæc Aſpalax , cis , *Herbe aux poux ,* Hæc
Aſtaphis agria. *Herbe au charpantier ,* Hæc Si-
deritis, is.

15 *Au ,acouplé à certains verbes , participes,&*
adiectifs , denote action , ou paſſion , ou inclination ,
Celticum, *Au,* certis quibuſdam verbis , aut participiis , aut adiectiuis annexum , actionis , aut
perpeſſionis , aut propenſionis eſt nota. *Porté*
au vin , au ieu , aux fammes ,aux riotes. Ebrioſus,
Aleator , Mulieroſus , Iurgioſus , a , um. Ebrie-
tati addictus, Aleæ deditus, In mulieres effuſus,
In iurgia propenſus , a , um. *Obligé au paiemant*

de gros changes , & interefts , Grauibus foluendis
vfuris obftrictus. *Aftraint aux peines de la loi, an
cas qu'il ait eté complice.* Si noxæ affinis vtcumque fuerit , legis fanctioni adftrictus. *Le Prince
te donne la vie , & te condamne aux galeres perpetueles* , Vitam tibi condonat Princeps , fed re-
mo in perpetuum te addicit. *Pour auoir iuré fauf-
femant, il eft condamné au triple de la dete ,* Quòd
æs alienum mala fide eiurauerit, in triplum dam-
natus eft. *Il fe donne au diable , à chaque parole
qu'il dit ,* Quoties , vel vnum verbum proloquitur , Cacodæmoni fe deuouet. In fingula verba
Dæmonio fe addicit.

16 *Au, etant ioint à certains fubftantifs , reprefante auec eux quelque euenemant agreable, ou def-
agreable,* Francicũ, *Au,* certis quibufdam fubftantiuis adnexum, vnà cum eis exprimit iucundum,
vel iniucundũ alicui euentum. *Cete guerre ne peut
reüffir au falut de perfonne de nous , mais au malheur extreme de tous* , Bellum hoc nemini no-
ftrûm faluti effe haud quaquam poffit, fed, fingu-
lorũ exitio cedat, neceffe eft. *Tu ne fis iamais rien
au profit des tiens , ni au contantemant des geans
de bien* , Nihil egifti vmquam , quod in tuorum
cederet commodum, aut proborũ oblectationem.
*La conuerfation , & commerce auec l'annemi , ne
peut etre au gré du Prince* , Confuetudo, & com-
mercium cum hofte , accedere grata Principî
non poffunt. *Vne reddition de place , fans neceffi-
té vrgeante , cede au deshonneur de celui , qui la
rand* , Arcis deditio , nulla vrgente neceffitate,
in dedentis graue dedecus fuccedit, dedenti pro-
brofa eft non mediocriter.

17 *Au, mis aprés un verbe, ou verbe, & fubftãtif,*
C

à ce

*à ce sortables , se prand pour marque de bon , ou
mauuais accessoire* , Celticum, *Au* , idoneis ad id,
aut verbo , aut verbo simul , ac substantiuo subiectum , nota est aduenientis commodi , aut incommodi. *Profiter au particulier , pour nuire au
public.* Priuato prodesse, vti obsis publico. *Le tort
fait à l'ignorant est bien plus reprochable , qu'etant
fait , à qui le connoit* , Illata ignaro iniuria longè ignominiosior est, quàm scienti intentata. *Fai
aussi bonne part de l'hoirie au moindre , qu'au plus
grand de tes anfans , & tu les tiendras an concor-
de , & amitié* , Tantumdem ex hæreditate nato-
rum minimo adscribe , quantum maximo , sic
perpetuam inter ipsos conciliabis concordiam,
& amicitiam. *Nous deuons conseruer iustice , autant aux etrangers , qu'aux domestiques* , Omni
officio iustitiæ perinde tenemur erga externos,
atque aduersùm domesticos.

18 *Au, ou Aux, se met antre deux substantifs,
pour exprimer la proprieté , & le proprietaire : la
possession, & le possesseur : l'vsage, & l'vsagier d'vne
chose , signifiée par iceux substantifs* , Alterutra ex
duabus voculis Celticis , *Au* , & *Aux* , geminis
substantiuis media interiicitur , vt iis designa-
tum dominium , ac dominum : possessionem, ac
possessorem : vsum , ac vsuarium rei cuiuspiam
liquidiùs exprimat. *Bois au four* , Silua furnaria.
Silua fornacaria. Silua furno adscriptitia. Silua
calfaciendo furno. *Sale au bal* , Aula saltatoria.
Sollemnis saltationum aula. Stata chorearum
aula. *Place au manege* , Area domituræ equariæ.
Arena equariæ palæstræ , equarij domitus. *Pont
au change* , Pons argentarij fori. Pons argenta-
riorum. Pons argentarius. *Pont aux Orfeures,*
Pons

Pons aurificum. Pons continentis aurificinæ.
Pons perpetuæ aurificinæ. *Pont aux muniers,*
Pons molitorum. Pons molitorius. Pons piſtri-
narius. Pons piſtrinenſis. Pons moletrinarum.
Pons frumentariarum molarum. *Pré aux clercs,*
Academicorum pratum. Academicæ iuuentæ
pratum. Litterariæ iuuentutis pratum. Scholaſti-
cæ adoleſcentiæ pratenſis ambulatio. *Fort aux*
fées, Dryadum ſpelunca. Fatidicarum Dryadum
antrum. Vaticinarum Dryadum latebra, latibu-
lum, luſtrum. Siluanarum Dearum ſpelæum.

19 *Au, mis deuant vn ſubſtantif, ou vn verbe*
tenant place de ſubſtantif, vaut autant que ces
mots, Suiuant, Selon, Gallicum, *Au,* præfixum ſubſtantiuo, aut ſubſtantiui partes gerenti verbo,
idem valet, atque, Iuxta, Ex, Secundùm. *Au iuge-*
mant des ſages, tu as failli lourdemant, Ex pruden-
tium ſententia, vt eſt ſapientium opinio, deliqui-
ſti turpiſſimè. *Au ſantimant des mieux antandus,*
la choſe n'eſt pas faiſable, Vti eſt peritiſſimorum
ſenſus, res nequit perfici. *Au dire des preſomtueux,*
il n'i a rien d'impoſſible à leurs forces, Si ſuperbè
temerarios audiamus, nihil eſt, quod per eos effi-
ci non poſſit. Vti præferunt glorioſa dicta temerè ſibi præſidentium, tam arduum eſſe, aut fingi
nihil poteſt, quod ipſorum inuictis non cedat
viribus. *Au dire des Stoïciens, tous les pechez ſont*
egaux. Iuxta Stoïcorum enunciata, & placita,
omnes noxæ ſunt æquales, omnium noxarum
par eſt culpa.

20 *Au, etant mis au deuant de certains ſub-*
ſtantifs, ſe prand pour, Quant à, Touchant, Eu
egard à, ou pour, Cepandant, Neantmeins, Nonob-
ſtant, Vernaculum, *Au,* præmiſſis certis ſubſtan-

tiuis, harum vocularum vim exprimit, *Quoad,*
Quod ad, *Quantum ad* , *De* : vel harum vicem
reddit,*Intereà*,*Interim*,*Nihilo minùs*,*Cæterùm*,*Ta-*
men.*Au reſte*,*Au demeurant* , De cætero. De reli-
quo.Cæterùm.Quoad cætera.Quod ad reliquum
pertinet.Interim. Intereà. *Au partir de là* , Cùm
ab his diſceſſeris.Vbi ab his diſceſſero , diſceſſerimus ad cætera. Cùm ad reliqua tranſierimus,
deuenerimus. *Vous n'auez point de mauuaiſe vo-*
lonté,au demeurant,vous me faites tort , Tu quidem malo erga me non es animo : de reliquo
tamen,mihi es iniurius : cæterùm mihi facis iniuriam : nihilo tamen minùs me afficis iniuria.
Il eſt homme de bien, & d'honneur:mais,au partir
de là,il nous detient le notre,dez long tans, Vir ſa-
nè quàm probus, ac honeſtus eſt , intereà tamen
noſtra pridem detinet. Homo eſt profectò egregiæ probitatis,& honeſtatis,cæterùm, etiam cum
his virtutibus, rem noſtram vſurpat : ſed cùm ab
eius probitate , & honeſtate diſceſſerimus , con-
ſtabit eum res noſtras ab eo vindicari , ac de-
tineri.

❧❧❧❧❧❧❧❧❧❧❧❧❧

B I E N.

1 **B**IEN , *eſt vn aduerbe , denotant diuerſes*
qualitez , ſelon la varieté du ſuiet, Vernacula vocula, *Bien* , aduerbium eſt , varias
deſignans rei conditiones , pro argumenti varietate.

2 *Bien,deuëmant,comme il faut*, Benè. Com-
modè.Congruenter.Conuenienter. Probè. Rectè.
Fort

Fort bien, Optimè. Commodissimè. Congruentissimè. Rectissimè. *C'est vn poëme bien fait*, Poëma est benè concinnatum, commodè scriptum, rectè compositum, egregiè conditum. *Voila vn logis bien bati,& pour l'vsage , & pour la gaillardise*, En ædes,& ad vsum exædificatas commodè, & ad speciem concinnè. *Tu as bien dit , mais il vaudroit mieux le faire,que le dire*, Rectè quidem, & appositè ad rem , dixisti : sed præstaret , te id ipsum facere,quàm eloqui.

3 *Bien,aisémant,facilemant* , Facilè. Ex facili. Haud ægrè. Non difficulter. Commodè. Exiguo negotio. *Porterois-tu bien ce fardeau sur tes epaules*, Istud sarcinæ humerísne tuis facilè gestes , ex facili vehas,commodè portes. *Ie marcherai à pied, aussi bien que lui*, Æquè facilè , ac ille , pedibus ambulauero. *Tu le dis bien,mais tu ne sçaurois le faire* , Facilè id quidem dicis , præstare autem æquè facilè non possis. Expeditum quidem tibi est,ac procliue, id proloqui , efficere verò haud ita promtum,& paratum.

4 *Bien,commodemant, opportunémant* , Commodè. Opportunè. Cum commodo. Ad commoda opportunè. *Nous sommes ici bien logez , auec nos commoditez*, Hîc commodè habitamus , commoda habitatione vtimur , opportunas ad commoda ædes incolimus , egregiè ad vsum commodas ædes habemus. *Croiés qu'il est bien,puis qu'il se contante*, Persuasum hoc habeto,eum commodè habere,ipsi rectè esse,ei opportunè omnia accidere,quando ei satis est , quod habet , quando prætereà nihil exigit.

5 *Bien,fort , grandemant* , Benè. Magnoperè. Multùm. Valdè. Egregiè. Eximiè. Insigniter. *Il est*

vraimant bien courtois, Est proculdubio egregiè comis,insigniter vrbanus,magnopeiè humanus. *Tu es bien lourd,si tu ne vois qu'on te trompe,*
Apprimè stupidus es, si non deprehendis, tibi
egregiè imponi.

6 *Bien,brauemant, galammant*, Bellè. Probè.
Egregiè. Rectè. Commodè. *Il t'a bien dit ta le-
çon, & an peu de paroles*, Bellè profectò te accepit,& paucis quidem verbis.   Commodè dubio
procul, & opportunè in te illa dixit,quæcumque
dixit.His te verbis excepit,quæ in te vnum aptis-
simè caderent.

7 *Bien,autant,tant, iusques à tant, non moins,*
Ad. Vsque ad. Haud minùs. *Nous etions bien cinq
çans*, Eramus ad quingentos , haud minùs quingenti,non minùs quingenti,haud pauciores quingentis. *Ils auoient bien auancé cinquante lieuës de
chemin*,Quinquagenas iam leucas itinere proces-
serant.Haud minùs quinquaginta viæ leucis pro-
gressi erant. *Il etoit bien minuit, quand nous abor-
dames*, Cùm portum tenuimus , in ipsum noctis
medium tempestas processerat.

8 *Bien , qu'ainsi soit : posé le cas , que cela soit,*
Esto.Sit ita. Demus rem sic habere. Faciamus ita
esse. *Bien,quoi,pour cela ?* Esto,quid inde tamen?
Sit ita,quid tamen hinc cogis ? *Bien,que pretans-
tu de ce que tu dis*, Faciamus esse , quid inde tandem colligis ? Tametsi verum fuerit, quod ais,
ostende,quid ex eo conclusum velis.

9 *Bien, parole d'assantemant* , Esto. Assentior.
Placet.Volo.Esto,vt vis. Volo,vt vis. *Tu veux de
l'argeant pour ton voiage, bien* , Vis tibi numerari
viaticum,lubet,volo,placet , volo , vt vis. *Ils de-
mandent à diner,bien*, Prandium postulant,detur,
                              appo

apponatur, inferatur. *Tu veux partir, tout à cete neure, bien, cela soit,* Vis ergo hac ipsa hora proficisci : per me licet , nihil te moror , volo, vt vis.

10 *Bien , mot d'approbation , de contantemant,* Bellè. Probè. Optimè. Rectè. Perbenè habet. *Voila ta besogne acheuée , bien, elle va bien , elle me plait,* Absolutum itaque tuum est opus : bellè habet, mihi probatur , abundè satisfacit. *Te voila donc de retour, ta commission expediee, bien ,* Ecce igitur te reducem , strenuè exhaustis omnibus mandatis: probè sanè, rectè omninò, mihi places, te mihi probas egregiè.

11 *Bien, parole ironique, mot de faux samblant,* Benè. Probè. Bellè. Rectè. Egregiè. *Tu t'és deuëmant aquité de ta commission : tu n'as peú reuenir plutot que cela : & tu ne me mans point : ce n'est pas ta coutume : bien,* Mandatum curasti , & sedulò , negotium : tibi non licuit redire citiùs: mihi verò nequaquam mentiris : nam tui moris non est, hero verba dare: bellè, insigniter , præclarè abs te factum.

12 *Bien, parole de couuerte indignation, de tacite mecontantemant,* Benè habet. Rectè est. Egregiè sanè. *Aprés m'auoir offansé grieuemant , sans suiet, maintefois , ancores te plains-tu de moi, & me quereles , bien,* Posteà quàm, & offendisti me , & grauiter, & sæpiùs , & nullo meo merito , de me apud me quereris , & iurgiis audes lacessere : benè habet.

Ç A.

1 *A, est vn aduerbe local, exprimant diuerses conditions de lieux, an fait de situation, ou mouuemant,* Francicum, *Cà*, loci aduerbium est, varias locorum affectiones, in ratione situs, ac motus, exprimens.

2 *Cà, vers cet androit, & lieu*, Ad hanc regionem. Versùs hanc regionem. Ab hac regione. *Les limites d'Europe sont çà, vers le couchant,* Europæ fines sunt ad hunc nostrum occasum, ab hac regione occidui Solis, versùs hanc regionem Solis occidentis. *Les fleurs de ce iardin sont çà, les herbes à manger sont là,* Flores in hoc horto sunt ab hac regione, edules herbæ sunt ab illa. *Par ce tans de treue, les soldats sont hors du camp, qui çà, qui là,* Per has inducias, extra castra sunt milites, alij hîc, alij illic, hi versùs hanc, illi versùs illam partem. *De çà, de ce coté,* Ab hac parte. Ex hac regione. Ad hanc regionem. Versùs hanc partem. *Ils sont de là, vers le couchant, & nous de çà, vers l'oriant,* Ab illa sunt regione, versùs occasum, nos ab ista, versùs ortum. *De çà la riuiere,* Cis amnem. Citra flumen. *De çà la tranchée, nous sommes hors les ambuches de l'annemi,* Cis munitiones, tuti sumus ab hostilibus insidiis.

3 *Cà, denote mouuemant de vers vn lieu,* Gallicum, *Cà*, motum rei ex loco designat. *De çà, plusieurs vous portent de nos nouueles, de là, personne n'an apporte des votres,* Hinc plerique ad vos de nostris rebus afferunt, istinc nemo quidquam de vobis nunciat. *De çà, nous an-*
uoiens

uoions force danrées,& de là nous receuős or,& argeant à foiſon,Hac ex plaga,magnam vim omnis
rei annonariæ ſummittimus,ex illa regione,auri,
argentíque ingentes nobis ſufficiuntur copiæ.

4 *Cà,repreſante mouuemant vers vn lieu*, Vernaculum,*Cà* , motionem versùs locum frequenter exprimit. *Pour trafiquer,ou ils viennent çà,ou
nous allons là.* Ad res contrahendas , vel ipſi huc
ad nos adeunt , vel illuc nos tranſimus. *Retirez
vous çà , vers nous , & vous ſerez à couuert du
vant,& de la pluie.* Huc te ad nos recipe , vbi à
vento , & imbre immunis es futurus. *Toutes les
riuieres de la prouince coulent çà , & pas vne là,*
Vniuerſi prouinciæ amnes huc confluunt,versùs
hanc plagam,in hunc tractum,in hanc regionem
decurrunt,nullus in illam ſe euoluit. *Les ſoldats
de l'annemi s'ecartent çà , & là,par la campagne,*
Hoſtilis exercitus miles totis campis huc , & illuc inordinatus palatur.

5 *Cà,eſt vn mot,vn cri propre,pour appeller , ou
connier quelcun à ſoi,*Francicum , *Cà,* familiaris
vox eſt vocantis ad ſe,aut inuitantis quempiam.
*Cà, qu'on ſelle les cheuaux,& promtemãt,*Huc ad-
eſte famuli,actutum equos inſternite. Agite,huc
aduolate miniſtri , iumentis ſtrata celeriter inii-
cite. *Cà , çà,Carrabins , dinés,puis montés à cheual,& batez aux chams.* Adeſdum,adeſdum , ca-
tapultaria equitum turma , cibo corpora procu-
rate , tum equos inſcendite , & ad excurſionem
procedite.

6 *Cà,eſt vn mot excitatif ,pour mettre an train,
ou pour rechaufer le courage,*Vernaculum,*Cà,*ex-
citantis eſt vocula, vel ad negotium alacriter in-
eundum,vel ad animi reficiendas vires. *Cà , por-*

*tés tous ici la main , que nous guindions cete poutre
au faite du batimant.* Agite vniuerſi, manum huc
admouete, vti hanc trabem ad ipſum ædificij faſtigium ſubuehamus. *Cà , marchons de hait , il ne
nous reſte plus , que cete iournée de chemin.* Agite,
alacriter , expeditéque ambulemus , huius diei
dumtaxat reliqua nobis eſt via.

C A R.

*C*Ar , *conionction randant raiſon de quelque
choſe, an diſcours,* Francicum , *Car ,* rationalis
eſt coniunctio, rei cuiuſpiam rationem indicans.
Car , Enim , Enimverò , Nam , Namque , Quia,
Quòd , Quoniam. *Le globe roule aiſémant , car
il n'a ni angle, ni plate ſurface, qui l'arrete,* Vel modicè impulſus globus facilè voluitur, quia angu-
lorum nihil , nec planæ habet ſuperficiei , quod
moretur , ac prohibeat. *La terre eſt touſiours illu-
minée par moitié , car elle eſt orbiculaire ,* Integra
parte altera, ſolis lumine terra iugiter colluſtra-
tur , quoniam orbiculata , rotunda , globoſa eſt.
*L'eau coule touſiours vers le panchant , car elle eſt
peſante, & fluide,* Aqua in procliue ſemper, ac ſua
ſponte, ideò defluit, quòd liquida grauitate, quòd
fluido pondere affecta eſt , quòd ei fluidam gra-
uitatem natura indidit. *Ces cotaux ne portent point
de vigne , car ils ont l'aſpet du Nord , & ſont con-
uers vers l'Eſt , & le Sud ,* Hi colles vitium nihil
nec generant, nec alunt, quoniam, & Boreæ obie-
cti ſunt, & ab oriente, meridianóque ſole tecti.

C E,

Ce, Cet.

CE, *Cet,article & pronom François , masculin,* *mais qui an Latin se rand par articles,& noms* *de tous geanres ,* Vernaculum,*Ce,Cet,*articulus & pronomen virilis quidem apud Gallos generis, sed quod cuiusque generis nominibus,& articulis Latinis redditur. *Ce,Cet ,* Hic,huius.Hoc,huius.Iste,istius.Istud,istius. *On prononce,Ce,deuant les consonantes : on prononce,*Cet , *deuant les voieles,& aspirations muetes ,* Vernaculè effertur articulus,*Ce,*ante consonantes litteras : *Cet,*enunciatur ante vocales,& mutas aspirationes. *Ce ieune homme vous apporte lettres de Paris ,* Hic adolescens ab Lutetia litteras ad te affert. *Ce peintre trauaille bien an draperie,& an ombrages ,* Pictor iste vestes, & vmbras graphicè admodum exprimit. *Ce bois a vne qualité contraire à l'hydropisie,* Lignum hoc natura insitam vim habet aduersùs hydrôpem. *Ce fer est le meilleur , qu'on tire an toutes les minieres de France ,* Ferro hoc nullum probatius totis Galliæ fodinis eruitur. *De ce cuiure,etant blanchi,on fait de la vaissele, egale à celle tant loüée de Corinthe ,* Ex hoc ære,cùm albatum fuerit,vasa fiunt, specie,ac pretio paria celebribus illis Corinthiis.*Il a protesté,qu'il s'opposoit au decret du conseil , & ce dit , est sorti de l'assamblée,*Disertè affirmauit,intercedere se decreto Senatus,ídque vnum prolocutus,è consilio excessit. *Nous repaissons nos montures,& ce fait,nous vous suiuons au galop ,* Equos pabulo modicè procuramus,qua defuncti cura , vos citato gradu consequimur.

C 6

quimur.

quimur. *L'honnêteté de cet homme me ravit*, Me rapit huius hominis eximia comitas. *Cet honneur, que vous me faites, m'oblige par trop,* Humanitate tua collatus in me tantus iste honor, æternis vinculis me tibi obstringit. *L'ouvrage de cet apprantis samble partir de la main d'vn braue maitre,* Huiusce tironis adeò expolitum opus esse videtur ab exercita periti artificis manu. *Ie ne me charge point de cet argeant par vn chemin dangereux,* Infesta grassatoribus via, pecuniam hanc meo periculo ç̧erendam non suscipio. *Cet etranger vient de celle contrée, il nous an peut dire des nouueles,* Ex illius regionis tractu recens est hic peregrinus, igitur quid eius rei sit, docere nos poterit.

2 *Ce, bien souuant est amploié, pour represanter, & circonstancier certaine particuliere chose, & ce, auec amphase,* Vernaculum, Ce, frequenter exprimendæ, ac descriptiùs designandæ rei gratia, & quidem cum efficacitate, adhibetur. *Le Prince s'est daigné de m'ecrire trois fois, & ce, de sa main, que ie me randisse prez de lui, au pluftoft,* Ea me dignatione affecit Princeps, vt ternas ad me litteras daret, & quidem, sua manu beneuolè scriptas, vti, primo quoque tempore, me sibi sisterem. *Tu t'es ruiné, & ce, par ton obstinée opiniatrise, aiant pris an main vne mauuaise afaire, contre l'aduis des mieux antandus,* Omnibus planè fortunis euersus es, & certé, insigni tua culpa, qui contra peritorum sententiam, periculoso negotio te obstinatissimè implicasti.

3 *Ces, pronom masculin, pluriel de Ce,* Hi, horum. Isti, orum.

CELLE,

CELLE.

1 *Celle, pronom demonstratif, & femenin an François, mais qui se rand par des mots de tous geanres an Latin*, Vernacula vocula, *Celle*, pronomen demonstratiuum est, & Gallicè quidem muliebris generis, sed quod Latinè reddatur cuiuscumque generis vocabulis. *Celle*, Ea, eius. Illa, illius. *De toutes les langues, la Grecque est celle, que i'aime le plus*. Omnium linguarum Græca ea vna est, quam amo maximè. *Des etoiles matinieres, celle que vous nommez Phosphoros, me recree à son leuer*, De matutinis stellis, quam Phosphoron dicitis, illa me oriens mirificè recreat, ac delectat. *La nation Françoise est celle, que ie cheris sur toutes*, Totius orbis nationum vna est Francica, quam fero in sinu, & oculis. *Celle riuiere, qui arrouse celle plaine deuant nous, est poissonneuse à merueille*, Amnis ille, qui obiecta oculis nostris plana camporum interluit, admodum est piscosus, piscium est feracissimus, ingentem alit vim piscium. *La ville, que vous dites, n'est pas celle, dont ie parle*, Quod commemoras oppidum, non illud est, de quo verba facio. *La bataille de Cannes, est celle, qui ruina presque Rome*, Cannense prœlium, illud est, quod rem Romanam veheménter afflixit, ac propemodú exstinxit. Cannensis pugna ea est, quæ Romanas vires insigniter attriuit. *L'huile la plus douce, est celle, qu'on fait des oliues ancores vertes, & non meures*, Dulcissimum omnium oliuum, & suauissimum, illud est, quod ex acerbis adhuc oliuis exprimitur.

*2 Celle, an suite de langage, s'oppose à Cete, & se
prãd pour la chose la plus eloignée, Cete, se met pour la
plus proche,* Francicũ, *Celle,* opponitur vocul{ę}, Cete,
in orationis contextu, reíque remotiori tribuitur,
vt, Cete, propinquiori. *Des deux haquenées celle-
ci, comme la plus douce, est pour vous, & cete là, est
pour moi,* Gradariorum equorum iste, vt mollior,
tibi destinatur, ille mihi. *Soupons à quelle que tu
voudras des tables, à celle-ci, ou à celle là,* In hac,
aut illa cœnemus mensa licèt, in vtra tibi libuerit.

3 Celles, Eæ, earum. Illæ illarum.

CELVI.

1 C*Elui, pronom demonstratif, & masculin, mais
qui se rand par tous geanres au Latin,* Francicum, *Celui,* demonstratiuum est pronomen,
virilis Gallicè generis, sed quod Latinè quouis
genere exprimitur. *Celui,* Is, eius. Id, eius. Ille, ius.
Illud, illius. *Celui que tu cuidois, n'a pas amporté le
Cõsulat,* Quem tu existimabas, is non est adeptus
Consulatum. *Qui est chef de geans de guerre, celui
là doit marcher an tete contre l'annemi,* Qui mili-
taribus præest copiis, eum, procedente in hostem
acie, præire oportet. *Celui doit supporter les charges,
qui iouït de l'honneur,* Honoris dignatione quisquis fruitur, adiuncta ipsi onera, & incommoda
patienter eum ferre oportet. *Ce palais Roial n'est
plus celui, que tu as veu iadis,* Hæc regia, non ea
est ampliùs, quam olim vidisti. Regium hoc pa-
latium longè ab illo distat, quod nuper fuit.

2 *Celui, se met pour ce, qui est plus eloigné, Cetui, pour ce qui est plus proche*, In vernacula oratione, *Celui*, de remotiore dicitur, *Cetui*, de propinquiore. *Pran cetui, ou celui là, lequel te plaira des deux habits*, Sume tibi hanc, aut illam, vtram voles, de geminis vestibus. *De ses deux cheuaux, celui est aueugle, cetui est estropié d'vne iambe*, De duobus ipsius equis, ille cæcus est, iste vno crure mutilus. *Celui ci*, Hic, huius. Iste, istius. Hoc, huius. Istud, istius. *Celui là*, Is, eius. Id, eius. Ille, illius. Illud, illius.

3 *Ceux*, Ei, eorum. Ii, eorum. Ea, eorum. Illi, illorum. Illa, illorum. *Ceux ci*, Hi, horum. Hæc, horum. Isti, istorum. Ista, istorum. *Ceux là*, Ei, eorum. Ii, eorum. Ea, eorum. Illi, illorum. Illa, illorum.

CERTES.

1 CErtes, *certainemant, an verité, à bon esciant*, Certè, Dubio procul. Omninò. Procul dubio. Profectò. Reuerà. *Certes il an va, comme ie vous dis*, Vti ego narro, ita res habet procul dubio: sic res est, profectò. *Ie parle, certes, comme ie l'antans*, Loquor omninò ex animi mei sententia. Reuerà proloquor, planè, vti ego sentio.

2 *A Certes, à bon esciant, sans equiuoque, sans feintise*, Omninò ex animi sententia. Seriò prorsùs. Extra omnem simulationem. *I'ai reconneu à son ton, qu'il parloit à certes*, Deprehendi equidem ex sono vocis, ipsum loqui ex animi sui sententia, planè id sentire, quod eloqueretur, id omninò proloqui, quod animo censeret. *Parles-tu à certes,*

certes, ou ſi tu gauſſes ? Serióne narras, an verbo
ludis?

3 *Certes, c'eſt mon, c'eſt bien cela, par ironie,
par faux ſamblant,* Planè, vt dicis. Prorsùs,
vti loqueris. Omninò, vt ais. Scilicet. Videli-
cet. *Certes, tu as rancontré,* Profatus es planè ex
ipſo tripode. Ne Pythia quidem certiùs. Nec
Apollo ipſe quidquam veriùs. In rem ipſam digitum intendiſti.

C E S , Hi , horum. Iſti , iſtorum. *Voiez* C E.
C E T , *Voiez* C E , *ci deuant.*

C E T E.

CEte, *pronom demonſtratif, femenin an Fran-
cois, & ſe randant au Latin an tous geanres,*
Francicum, *Cete* , demonſtratiuum eſt pronomen , Gallicè quidem muliebris generis , quod
tamen Latinè quocumque reddatur genere. *Cete,*
Hæc , huius. Iſta , iſtius. *Cete façon de parler
n'eſt pas ciuile,* Vrbana nequaquam eſt loquendi
hæc ratio. Hoc orationis genus minimè huma-
num, vrbanúmve eſt. *Cete ſera la derniere letre,
que vous receurés de moi, auant mon retour,* Hæc
mearum ad te poſtrema fuerit epiſtola , ante
meum ad vos reditum.

2 *Cete, ſe met pour la choſe plus prochaine au
parlant; Celle, pour la plus lointaine,* Gallicū, *Cete,*
in orationis contextu , ad rem propiorem; *Celle,*
ad longinquiorem refertur. *Et celle , & cete
image ſont toutes deux à ton commandemant.* Et
illa , & iſta picta tabula , tua eſt vtraque , ſi voles. *Cete etofe, de ſoie brochée d'or, eſt bien plus
riche,*

riche, *mais celle là, de simple soie figurée, est beau-*
coup plus belle, & gaillarde, Sericum istud tex-
tum, auro intertextum, & plumatum, est ditius
quidem, ac pretiosius, sed illud aliud, pura è bom-
byce surculatum, est multò venustius, ac hila-
rius.

3 *Cetes, nombre pluriel de Cete,* Hæ, harum.
Istæ, arum.

C E T V I.

CEtui, *pronom demonstratif, masculin, & neu-*
tre au François, qui se rand au Latin par
tous geanres, selon le sujet, Francicam, *Cetui,* demonstratiuum est pronomen, virilis, aut neutrius generis, quod Latinè quouis efferatur genere. *Cetui,* Hic, huius. Iste istius. Hoc, huius.
Istud, istius. *Cetui est mon cheual, & non le tien,*
Hic meus est equus, & non tuus.

2 *Cetui, se met pour le plus proche, Celui, pour*
le plus lointain, Celticum, *Cetui,* de re propio-
re effertur, *Celui,* de remotiore. *Cetui est le plus*
dispos, Celui est le plus fort des deux mulets. Duorum mulorum hic velocior est, ille robustior.

3 *Cetui ci,* Hic, huius. Iste, istius. *Cetui là,*
Ille, illius.

C E V X.

CEux, *pronom demonstratif, masculin, & neu-*
tre, & le pluriel du singulier, Celui, Ei, eorum. Ii, corum. Hi, horum. Ea, eorum. Illa,
illorum.

illorum. *Ceux ci*, Hi,horum. Hæc ,horum. Iſti,
iſtorum. *Ceux là* , Ei , eorum. Ii , eorum. Illi,
illorum. Ea, eorum. Illa,orum. *Ceux ci l'affer-*
ment , ceux là le nient. Hi aſſerunt , illi negant.
Illi inficiantur,iſti aſſeuerant. *Ceux que les vieux*
Romains appellerent propremant Gaullois , etoient
les Celtes , ſeuls pour lors conneus à ce peuple , par
leurs armes , an Italie , & ailleurs , Ii omnis Gallicæ gentis , quos propriè Gallos appellarunt veteres Romani , fuerunt Celtæ , ſoli ex omni natione , ab virtute bellica , Romanis intra,extrá-
que Italiam cogniti. *Ceux des aſtres , qu'on nom-*
me vagabonds, font des grands effets ſur terre , au
dire des Aſtrologues. De aſtris illa , quæ vocan-
tur errantia, & Planetæ,mirabiles habent in ter-
ris effectus,ex Aſtrologorum ſententia.*Ceux qui*
font tout ce qu'ils veulent , ne font pas touſiours ce
qu'ils doluent , Non perpetuò agunt , quod licet,
& fas eſt , qui poſſunt , quidquid lubet.

C i , *ou* I c i.

C i , *an ce lieu , aduerbe local* , Hîc. Hoc loco. Hoc in loco. *Ci git Scipion le maieur,*
Hîc iacet Africanus Scipio , maior. *Ci fut iadis*
Troie la grande , Hîc olim fuit , hac ſede , hoc
ſolo quondam ſtetit ingens illa Troia. *Par ci,par*
là , Hîc, illic. Hac,illac. *Nos ſoldats ſont epan-*
dus par ci , par là , an cete campagne. Miles omnis noſter , totis hiſce campis , hac, illac fuſus
ſpargitur.

DA,

Da, Dea.

1 D A , *Deà* , *mot affirmatif* , Francicum, *Dà*, feu *Deà* , eſt affirmantis particula. *Dà*, *Deà* , Ita, Omninò , Planè , Profectò , Prorsùs, Sanè , Ita planè , Sic penitùs , Sic prorsùs. *Ie le ferai, dà, auſſi aiſémant, que ie le dis ,* Prorsùs id tam facilè effecero,quàm proloquor.Id planè effectum dabo tam expeditè , quàm effecturum aio.*Comme tu l'as promis,tu l'accompliras,dà,* Vti te facturum recepiſti,efficies omninò,prǫſtabis planè.

2 *Dà,mot d'acquieſcemant,d'aſſanremant,*Gallicum, *Dà,*eſt acquieſcentis vox, aſſentientis vocula. *Ie n'an auoi bonnemant ouuert la bouche, qu'il a dit, Ouï dà ,* Eo de poſtulato vix verbum feceram,cùm ſe velle dixit , ſe annuere oſtendit, ſe velle,quæ vellem , reſpondit, *Et cela,& tout ce que ie peux,eſt à ton ſeruice,dà ,* Non modò,quod petis, ſed quidquid ego poſſum , tui profectò eſt arbitrij. *Ie le veux,dà,& de cœur,*Prorſus volo,vt vis,& quidem ex animo. Planè vt poſtulas,& certè lubentiſſimè , effectum curabo.

3 *Dà,mot interrogatif,*Celticum,*Dà*,interdùm eſt interrogantis.*Et d'où viens-tu,à cete heure,dà?* Vnde verò te affers, tam intempeſtiuo tempore? *Dà, n'eſt-il pas iour,ſi le ſoleil nous eſclaire?* Quid, dies non eſt.ſi ab ſole illuſtramur?

4 *Dà,mot admiratif,*Vernaculũ,*Dà*,aliàs admirantis vox eſt. *Dà,an ce païs la charruë va deuant les beufs !* Igitur in terra hac aratrũ boues anteit! *Tu as ſi tot fait,dà, & tu n'auois ancore commancé!*Hem,tam citò abſoluiſti,qui necdũ cœperas!

DANS

DANS.

1 *D*Ans, *Dedans*, *exprime certaines limites de lieu*, *de tans*, *& d'autre espece*, *antre lesqueles est comprise quelque chose*, Vernaculum, *Dans*,certos quosdam loci , temporis , & alterius generis fines exprimit,quibus quidpiam circumscribitur.

2 *Dans,est indice d'assiete*, *& situation dedans certain lieu*,Francicum , *Dans* , index est sedis,ac situs intra ambitum certi cuiusdam loci. *Le vin est dans le mui,comme dans vne prison*,Vinum est in dolio , intra dolium , vt in carcere : dolij septo continetur,vt custodia. *La langue est dans la bouche,fermée du rampart des dans,& des leures,pour plus de retenuë* , Inclusa est oris angustiis lingua, opposito dentium , & labrorum vallo , vt sit eò temperantior. *La racine des plantes est dans terre, le tronc an est dehors, pour bonnes raisons* , Plantarum radix est intra humum,in humi visceribus, intra terræ viscera , truncus verò extrà , & iustis quidem de causis. *Dans ce logis habitent six diuers inquilins* , Inquilinorum diuersæ sex familiæ habitant in his ædibus,intra has ædes,intra claustra istarum ædium.

3 *Dans,se ioint aux mots signifians mouuemant local,dedans quoi que ce soit*,Celticum,*Dans* , copulatur vocabulis , motionem , & ingressum in rê quampiam explicantibus. *Le renard pressé des chiens, s'est ietté dans le fond de son terrier* , Vulpes vrgentibus adacta canibus , in imam foueam penetrauit,subiit,se induit,se insinuauit, se penetrauit. *Le fer du trait lui est antré deux palmes*

dans

dans le cors , Teli ſpiculum binos palmos in eius
corpus intrauit,ſubiit,penetrauit. *La lancete n'an-*
tre pas dans la tumeur , tant elle eſt dure , Adeò
ſolidus eſt tumor , vt cum ſcalpellus non penetret,non ineat,non ſubeat , ſe intùs non induat,
non inſinuet,non penetret. *Il ſe fourre touſiours*
dans le plus fort de la melée , Vbi confertiſſima
pugnantium acies, eò ſemper ſe infert , ſe penetrat,ſe inſinuat , eò magna vi irrumpit. *Si tu te*
ietes dans ces compagnies , te voila perdu,an peu de
*iours,*Paucis diebus deprauatiſſimus euades , ſi in
eiuſmodi hominum conſuetudinem te dabis , te
inſinuabis,te inferes.

4 *Dans,ſert à exprimer vn terme de tans , au-*
quel ſoit compriſe quelque action , Vernaculum,
*Dans,*adhibetur exprimendis certis finibus temporis,intra quos fiat quidpiam. *Dans trois iours,*
Triduo. Intra triduum. In triduo. Tribus diebus.
Intra tres dies. In diebus tribus. *Dans vint-huit*
iours , la Lune ſe renouuele , Intra duodetriceſi-
mum quemque diem Luna orbem ſuum renouat.
Dans douze mois le Soleil parcourt tous les ſignes
*du Zodiaque,*Vniuerſa ſigna Zodiaci Sol decurrit
duodenis menſibus, intra menſem duodecimum,
in menſibus duodecim,menſium duodenûm ſpatio,tractu,tempore.

5 *Dans,Dedans,pris , & mis ſans queuë , ſans*
ſuite d'autres mots,an cas de mouuemant, & pene-
tration an l'interieur d'vne choſe, ſe rand bien , &
*ſouuant par le mot Latin,*Intus , *& n'an deplaiſe à*
meſſieurs les Grammairiens, qui ſont de contraire
*aduis,*Celticæ voculæ,*Dans, Dedans,* ſine adiun-
cto expreſſæ,vbi agitur motus , ac penetratio intra rem quampiam , rectè , ac frequenter Latina
voce,

voce, *Intus*, redduntur, quantumvis reclamanti-
bus malè feriatis Grammaticis. *Des petits ani-*
maux leur antrent dans le cors , par la gueule, &
par les narines, In paluftribus locis minuta cre-
fcunt animalia, quæ nó poſſunt oculis conſequi,
& per aëra *intus* in corpora, per os, & nares, per-
ueniunt , atque efficiunt difficiles morbos. Varro,
Rei Ruſticæ , libro primo , capite duodecimo.
Quelque portion de toutes les viandes mangées,
penetre au dedans de chaque mambre, Nam ſua
cuique, cibis ex omnibus , *intus* in artus corpora
diſcedunt, *Lucretius*. ſecundo. *La violance de la*
mort ietée dans le cors, par l'ouuerture des os, & des
nerfs. Si minùs offendit vitam vis horrida le-
ti, oſſibus, ac neruis diſcluſis, *intus* adacta. *Lucre-*
tius, libro tertio. *Intus* eſt itum , incredibili felicitate. Auſter in Africum ſe vertit. *Cæſar* , tertio
belli Ciuilis. *Des apoſtumes, & ſuppurations , qui*
tardent au dedans, celles ſont les moins dangereu-
ſes, &c. Ex ſuppurationibus, quæ *intus* procedunt,
hæ leuiores , quæ contra ſe cutem non afficiunt.
Celſus, Rei Medicæ, libro ſecundo, capite octauo:
Fiſtularum aliæ altiùs penetrant, aliæ rectà *intus*
feruntur. *Celſus*, libro quinto , capite viceſimo
octauo. Medicamenta in ſcriptorium calamum
coniicienda ſunt, inſpirandúmque eſt , vt ea medicamenta *intus* compellantur. *Celſus*, eodem libro, ac capite. *Intus* infundendum, quidquid cala-
mo inditum eſt. *Celſus* , eodem loco. Quidquid
prouolutum ex ano eſt , *intus* reponendum. *Cel-*
ſus, libro ſexto , capite decimo octauo. Si fiſtulæ
rectà *intus* tendunt. *Celſus*, libro ſeptimo , capite
quarto. *Intus* compellitur inteſtinum , & inter ſe
tunicæ glutinantur. *Celſus*, libro ſeptimo , capite

viceſi

vicefimo.Humor clyftere *intus* adigetur. *Celfus,*
libro feptimo, capite vicefimo feptimo. Plum-
beam fiftulam illinere,eámque *intus* dare.*Celfus,*
libro feptimo, capite vicefimo octauo. Aliquem
fuper ipfum ægrum calce debere confiftere , os
vertebræ intus impellere.*Celfus,*libro octauo, capite decimo quarto.

6 *Dans , an matiere de chofes incorporeles , fert*
à expliquer les bornes,& limites, antre lefqueles
eft contenu , ou pratiqué quoi que ce foit, Francicum , *Dans ,* in rebus incorporeis,ad explicandos
certos fines, ac limites adhibetur , intra quos
contineatur,geratúrve quidlibet. *Dans les bornes*
de ciuilité, Intra honefti moris fines.Intra vrbanæ
moderationis cancellos. Intra benè morati vfus
gyrum. *Que tes defirs fe retiennent an tout dans*
les termes de raifon, Ita perpetuò domitas habebis
omnes cupiditates tuas , vti fe intra virtutis iu-
ftum modum contineant. *Auec ces fougueux il*
faut viure dans la retenuë, Inter impotentis animi homines iftos moderatè agendum eft. *Pour*
auoir paix an court , il te faut toufiours etre dans
l'indifferance de toute forte d'humeurs , Vt tran-
quillam vitam in aula viuas,opus eft ad quoflibet
hominũ mores comparato fis, liberóque animo.
A faute de raifons folides,ie me tiens dans l'ambi-
gu d'vne derniere refolution, Solidarum rationum
penuria, vagus,& anceps volutor in iufti decreti
ambiguo. *Nous flotons ancore dans l'incertain de*
la paix,ou de la guerre, In ancipiti pacis , & belli
fententia etiamnum dubij fluctuamus.

7 *Dans , és chofes incorporeles memes fignifie*
vne certaine efpece de mouuemant , Vernaculum,
*Dans,*etiam in rebus,incorporeis, motionis quoddam

dam genus, veluti ad locum, significat. *A la meindre difficulté du monde, tu te ietes dans le despoir,* Vbi tantillum difficultatis ingruerit, victum, & stratum ignauiter te dedis. *Ie ne me laisse iamais couler dans la melancholie, quoi que m'aduienne,* Quidquid incidat, vel vltimæ calamitatis, numquam patior me in tetros illos mœstitiæ fluctus delabi. *Quand il est seul, soudain il se lance dans des grotesques de vaines, & sotes imaginations, qui le perdent,* Simul atque solitarius cœpit agere, se induit in inanium, stolidarúmque cogitationum inuolucra, quæ illum ad insaniam propè adigunt.

D E.

1 *D*E, *prepofition, antre plusieurs autres significations, & vsages, est souuant mis pour marque d'origine naturele,* Vernacula præpositio, De, inter cæteros significatus, & vsus, hunc habet, vt naturalis originis nota sit. *De, & Dés, valent le meme, mais, De, se ioint tant au nombre singulier, que pluriel, & Dés seulemant au pluriel,* Voculæ Francicæ, De & Dés, idem valent, sed tamen, De, vtrique numero vnius, & plurium deseruit, Dés, verò adhibetur soli numero multitudinis. *Ce ieune homme est né de noble race, & de parans fort riches,* Hic adolescens nobili gente ortus est, ac opulentissimis parentibus natus. *Extrait de grand lieu,* De summo loco progenitus. Clarissimo genere ortus. *Né de race roiale,* Regio satus sanguine. Regali prognatus stirpe. *Sa maison est issuë des vieux Rois de Sicile,* Oriunda est eius familia ex
priscis

prifcis Siculorum Regibus. *Iſſu , & creu de terre,
à guiſe de champignon , & potiron ,* Inſtar fungi,
terra editus. In morem boleti, humo genitus. *La
particule, De, Latine, ſe pratique à propos , & ſouuant, an fait d'origine naturele, quoi que les Grammairiens tiennent le contraire ,* Tametſi contrà ſentiant , & tradant Grammatici , tamen Latina vocula, *De ,* in ratione naturalis explicandi
ortus, probè, ac frequenter adhibetur. Quæ ma-
teries ſemen viride, ac maturum habet, vti ſemen
de cupreſſo, de pino , quiduis anni poſſis legere.
Cato , Rei Ruſticæ capite decimo ſeptimo.
Aquam, vbi lupinus deferuerit, & fæcem de vino
bono commiſceto. *Cato ,* capite nonageſimo ſexto. Sic idem , & cæteri Scriptores , hanc particu-
lam frequenter adhibent.

2 *De , eſt le mot ordinaire à exprimer l'origine
locale, Francicum, De ,* originis ex loco index eſt.
Originaire de Gaulle , natif de Rome , Oriundus è
Gallia, Romæ natus. *Naturel de France, Flamand
d'education,* Natione Francus , educatione Belga.
In Francia natus, educatus in Belgio.

3 *De , note de la perſonne, dont procede quelque
choſe,* Celticum, *De,* eius hominis nota eſt , vnde
oritur quidpiam. *Ie tiens cete nouuelle de ton frere,*
Hos nuncios accepi de tuo fratre , ab tuo fratre,
ex tuo fratre. *Ie l'ai apprins de perſonnes bien antanduës,* De peritis didici. Ab intelligentibus accepi. *Anquetés vous des habitans du lieu ,* Inquire
de incolis. Rem exquire ex incolentibus ipſum
locum. *Il an faut prandre aduis des anciens, & ex-
perts,* Eius rei petendum conſilium ab ſenioribus,
& experiëtibus. *Cete eloquance polie, & docte eſt de
Ciceron,* Genus hoc politæ, ac eruditę eloquentiæ,
D

eſt

eſt ab Cicerone, Tulliano ex ingenio eſt profe-
Cta. *Cete lettre eſt de votre pere,car voila ſon ſtyle,*
Hæc epiſtola eſt ab tuo parente,nam ecce ipſius
ſcribendi germanam rationem. *I'aime l'ouurage
de ce peintre Flamand ,* Amo & amplector Belgæ
illius pictoris opus. *I'ai eu de bons cheuaux de ce
maquignon,que tu blames tant.* Illo de mangone,
quem adcò improbas,emi non ſemel probos planè equos.

  4 *De, bien ſouuant eſt ſigne de depart d'vn lieu,
an matiere corporele,ou comme d'vn lieu,an matiere incorporele,*Gallicum , *De* , frequenter ſignum
deceſſus ex loco,in corporeis,& velut ex loco, in
incorporeis , *De France on va an Eſpagne par le
Pyrenée* , E Gallia Pyrenæis iugis itur in Hiſpa-
niam. *De Lyon le chemin eſt par Geneue à la vallée de Sion* , Ab Lugduno iter eſt Geneua in Se-
dunos.*De Roane on va par Loire à Orleans , & de
là à Tours , puis à Nantes ,* Ab Rodumna Ligeri
nauigatur Aurelios,inde Turones , ac Nannetas.
*An ces façons de parler,partir , s'an aller , ſortir de
Paris,de Roüan,de Nantes,de Reims,de Bourges,&
autres ſamblables , tous les bons Ecriuains Latins
ont plus ſouuant adiouté la prepoſition,*A , Ab , &
*E,*Ex,*qu'ils ne l'ont omiſe,& ainſi pouuons parler
tous,ſans nous arreter aux inepties des Grammairiens ordonnans le contraire ,* In his loquendi formulis , motionem ex vrbe quapiam exprimenti-
bus , quibus vernaculè voculam , *De* , adiicimus,
probi quique Latinorum Scriptorum , præpoſi-
tionem,A,Ab,& E,Ex,adhibuerunt frequentiùs,
quàm omiſerunt,ad hunc modum : Abire,profi-
ciſci ,decedere ab Lutetia ,ab Rothomago , ab
Nannetibus,ab Durocortoro , ab Auarico ; quo
                          loquendi

loquendi genere promiſcuè omnes vti poſſu-
mus, neglectis Grammaticorum ineptiis, contra
hanc legitimam Latinitatem præcipientium.
Vne belle ame ne s'ecarte iamais de la reſolution
premiere de bien faire, Generoſus animus numquam decedit à primo rectè agendi inſtituto. *Ne*
te depar iamais de l'auis des plus ſages, quoi que le
tien ſoit, ou te ſamble meilleur, Ab ſapientiorum
ſententia ne vmquam diſcedito, tametſi tua, vel
reipſa ſit, vel tibi videatur potior.

5 *De, & Des, par fois declarent vn mouuemant*
local vers vn lieu materiel, & vn mouuemant,
comme local, vers vne choſe incorporele, Francicæ
voculæ, *De*, & *Dés*, in corporeis rebus, motum
versùs locum declarant, atque in incorporeis
motionem quamdam loci conſimilem. *Nous ap-*
prochions de la riue, quand vne bouſée de vant
nous a reculés fort loin, Ad ripam appellebamur,
cùm repentinus venti flatus nos procul admodū
reiecit. *Ne t'acoſte iamais de cet homme, ſi tu n'an*
veux auoir du regret, Niſi pœnitentiam facti tui
vltrò velis accerſere, non committes vmquam, vt
illi homini, vel tantillo congreſſu, te applices.
Aprés auoir ſuiui long tans l'opinion des fols, à ſes
depans, il ſe va approchant de celle des ſages, Poſteà quàm diutiùs, & ſuo quidem malo, ſtolidorum
opinionem eſt ſecutus, ſenſim nunc accedit ad
ſapientum ſententiam.

6 *De, ſe prand pour marque de certaine eſpace*
de tans, & ancore pour ſigne de la ſaiſon, durant
laquelle ſe fait quelque choſe, Vernaculum, *De*, &
certi temporis curriculum deſignat, & tempeſtatem, qua quid accidit, indicat. *De dix ans an çà,*
Decimo abhinc anno. Iam inde ab decimo anno.

Inde,vſque ab anno decimo. *De çant ans an çà,
on n'a veu tele cherté,* Centum ab hinc annos
non eſt animaduerſa tam aſpera annona. *De trois
iours vous ne me verrez,* Solido triduo me viſu-
rus non es. *De ce tans là, les hommes de trante
ans ne portoient ancores hauts de chauſſes,* Eo ſæculo, tricen ̄rij viri necdum ſubligaribus ſub-
ſtringebantur. *De ce ſiecle là, les hommes de ton
païs filoient la quenoille,* Ea ætate, populares tui
viri muliebria ſtrenuè obibant munia, de colu
lanea,lineáque ducentes ſtamina.

7 *De,ſert à marquer vne etanduë,& quantité
de lieu,*Francicum, *De,*certum loci ſpatium plerumque
deſcribit. *Vn mille de longueur,vn de
largeur, ou quatre milles an quarrure, font deux
lieuës de circuit,*Vnum milliare longitudinis, alterúmque
latitudinis, ſeu quaterna in quadrum
millia, colligunt duarum leucarum circuitum.
*Les murs de ce fort ont quinze pieds de large, &
quatre vints de haut,* Huius arcis muri quindenos
pedes ſunt lati,& octogenos excelſi.

8 *De,explique ſouuant la ſituation,& maniere
de poſture d'vne choſe an quelque lieu,* Gaïlicum,
*De,*rei poſitum & eius certum in loco habitum,
frequenter exponit. *De droit,* Recto habitu.Directo
ſtatu.Recto poſitu. *Tandés la corde de droit,
non de biais, ni an pante,* Funem directo tractu,
non in latus,non in procliue tendito. *Arretés moi
cete poutre,non hauſsée, ni panchante vers vn bout,
mais de droit,* Hanc mihi ſtatuite trabem altero
extremo, nec accliuem, nec decliuem, ſed recto
poſitu iacentem,directo ſitu libratam. *Il faut tirer
ſa route de droit,an droite ligne, de droit fil, &
ne forieter ſur les cotez,* Directo tractu ineunda,

perſe

perſequēdáque eſt via,& in neutrum latus decli-
nandum. *De bute an bute,* Æquabili libramento.
Æqui libramenti directo tractu. *Nous tirons au*
blanc, deux çans pas,de bute an bute, Ducentos
æquabili libramento pedes iaculamur in ſco-
pum. *De trauers,* Tranſuerſo ductu. Tranſuerſo
tractu,poſitu,ſitu. In tranſuerſum. *Ligne tirée de*
trauers,à trauers,ſur vne perpandiculaire, Iacens,
tranſuerſa linea,in erectam ducta. Tranſuerſo
ductu linea in ſtantem deſcripta. Iacentis poſitus linea per cathetum ducta. *De biais,* Obliquo ductu,tractu,poſitu,ſitu. Diagonio habitu,
ductu,ſitu.In obliquum. In diagonium ductum.
In obliquum tractum.*Le Zodiaque trauerſe le ciel,*
de biais,d'vn tropique à l'autre, Zodiacus ab altero circulo tropico,ad alterum obliquus traiicit,
obliquè traducitur,in obliquum tranſit, obliquo
ductu tranſmittitur, diagonio limite tranſcurrit.
Le Loire trauerſe de biais les Celtes, & la Seine co-
*toie de biais,& les Celtes, & les Belges,*Liger obliquus diſſecat Celtas: eoſdem,& Belgas Sequana
diagonius alluit. *De côte,de coté, de flanc,* Ab la-
tere.Ad latus.Ex latere. *L'Aquilon n'eſt pas le me-*
me vant, que le Septamtrion, mais vn autre vant,
*qui lui eſt de côte,de coté,côte à côte,de flanc,*Vetus
Aquilo non idem eſt, qui Septemtrio, ſed alius
ventus ei ab latere,ei ad latus,ipſi laterarius, ab
eius ſpirans latere. *La Prouince, & le Languedoc*
ſont de côte,de coté l'vn à l'autre, le Rhone antre-
*deux,*Salyes, & Volcæ Arecomici, interfluente
Rhodano, lateribus ſe contingunt, mutuò ſibi
ſunt ab latere,alteri alteris ſunt ad latus. *De long,*
In longum. In longitudinem. *Sa vigne de long*
tient à mon champ,& de large aboutit à mon iar-

din , Eius vinea meo aruo in lougum est conti-
nens, & horto in latum finitima. *Range moi cete*
table de long, & non de large, contre la fenetre , In
longum , non in latum , menfam hanc mihi ad
feneltram applicato. *Il s'eft couché de fon long con-*
tre la muraille, à terre, & ainfi a paffé la nuit, Humi , aduersùs parietem , toto corpore fe deiecit,
quàm longus eft, fefe ftrauit , in longum fefe de-
mifit, totámque noctem eo habitu decubuit. *Ie*
pran ce parc feulemant de large , & treuue , qu'il
amporte deux mille pas , In latitudinem dumtaxat, ab latitudine , ex latitudine tantùm dimetior
hoc viuarium , deprehendóque , ipfum colligere
paffuum bina millia. *De bout*, Erecto fitu , ftatu,
pofitu. Stantis habitu, fitu, pofitu. *Ce grand orage*
nous a laiffé peu d'arbres de bout an nos iardins,
& vergers , Fœda illa procella paucas arbores in
hortis, & pomariis ftantes nobis reliquit. *De tou-*
tes ces riches colomnes , que tu as veuës, rien n'eft de
bout , tout git à terre , Illuftrium columnarum,
quas olim fpectafti, nihil hodie ftat, humi ftrata
funt omnia. *De front*, Aduerfa fronte. Obuerfa
fronte. Aduerfis frontibus. Obuerfis frontibus.
Spectátibus aduersùm frontibus. *Quatre vouleurs*
de front, fe font ietés fur nous deux , Aduerfi vno
ordine frontibus , in duos nos irruperunt. *Six*
cheuaux de front tiroient ce char triõphant, Seiuges
equi triumphalem illum currum trahebãt. Vnius
ordinis, ac frontis, fex equi triumphantis currum
ducebant. *De pied coi, de pied ferme, fans bouger,*
an pied , & fans demarcher de fa place , In ipfis
veftigiis. In iifdem omninò veftigiis. Immoto
gradu. In eodem gradu, atque veftigio. *Demeure*
là, de pied coi, Ibi perfta in eodem veftigio. Inibi
immotus

immotus infiſte. *Nous vous attandions de pied
coi,mais auec vn peu d'impatiance* , Hîc tibi præ-
ſtolabamur,iiſdem hærentes certè veſtigiis , ſed
impatientiùs tamen. *Ce iour là,nous attandimes
l'annemi cinq heures , de pied ferme ,ſur la nege*,
Illo quidem die , hoſtis aduentum , ſub diuo,ni-
uoſa humo,quinas horas ſolidas,iiſdem in veſtigiis exſpectauimus. *De plat*,ľacentis habitu , poſitu,ſtatu,ſitu. Plano habitu,ſitu,poſitu. Plani habitus ſitu , poſitu,ſtatu.   *On aſſied la brique és pa-
ués,ou de plat,ou de coté,ou de bout*, Coctilis later
in pauimentis ſtatuitur,aut planus , aut in latus,
aut ſtantis habitu. Pauimentorum teſta,aut ſupi-
na,aut cubans in latus, aut in longum fixa ſtrui-
tur. *D'ordre,par ordre*,Ordine. Ordinatè.Ordina-
to ſitu,ſtatu,habitu,poſitu. *L'infanterie etoit rangée d'ordre* , Peditatus erat ordinatus , ordinatè
compoſitus , ſtatis ordinibus inſtructus. Pedites
erant ordinati ordinatè inſtructi , diſtinctis ſtructi ordinibus.

9 *De,marque certaine côdition,&qualité de tãs*,
Vernaculũ,*De*,certi generis conditionè,ac rationem,in tempore denotat. *Le ſoleil roule au tour de
nous de iour,& de nuit* , Circùm nos voluitur ſol
die,ac nocte,de die,ac de nocte,diu,noctúque.*De
matin,& de ſoir les etoiles brillent* , Manè , ac ve-
ſpero,in cælo micant ſtellæ.Matutinis,ac veſper-
tinis horis aſtra ſcintillant.

10 *De, explique la qualité des affections de l'a-
me , & leurs actions & effets* , Francicum,*De*,af-
fectuum animi rationem , actiones , effectáque
interpretatur. *De colere*,Iracundè. Ex iracundia.
Per iracundiam. Iracundiæ impetu. *De ialouſie*,
Æmulatione.Ex æmulatione, Æmulationis ſtu-

dio. Æmulantis animi inſtinctu , ductúque. *De
cœur,de bon cœur,de bonne volonté,d'affection* , Ex
animo. Studioſo animo. Pleno ſtudij animo.
Egregio affecti animi ſtudio. *De gré* , Sponte.
Sua ſponte. Suæ ſpontis inſtinctu. Vltrò. Et
vltrò,& lubenter. Sponte,& admonente nemine.
De gré à gré , Sponte omninò. Vltrò penitùs. *De
gaieté de cœur,de gré & ſans neceſſité*,Exſultantis
animi quadam velut laſciuia. Quaſi prurientis
animi procaciore quodam impetu. *De gaieté de
cœur il s'eſt precipité à la mort* , Procaciore quodam exſultantis animi impetu ſe præcipitem egit
in funus. Nulla vrgente neceſſitate præceps
adiit certiſſimam necem. *De propos deliberé*,
Data opera. Dedita opera. De induſtria. Conſul-
tò. Ex conſulto. *De guet à pans,de guet à pansé*,
Ex deſtinatis inſidiis. Ex comparatis,ſtructíſque
inſidiis. *Meurtre commis de guet à pans*,Ex deſtinatis inſidiis admiſſa cædes. Animo comparatis,
conſilióque inſtructis inſidiis patratum homici-
dium. *De hait,alegremant, & vitemant* , Alacriter,expeditéque. *De bon,à eſciant* , Seriò. Animo
ſerio. *Tout de bon*,Seriò prorsùs. Animo planè
ſerio. *Eſt-ce tout de bon,qu'il faut ſe batre ?* Reue-
ráue igitur pugnandum eſt ? Ergóne agitur ſe-
riò de conſerendo certamine?Num itaque ſe iis
armis,ſerio Marte confligendum nobis eſt?

11 De , *ſpecifie vne particuliere circonſtance de
tans , à l'antrée d'vne action,ou d'autre choſe*,Cel-
ticum , *De* , peculiarem quamdam conditionem
temporis, in ipſo actionis , alteriúſve rei ingreſſu , deſcriptiùs denotat. *De prime face*,Prima facie. *De prinfront*,Prima fronte. *De prinſaut*,Pri-
mo aditu. Primo ingreſſu. *D'abord , de premier
abord,*

abord,d'arriuée,d'antrée, Ipſo aditu. Ipſo ingreſſu. Ipſo ſtatim aditu. Primore aditu. Primore
ingreſſu. *De prime face,ie vous ai meconneu,* Prima facie, non te agnoui. Primore fronte , dubi-
taui,qui eſſes. Ipſo ſtatim congreſſu,quinam eſſes,non deprehendi. *D'abord , ſans que ie le con-
neuſſe , il m'a ſauté au col,* Ipſo mox aditu , priùs
quàm noſſem hominem,complexurus in collum
inſiluit. *De premier abord , il s'eſt troublé an ſon
harangue ,* Primore concionis ingreſſu , contur-
batus animo eſt.

12 *De,ſert à circonſtancier vn euenemant , vn
fait , & choſe tele ,* Vernaculum , De ,adhibetur
affingendis euento,factóve idoneis adiunctis.*De
haſard , d'auanture, de cas fortuit , de fortune, de
rancontre ,* Caſu. Fortuito caſu. Forte. Fortunâ.
Inopinatò. Ex inopinato.Ex inſperato.*De haſard
i'ai rancontré du gibier an chemin,*In ipſa via,ca-
ſu incidi in auiariam prædam,fortunâ incurri in
aucupiariam venationem. *De bon rancontre , ie
ſuis ſuruenu,quand on alloit lui mal faire ,* Felici
prorsùs euentu interueni, cùm ei iam malé con-
ſuleretur.

13 *De , exprime les organes , & le moien d'vne
action ,* Vernaculum , De , exercendæ cuiuſdam
actionis inſtrumenta,& modum exponit.*De bec,
& d'ongles,De bec,& de grifes ,* Roſtro,& vngui-
bus. Roſtro,& vnguium hamis, vnguium falcu-
lis. Quibuſcumque liceat armis,atque telis.Qua
vi,quáque induſtria. Quibus neruis,quáque arte.
*Il ſe defandoit de bec,& de grifes,*Quibus viribus,
quáque poterat induſtria , ſtrenuè reluctabatur.
In repugnando , nullos non neruos , nullam artem non cóferebat.*De tout ſon pouuoir,de tout ſon*

possible , de toutes ses forces , In eam rem collatis omnibus neruis,ac viribus,contributa omni ope, ac opera. *Il pene de tout son possible,* In eo agendo pro virili elaborat strenuè. *Il ioüe de tout son reste, il met sur le icu tout son vaillant,* Aleæ committit quidquid ei fortunarum residuum est. Quidquid alea fecit reliquum,eius sorti concredit. *Il va au ce fait de tout son reste , il n'i epargne,ne force , ne industrie ,* Huc planè confert quantumcumque ipsi,& virium,& artis potest inesse.

14 *De façon,de maniere , de mode,de sorte , & samblables formules de parler, declarent le moien & procedure d'vne aétion,& la disposition,& l'etat de quoi que ce soit ,* Istæ, ac eiusmodi vernaculæ loquendi formulæ,interposita,De,vocula, actionis cuiusque modum explanant , ac rei alterius cuiuslibet affectionem , ac statum. *De façon , de maniere,de sorte,* Ita. Sic. Eo modo. Eo pacto. Ea ratione.Ad eum modum.In eum modum. *Tu parles de façon, qu'on ne t'antand point ,* Eo pacto verba facis , vt minimè intelligaris , vti non capiatur,quæ tua sit sententia. *Il s'emeut de sorte an parlant,qu'il an prand la fieure,* Adeò inter dicendum commouetur , vt febris ardorem contrahat. *Il est abatu de maniere , qu'il ne sçauroit se leuer du lit ,* Tantoperè est debilitatus , vt è lecto nequeat exsurgere.

15 *De façon,de maniere,de mode , de sorte que, formules de parler,par voie de consequance, d'illation,de conclusion ,* Illæ eædem dicendi formulæ Gallicæ,interueniente particula,De,cogendæ,inferendæ , colligendæ consecutionis vim præferunt. *De façon que , de maniere que,de sorte que,* Atque ita. Ita vt. Itaque. Quamobrem.Quare. De façon.

*façon , qu'à votre dire, la nege seroit noire , l'ancre
seroit blanche ,* Itaque tua ex disputatione , nigra
esset nix, candidum atramentum. *De sorte, qu'on
ne peut passer outre, sans s'ambarquer, si on ne vole
par dessus ,* Vnde cogitur , nisi nauem conscenderit , non posse quemquam mare traiicere , qui
non transuolarit.

16 *De, denote la matiere , l'etofe , dont se fait
quelque ouurage ,* Francicum , De , materiam ad-
significat, vnde quodlibet opus conflatur. *Il est si
braue ouurier , que de toute etofe il fait toute sorte
d'ouurage ,* Tam insignis est artifex , vt quauis
ex materia, qualibet de re, faciat opus quodlibet.
*Les anciens firent long-tans leurs grandes fleutes,
de iambes d'ane ,* Veteres multis annis decuma-
nas suas tibias de asininis cruribus conflauêre.
*Les premieres statuës à Rome se firent de terre cui-
te, puis de bronze, puis d'or, puis d'argeant, de mar-
bre, & d'iuoire ,* Apud Romanos primæ omnium
statuæ fingebâtur de testa, tum ex ære, deinde ex
argento fundebantur, atque auro , denique scul-
pebantur ex ebore, & è marmore. *Iupiter Capi-
tolin fut premieremant moulé d'argille cuite, &
anduit de vermillon ,* Figlino primùm , testaceó-
que opere factus est Capitolinus Iupiter, minió-
que oblitus. *Maison de terre , couuert de chaume,
chalit de saule, robe de bure, table de chene maudo-
lé , viande de gland , gobeau de hetre, boisson d'eau
froide, furët les delices de l'innoçante antiquité,* Lu-
tea domus, stramineũ rectum, salignus lectus, so-
lox vestis, quernea exasciata mensula, glandarius
cibus, faginus caliculus, frigidæ potio , rudis , &
innoxiæ antiquitatis exquisitæ fuêre deliciæ.
Casa è luto , tectum è stipula , lectulus è salice,

menſula ex quercu impolita, amiĉtus è ſoloce,
ſcyphus è fago, aqueus potus, ſimplici,& inno-
centi vetuſtati erant in maximis deliciis. *Caton
ordonne, que le premier,& ſecond lit du paué de
preſſoir,ſoient de gros grauois, & de chaux,& que
le dernier ſe face de brique cuite, bien ſeche,& ba-
tuë,* Cato imum,mediúmque pauimenti corium
in torculario fieri de glarea & calce, ſupremúm-
que de teſta,benè arida ſterni, ac deinde ſubigi.
*Les Grammairiës ne veulent,qu'on vſe,que biê ra-
remãt de la particule Latine,De,an fait d'etofe, de
matiere, à faire ouurage,mais les Latins an vſent
ſouuant,* Grammatici, pro ſuo, vt arbitrantur,
iure,iubent nos parcè vti Latina vocula, *De*, ad
exprimendam materiam, vnde aliquid fiat, ſed
eo ſenſu Latini eam frequenter adhibent. Cuius
rei hæc ſunto teſtimonia. Pauimenta vbi li-
braueris, primum eorum de glarea, de calce, de
arenato facito. *Cato*,Rei ruſticæ capite decimo
octauo. De teſta arida pauimentum ſtruito, vbi
ſtructum erit,pauito. *Cato*, capite viceſimo ter-
tio.Si lapidem non habebis,vnde calcem coquas,
de lignis carbones coquito. *Cato*, capite triceſi-
mo octauo. Lutum de amurca facito,palearum
paullum addito,ſinito inareſcant benè. *Cato*, capite nonageſimo ſecundo. De eruo farinam facito, librarum quatuor. *Cato*, capite centeſimo
nono. Si voles ſcire, in vinum aqua addita ſit,
nécne, vaſculum facito de materia hederacea.
Cato, capite centeſimo vndecimo. De iunipero
materiem, ſemipedem craſſam minutim conci-
dito, eam inferuefacito. *Cato*, capite centeſimo
viceſimo quarto. Sic cæteri Scriptores ſæpenu-
merò vſurpant.

17 *De , amploié an quel suiet que ce soit, an re-*
presante l'etat , & disposition , ou simplemant , ou
auec rapport à quelque effet, Vernaculum, De', cuiuslibet rei exponit statum , & habitum ad rem
quampiam efficiendam , vel idoneum, vel minimè repugnans. *De loisir, de relais, de repos,* Vacans
ab opera, ab opere. Vacuus ab opere , ab opera.
Cessans ab labore, ab opere. *De commodité,* Commodo vtens ad aliquid otio. Liber , & expeditus
ab negotio, ad quid agendum. *Ce iourd'hui nous*
sommes de relai , demain nous serons bien ambe-
sognés , Hodie fruimur quidem otio , liberi sumus ab opere, vacui sumus ab negotio , vacamus
ab opera , craftino autem die magnoperè nego-
tiosi sumus futuri. *Dés trois mois antiers , nos*
montures n'ont eté vne heure de repos, de relais, Iam
inde ab tribus ipsis mensibus , iumenta noftra
vnam horam non quieuerunt ab continente opera. *le ne suis de commodité pour t'ouïr à cete heure,*
ie le serai demain , & t'antandrai , Mihi nunc
commodum non eft audire te, cras mihi vacabit,
túmque tibi aurem libenter commodabo. *Tant*
que nous serons ici de seiour , amploie nous li-
bremant, Liberè vtitor noftra opera, quamdiu hîc
fubfiftemus otiofi. *Ie suis touſiours de commodité*
& loisir , pour profiter de tes beaux discours , Ego
certè eximiis, & fructuofiſſimis tuis difputationi-
bus femper vaco , ab omni opera fum vacuus, à
quouis negotio fum liber, & expeditus.

18 *De, Des , se prennent pour, Antre, d' Antre, &*
seruent à expliquer certains mambres de partitions,
Gallicæ voculæ, De, & Des, vfurpâtur pro Latinis
particulis, Inter , De , Ex , & certis partitionum
membris explicandis feruiunt. *De tous les astres*

le plus lumineux est le soleil, Luminosissimum
omnium astrorum est sol. De cunctis astris, ex
astris vniuersis, inter astra omnia, vniuersorum
astrorum sol est splendidissimum. *Le plus bas,&*
moins capable des cieux, est celui de la lune, De
cælis omnibus, inter vniuersos cælestes orbes, ex
omnibus cælorum globis, omnium cælestium
orbium demississimus, & angustissimus est luna-
ris. *Le plus sage d'antre vous ne differe guicres*
d'vn fol, Vestrûm omnium sapientissimus minimùm ab stulto discedit. Prudentissimus de vobis,
idem ferè est stolidus, aut stolido similis. *Les plus*
grosses des figues ne sont pas les meilleures, Ficorum
amplissimæ, non eædem sunt etiam optimæ. *Des*
chãpignons le meilleur ne vaut rien du tout, Fun-
gorum optimus, idem quoque est deterrimus.

   Desquels, Desqueles, voiés Quel, Quele, Quels,
Queles.

D E.

1 D E, *& Des, ne sont toufiours prepositions, mais*
bien plufieurs fois articles, celui là du genitif
fingulier, cetui-ci du genitif pluriel, Gallicæ voculæ, De, & Des, non perpetuò sunt præpositiones,
sed articuli sæpenumerò, illa genitiui singularis, hæc pluralis, *Les doits de la main, les ongles,&*
les iointures des doits, Digiti manus, digitorum
vngues, & articuli.

   2 De, *& Des, marquent l'appartenãce & rapport*
des parties au tout, Vernaculum De, & Des, partium ad totum indicat, & exponit habitum, re-
spectúmque. *Les mambres de l'animal ont chacun*
leur fonction à part, & auec cel, inclination d'an-
tr'aider

tr'aider celle de tous les autres, Animantis mem-
bra peculiarem quæque habent priuati muneris
functionem, simul tamen cum ea insitam natura
propensionem, consortium membrorum adiu-
uandæ operæ. *Les racines de l'arbre hument
le suc liquide de la terre, & l'anuoient au
tronc, & à chaque branche, pour leur alimant,*
Liquidiorem terræ succum exsugunt stirpes
arboris, eúmque, veluti siphonibus, in truncum, & ramorum quosque deriuant, ad sub-
ministrandum iis vitale pabulum. *Les ailes des
oiseaux les chargent, ce fardeau neantmoins les
guinde au ciel, & les va portant par l'air,* Volu-
crum alæ ipsas onerant non mediocriter, hæc tamen sarcina sublimes tollit in cælum, & volan-
tes vectat per aëra. *Les cornes des taureaux, & les
dans & grifes des lions, sont les armes, que nature
leur a données pour leur conseruation,* Taurorum
cornua, dentésque leonum, atque vngues, arma
sunt, naturæ concessu ipsis attributa, vti sese aduersùs vim tueantur.

3 *De, & Des, declarent l'appartenance, & le
rapport des qualités, & natureles, & acquises à leur
propre suiet,* Francicæ voculæ, De, & Des, affectionum, seu naturalium, seu aduentitiarum, sunt in-
dices, earúmque habitum, ac respectum ad rem
subiectam declarant. *Admirable lueur de soleil,*
Mirificus splendor solis. *Vaste etanduë de globe
celeste,* Ingens amplitudo cælestis orbis. *Incomparable solidité de la terre,* Terræ soliditas incomparabilis. *Incroiable agitation de l'Ocean,* Oceani
vix credibilis agitatio. *Merueilleuses proprietés, &
vertus des herbes, & des mineraux,* Herbarum, me-
tallorúmque mirabiles facultates, virésque.

4 *De* , *sert bien souuant à decrire conuenable-*
mant le suiet par ses proprietés, & qualités, nature-
les, ou acquises, Vernaculæ particulæ, De , & Des,
frequentissimè vsurpantur , ad rem subiectam, &
substratam, ex suis affectionibus, seu natura insi-
tis, siue aduentitiis, & quæsitis, accommodatè de-
scribendam. *Region de tres-grande etanduë,* Regio
propè infinitæ amplitudinis, immensa ferè vasti-
tate. *Fleuue de longueur , & largeur non pareille,*
Incomparabilis longitudinis , ac latitudinis fluuius. Amnis in longum , latúmque immensitate,
cui par nulla sit. *Ieune homme de fort grand esprit,*
& iugemant , Summi ingenij , ac iudicij adoles-
cês. Maximo ingenio, & iudicio iuuenis. *Orateur*
de fort rare eloquance, Exquisitissimæ eloquentiæ
orator. Excellentissima dicendi facultate orator.
Iurisconsulte de memoire, & lecture inestimable, In-
æstimabilis, & memoriæ, & lectionis Iurisconsul-
tus. Inæstimabili facultate memoriæ, ac lectionis
multitudine, & varietate Iureconsultus. *Soldat de*
courage, & valeur inuincible, Inuicti planè animi,
& indomitę virtutis miles. Inuicto animi robore,
& insuperabili virtute miles. *Tableau d'Apelles,*
de beauté, & d'artifice inimitable, Apellis picta tabula, venustatis, & artificij non imitabilis, pulcri-
tudine , & arte inimitabili. *C'est vne famille de*
moiens inepuisables, Familia est inexhaustarũ fortunarum. *Peinture des plus riches couleurs, que vous*
puissiez voir, Illustrioribus coloribus pictura, quã
oculis vsquam possis vsurpare. Ab colorum splen-
dore, ac dignitate clarior pictura, quàm vspiã va-
leas obseruare. *Cheual des plus fortes reins, qui soit*
an France, Ab dorsi firmitate Galliæ totius equus
nobilissimus. *Personnage d'experiãce,* Vir experiẽs.
Vir

Vir experientia eximius. Multæ vir experientiæ.
Fame d'antandemant, Ingeniosa & consulta mulier. Præclara ingenio, ac consilio femina. Multi ingenij, consiliíque mulier. *Homme de foi, & de parole*, Promissorum, ac fidei observans homo, Egregia fide in promissis homo.

5 *De, & Des, expliquent la proprieté, & possession de quoi que ce soit*, Francicæ voculæ, *De, & Des*, cuiusque rei dominium, ac possessionem exponunt. *Domaine de la communauté*, Ciuitatis publica. Ciuium vectigalia publica. *Fermier du domaine de la communauté*, Publicorum redemtor. Publicorum vectigalium manceps. *Tout le vaillant des bourgeois est dans cete forteresse*, Vniuersæ ciuium fortunæ illa arce continentur. *L'annemi a rauagé tous les heritages des laboureurs, & les prouisions de la populace*, Depopulatus est hostis vniuersa rusticorum prædia, & cunctam plebeculæ annonam.

6 *De, & Des, represantent l'appartenance, & respet de toute chose à autre, sous titre, ou d'vsage, ou de dedicace, ou d'autre droit*, Francicæ particulæ, *De, & Des*, exprimunt eam rationem, ac respectum, quo res alia ad aliam pertinet, seu iure vsus, seu dedicationis, seu alio consimili. *Les tamples de Vertu, & d'Honneur etoient batis, l'vn icignant l'autre, ceux de Castor, & de Pollux etoient dediés an commun à tous deux*, Virtutis, & Honoris templa erant inter se continentia, Castoris, & Pollucis ædes in commune vtrique dedicabantur. *Les Eglises de S. Pierre, & de S. Paul, sont des premieres baties à Rome*, Beatorum Petri, ac Paulli ædes inter primas Romæ sunt conditæ. *Les, De, & Des, sont souuant supprimées, mais sous-antanduës,*

tanducs, an parlant des Eglises, fetes, foires, & plu-
fieurs autres chojes, In appellandis templis , feſtis,
nundinis, & aliis plerifque , *De,* & *Des,* Gallicæ
voculæ fæpè fupprimuntur, fed mente intelliguntur. *L'Eglife S. Pierre, S. Iean, S. Paul ,* Beatorum Petri , Ioannis, Paulli ædes facræ. *La fete*
S. George, la veille S. Thomas, là foire S. Germain,
le For l'Eueque, le bouleuar S. Michel, Beati Georgij
feſtus dies, S. Thomæ peruigilium, Beati Germa-
ni nundinæ, Epifcopi forum , S. Michaëlis pro-
pugnaculum. *Les couleurs des premiers, & plus ex-*
cellans peintres ne furent que quatre , Principum
ætate , atque arte in primis excellentium picto-
rum colores quatuor dumtaxat fuêre. *Les princi-*
pales armes des legions Romaines etoient le trat
maſſif, & l'epée , Romanarum legionum optima
omnium arma fuêre pilum & enſis. *Les armes des*
nations craintiues , & fuiardes font l'arc & la fle-
che feulemant, Imbellium, & in fuga pugnantium
gentium arma funt arcus dumtaxat, & ſagitta.

7 *De, & Des, declarent l'origine & depandance*
de tous effects materiels , & immateriels , de leur
cauſe, de meme qualité, & condition, Celticæ particulæ, *De, & Des ,* omnium effectorum , materia
conſtantiû, aut eius expertium, fluentem & pen-
dentem ab cauſa originem declarant. *Tableau de*
Protogenes, ſtatuë de Phidias, ode de Pindare, inuan-
tion d'Archimedes, ruſe d'Ariſtote , feinte de Socra-
tes, Protogenis tabula, Phidiæ ſtatua, ode Pindari,
commentum Archimedis , Ariſtotelis ſtropha,
Socratis fimulatio. *Les tableaux de Protogenes ſe*
vandoient cher , ſur la recommandation d'Apelles,
Pictæ Protogenis tabulæ grandi pecunia eme-
bantur, ab Apellis commendatione. *Les ſtatuës de*
Lyſippus

*Lyſippus acquirent grand bruit de l'eſtime , qu'an
faiſoit Alexandre.* Lyſippi ſtatuæ auctoritatis
plurimum ex Alexandri iudicio , ac teſtimonio
ſunt aſſecutæ.*Les affections de nature operent plus
puiſſammant,que les acquiſes ,* Natura inſitæ animo affectiones agunt potentiùs & efficaciùs,
quàm aduentitiæ , *Les ouurages de la main deba-
tent ſouuant du prix de gloire , auec ceux des plus
rares eſprits ,* Manuaria opera de gloriæ præmio
frequenter certant cum lectiſſimis excellentium
ingeniorum operibus.*Ce n'eſt pas digne ſalaire de
ſon trauail,*Haud eſt condigna ipſius operæ merces. *Le vrai prix des braues combats eſt l'approbation & loüange du chef,*Illuſtrium pugnarum iu-
ſtiſſimum præmium,atque digniſſimum,eſt ſpe-
ctantis & approbantis Imperatoris luculenta
commendatio.

8 *De,* Des *, ſeruent à expoſer la quantité determinée,ou indeterminée,de quoi que ce ſoit,*Vernaculæ voculæ,*De,*& *Des,*cuiuſlibet rei finito , inde-
finitóve modo exponendo adhibentur. *Vn mil-
lion de pipes de vin,& dix millions de ſacs de bled
n'anvitailleroient pas la place,*Doliorum vini de-
cies centena millia , & medimnorum frumenti
centies, arcem idoneo commeatu non inſtruxe-
rint. *Il fait volontiers part de ſa bourſe , & de ſes
prouiſions à ſes voiſins ,* Nummorum & annonæ,
quantum fas eſt,in vicinos libenter diuidit. Sua
pecuniola & penu,pro virili,totam viciniam lu-
benti animo participat. *Ta reponſe , an beaucoup
d'androits,auoit des pointes de dedain,& de colere,*
Frequentibus capitibus tua reſponſio habuit , &
oſtendit indignationis,& ſtomachi aculeos. *Ton
procedé temoigne ſouuent , ſinon des onces,du moins
des*

des bons grains de folie , Agendi hæc tua tota ratio præfert,& liquidò patefacit,fin minùs vncias, aut fcrupulos,at certè meræ ftoliditatis grauiora quædam grana. *Tu n'auois point de neceſſité* , *& beaucoup moins de difcretion an celle antreprife,* In eo fufcipiédo negotio nihil planè tibi aderat neceſſitatis,fed prudétiæ multò minus. *Accōmodésnous d'aucūs de vos foldats ,& nous vous fournirons des armes,qui vous manquent,* Veftrorum militum aliquid nobis commodate , & armorum , quod fatis fit , vobis viciffim tribuemus. *De fer , de cuiure , d'argeant , d'or , de betail , de danrées, notre terroir an produit affez , mais non d'hommes , qui facent valoir tout cela ,* Ferri , æris , argenti , auri , pecoris , ac frugum effert abundè nofter ager , homines verò nequaquam , qui ex earum rerum commercio communem quæftum inducant.

9 *De,mis antre deux fubftantifs , appartenans à meme chofe,eft l'article,& du genitif, & du nominatif,& de tous cas,* Celticum , De , fubftantiuis duobus,eamdem rem fignificantibus, interiectum, & gignendi,& nominandi,& omnium cafuum eft articulus. *L'arbre de fapin, & celui de la peffe,font les meilleurs pour les planchés,* Abies arbor , & picea , funt ad contabulationes omnium aptiffimæ,ac optimæ. Arbor abietis,arbor piceæ, ftruendis tabulatis,inter cæteras,funt accommodatiffimæ. *Le fleuue de Loire,& celui de Seine, anrichifsët leurs prouinces,* Amnis Liger,& Sequana, quas alluunt prouincias , eafdem locupletant. Flumen Ligeris , & flumen Sequanæ , eos ditant Galliæ tractus,quos interluunt. *Ciceron , Cefar, Tite Liue , & tous les braues Latins , parlent fans fcrupule,*

fcrupule,an cete forte, Arbor abietis,arbor fici,vrbs
Romæ,vrbs Antiochiæ,fluuius Rhodani, fluuius
Sequanæ, *Meſsieurs les Grammairiens donques ne
doiuent pas reieter ces formules Latines ,* Cicero,
Cæſar,Liuius, ac reliqui Latinorum celeberrimi,
fine religione vſurpant hoc dicendi genus,Arbor
abietis,ac eiuſmodi,Grãmaticę ergo artis proceres iure non poſſunt repudiare Latinæ locutio-
nis illas formulas. *Les prouinces de Picardie , de
Normandie,de Bretagne,de Poitou, de Saintonge,
de Guienne,bordent l'ocean de France,*Gallicanum
oceanum ambiunt prouinciæ Aulercæ, Aremo-
rica , Pictonica,Santonica,Aquitanica : prouincia Aulercorum,Aremoricorum, Pictonum, Santonum,Aquitanorum.*Païs,region,terre de France,
d'Italie , de Germanie.* Regio , ſeu terra , Gallia,
Italia,Germania : Terra Galliæ , Italiæ , Germaniæ. *Les premiers peuples,qui furent an la terre de
France , ſont les memes,qui l'habitent auiourd'hui,*
Qui primi populorum olim habuêre in terra
Callia,iidem ipſi ſunt , qui in ea hodie incolunt.
*Prouinces iadis Romaines de Gaulle,de Germanie,
d'Eſpagne,de Grece, d'Aſie,d'Afrique,*Veteres Romanæ Prouinciæ , Prouincia Gallia , Germania,
Hiſpania,Græcia,Aſia,Africa; Prouincia Galliæ,
Germaniæ, Hiſpaniæ , Græciæ , Aſiæ , Africæ.
*Prouince de Gaulle deçà les monts , Prouin-
ce de Gaulle delà les monts ,* Prouincia Gallia Ci-
terior,Ciſalpina.Prouincia Gallia Vlterior,Tranſ-
alpina. *Roiaume de France ,* Gallia Regnum. Galliæ Regnum. Gallicum Regnum. Gallicanum
Regnum. Gallorum Regnum. *Peuple de Gaulle,*
Galliæ populus. Gallicus populus. Gallorum populus. *Terre de vignoble,* Terra vineatica , vinea-
lis,

lis, vinearia, vitiaria. Solum vinearium, vineati-
cum, vitiarium. *Campagne de prairie*, Pratenſes
campi. Continentium pratorum campi.

10 *De,& Des,mis deuant vn adiectif & ſubſtan-*
tif,ſont articles du nominatif,& de tous autres cas,
& ſouuant ſignifient le meme que , Quelques
vns de,quelques vns d'antre, Francicæ particulæ.
De , & Des , adiectiuo & ſubſtantiuo præfixæ,
ſunt nominandi caſus,& omnium etiam caſuum
articuli , & plerumque idem valent atque , Quidam de,vel ex; Quidam inter. *An ce terroir naiſ-*
ſent de bons ſoldats , de bons cheuaux , de bonnes
danrées , & toutes choſes requiſes à vne bonne ar-
mée,In hoc ſolo probi milites, boni equi, & eximiæ naſcuntur fruges , & quidquid omninò neceſſarium eſt ad fouendum legitimū exercitum.
Eximiorum militum,equorum,fructuum,hoc in
toto agro abundè creſcit , & cæterarum rerum,
quibus validus alatur exercitus. *Vous auez de*
beaux vignobles , & de riches terres à bled , mais
vous ne les ſçauez pas cultiuer,Vobis quidem ſup-
petunt illuſtria vineta, & locupletes agri frumē-
tarij , ſed quorum colendorum artem neſciatis.
Des rares liures,& des excellātes armes,il vous an
fera veoir plus qu'autre du païs,Exquiſitorum co-
dicum , & ſelectorum armorum maiorem vim,
quàm alius in hac plaga quiſquam, vobis viſen-
dam præbebit. *Ce terroir là fournit au Prince de*
beaux & puiſſans hommes pour la guerre ,mais ce
ſont autant de coloſſes ſans ame,Ille ager Principi
ad rem militarem ſuppeditat ſpecioſos omninò,
ac præualidos homines , ſed illos tamen meros è
carne coloſſos,imbelles & exanimes.

11 *De,Dés,mis deuant vn ſubſtantif ,ſont ar-*
ticles

ticles de tous cas, & *n'adioutent rien plus à la si-*
gnification du mot, que si on ne les prononçoit pas,
Vernacula, De, & Des, vni præmissa substantiuo,
sunt cuiusvis casus articuli , qui nihilo plus adii-
ciunt ad significationem consequentis vocabuli, atque si abessent. *Ils ont de pierre, de chaux , de*
sable, de marrein, de tuile , pour batir , tout ce qu'il
leur an faut . Ils ont pierre, chaux, sable , &c. Lapidem, calcem, arenam , materiam , tegulam habent ad ædificandum, quod satis esse possit. Lapidis, calcis, arenæ, ligni, tegulæ ipsis ad ædificatio-
nem suppetit copiosè.

12. *De, Des, mis antre deux substantifs, ou antre*
vn adiectif, & *vn substantif, expriment la seigneu-*
rie, ou charge, sur quoi que ce soit , Gallica, De , vel
Des, geminis substantiuis , aut adiectiuo & substantiuo interposita, dominatum, aut procuratio-
nem cuiuscumque rei exprimunt. *Roi des Gaul-*
lois, Gallorum Rex. Galliarum Rex. *Ampereur des*
Chinois, Sinarum Imperator. *Viceroi des Indes,* In-
dorum Protex. *Gouuerneur de Prouince,* Prouinciæ Præses. *General d'armée,* Exercitus Prætor.
Admiral de l'Ocean , Oceani classibus Præfectus.
Commissaire des viures , Annonæ Præpositus.
Cômeatibus castrensibus Præfectus. *Intandãt des*
finances , Ærarius Præfectus, Præses, Præpositus,
Tribunus. Ærarij Tribunus. Ærario Præfectus,
Præpositus. Ærariæ prouinciæ Præfectus, Præpositus. Ærariæ rei Tribunus, Præfectus. *Maitre des*
eaux, & *des forets,* Aquariæ, saltuariæque rei Curator, Præses, Præfectus, Præpositus. Aquarius, sal-
tuariúsque Præfectus, Curator, Præses. Regiorum
saltuum, fluuiorúmque Curator. Regiis aquis, sal-
tibúsque Præfectus.

Desquels,

D E J A.

DEja, *aduerbe marquant la circonstance de
tans , an laquele est arriuée vne chose,*Francicum, Deja, *temporariæ conditionis,rationísque
indicandæ aduerbium est. Les Gaullois possedoient
deja vn grand païs an Italie , auant que les Romains eussent auancé leur domaine trante milles
hors de Rome ,* Amplissimum iam agri , & oppidorum modum in Italia Galli obtinebant priùs,
quàm Romani suæ ditionis fines triginta millia
extrà Romam promouissent. *Deja les Gaullois
auoient diuerses fois franchi les Alpes , auec leurs
armées victorieuses , quand Hannibal passa an
Italie ,* Victoriis inclytos suos exercitus iam frequenter Galli Alpes traduxerant , cùm Hannibal
suum in Italiam transmisit.

D E P V I S.

DEpuis , *preposition locale, limitant vne espace
de lieu,dés vn certain androit ,* Vernaculum,
Depuis, *ge*nus est præpositionis , spatium loci ex
certa quadam regione designantis. *Depuis Paris
il est venu an trois iours ,* Inde vsque Lutetia triduo huc venit. Ab Lutetia , tantum viæ , tribus
omninò diebus, confecit. *Depuis le pied du Pyrenée iusques ici, nous contons cinq iournées ,* Ab radicibus Pyrenes,quinque dierum viam huc vsque
numeramus.

2 *Depuis , preposition marquant l'etanduë du
tans,dés vn certain terme,*Francicum,Depuis,præpositio

poſitio eſt, interuallum temporis certa ex die,ac fine determinans. *Nous prenons les iours Canicu-liers , depuis le vintquatre de Iuillet* , Caniculæ dies ab nono ante Kalendas Auguſtas numera-mus. *Depuis quarante iours nous auons des conti-nueles pluies*,Quadrageſimo iam ab hinc die con-tinentibus pluuiis perfundimur. *Depuis que tu antres vne fois an colere,tu te perds an toutes extra-uagances*,Ex quo ſemel iracundia cœpiſti exar-deſcere , alienatus à mente abriperis in abſur-diſſima dicta,factáque.

3 *Depuis, an apres, conſecutiuemant,* Deinde. Exinde. Inde. Pôſt. Poſteà. Tum. *Nos vieux Gaullois prindrent Rome , & partie de l'Italie , & depuis paſſerent outre mer an Aſie* , Priſcæ ætatis Galli noſtri Romam,& Italiæ partem non mini-mam cepêre,ac traiecto deinde mari penetrarunt in Aſiam. *Nous voions d'ordinaire leuer le ſoleil,& depuis ſe coucher , & depuis ſe releuer* , Perpetua viciſſitudine ſpectamus exorientem ſolem , ac poſteà occumbentem , iterúmque rurſus exſur-gentem.

4 *Depuis, de plus , an outre* , Adhæc. Inſuper. Præterea. *Tu peux le gratifier , ſans t'incommodir, & ce faiſant tu obligeras pluſieurs honnetes hom-mes , depuis,tu lui as grande obligation*,Illi homi-ni , nullo tuo incommodo , gratificari poteris, qua conferenda gratia pleroſque honeſtiſſimos viros tibi demerebere , illud inſuper accedit, quòd illi ipſi , cui commodaturus ſis, debes plurimùm. *Depuis ,puiſque , attandu que* , Cùm. Quando. Quandoquidem. Quoniam igitur. *Depuis que nous perdons ici le tans ,retirons nous,* Quando tempus hîc fruſtra conterimus, hinc

 abſce

abſcedamus. *Depuis que tu ne te laiſſes perſuader*
à ton auantage, ie me deporte de t'an parler, Quoniam igitur , quæ in rem tuam ſunt quàm maximè , perſuaderi tibi non pateris , tui ad id co-
hortandi conſilium penitùs depono.

⸺⸺⸺

D E' S.

1 D*Ez, Depuis , prepoſition limitant vne eſpace*
de lieu, depuis vn particulier androit, Francicum, *Dés* , præpoſitio eſt, certa ex regione interuallum loci definiens. *Dés Lyon à Bologne ſur l'o-*
cean, on fait grande traite de chemin , Ab Lugduno Seguſianorum , ad Morinorum Bononiam,
longinquus viæ tractus decurritur. *Dés le haut*
du Pyrené, on decouure vne vaſte etanduc de pais
vers la France, Ex ſummis Pyrenæi iugis, vaſtiſ-
ſima regionum amplitudo Galliam versùs pro-
ſpectatur.

2 *Dés , prepoſition determinant vne traite de*
tans, depuis vn certain terme, Gallicum, *Dés,* eiuſmodi eſt præpoſitio , quæ tractum temporis, certa ex die deſcribat, & deſignet. *Dés ton arriuée à*
Rome , nous ne voions plus de tes lettres , Ex tuo
Romam aduentu , litterarum tuarum nihil ampliùs videmus. *Soudain dés ſoleil couchant , nous*
ſommes ici an tenebres , Ab occumbente ſtatim
ſole, hîc verſamur in Cimmeriis tenebris.

3 *Dés, Puiſque, Veu que* , Quia. Quando.
Quandoquidem. Quoniam. Ex quo igitur.
Poſteà quàm ergo. *Dés qu'il s'agit de force, &*
de tromperie, ie ne ſuis plus de la partie, Quando
itaque, ex quo igitur, vi, ac fraude res tranſigi-
tur, ab hac palæſtra penitùs deſciſco.

Donc,

Donc, Donqves.

Donc, *Donques*, Ergo, Ideò, Igitur, Itaque. *Les arondeles arriuent à la foule, donc elles ameinent le printans.* Hirundines paſſim,& gregatim aduentant, vernam ergo tempeſtatem ſecū adducunt. *Le ſoleil n'eclaire plus, donques il eſt couché ou eclipsé,* Lucere ſol deſiit, occidit igitur, aut luna obtegente offuſcatur. *La biſe regne, & ſouffle fort, nous aurons donc du froid, ſi elle continuë,* Cæli vacua vnus obtinet Boreas, perflátque omnia vehementiùs, ſæuiet itaque frigore, ſi flare perſeuerabit. *L'annemi tient la campagne auec vne puiſſante armée, & force canon, nous aurons donques la guerre, & facheuſe,* Valido exercitu, multíſque inſtructus tormentis, vniuerſum agrum hoſtis occupat: bellum ergo, ídque moleſtum, nos exercebit.

D v.

1 *Dv, article du genitif, & de tous autres cas, a pluſieurs, & diuers vſages an la langue Françoiſe,* Vernaculum, **Du**, tum genitiui, tum cæterorum caſuum articulus, pleroſque, ac varios in Francica lingua vſus habet.

2 *Du, article du genitif, explique la depandance, qu'ont les parties, de leur tout,* Gallicum, **Du**, gignendi caſus, vt eſt articulus, pendentium ab toto partium habitum, reſpectúmque erga illud explicat. *Toutes les etoilles du ciel ont vraiemant le cors diaphane, capable de clarté, mais elles ampruntent toute leur lumiere du ſoleil,* Cœleſtis or-

E 2

bis

bis vniuerſa quidem ſidera pellucido ſunt corpore,& ad claritatem idoneo,omne tamen ſuum
lumen ab vno ſole mutuantur. *Chacune des plus*
menuës racines du tronc de l'arbre , anuoie quelque
portion de ſuc , & nourriture aux branches plus
eloignées , Arborei trunci tenuiſſimæ quæque
ſtirpes,& fibræ,ſucci,& alimenti quidpiam in vl-
timos etiam ramos tranſmittunt. *Les plus impor-*
tantes veines du cors de l'animal ont leur ſource au
vantricule , & ſe terminent au foie , Animantis
nobiliſſimæ omnium venæ naſcuntur è ventri-
culo,ſeu ſtomacho,& in iecore deſinunt.

3 *Du , article du genitif , mis antre deux ſub-*
ſtantifs , ou deuant vn , declare la depandance,
qu'ont les qualités natureles , & acquiſes , de leur
propre ſuiet, & le rapport à icelui, Articulus gene-
randi caſus, *Du,* Celticum, naturalium,aduenti-
tiarúmque affectionum fluentem ab ſua cauſa
originem declarat, earúmque ad ſubiectam rem
habitum,& reſpectum indicat. *La grandeur,va-*
rieté , & beauté du monde, la capacité du ciel , la
ſolidité du globe terreſtre , la courſe ordonnée , &
claire lumiere du ſoleil, ſont temoins fort authanti-
ques du pouuoir , & bonté du Createur. Amplitudo,varietas, & pulcritudo huiuſce vniuerſi, cælorum immenſitas, ſoliditas terreſtris orbis,ordi-
natiſſimus ſolis curſus, eiuſdémque ſplendidiſ-
ſima claritas , luculentiſſimi teſtes ſunt, ac præ-
cones eius , quæ in Conditore ineſt , infinitæ poteſtatis , atque bonitatis. *Du bon du cœur , du*
meilleur du cœur, Ex intimo animi ſenſu. Ex in-
teriore, ac ſaniore animi ſenſu. *Quand il fait*
plaiſir aux amis, c'eſt du bon du cœur , Cùm amicis gratificatur, id reuerà facit ex intimo bene-
uolentis

uolentis animî sensu. Si quam in amicos confert
gratiam, confert beneuolentissimo planè animo,
ac studio. *Ie le dis du meilleur du fans que i'aie,*
Penitùs loquor ex animi sententia. Dico reuerà,
quod sentio.

4 *Du, article de tous cas, sert à decrire, & exprimer le suiet par ses propres qua…tés, natureles,
ou acquises,* Gallicum, *Du,* casuum omnium articulus, subiectæ rei ex suis affectionibus, natiuis,
aut quæsitis, describendæ congruenter adhibetur.
*Ce terroir est du plus aisé labour, du plus grand
rapport, & du meilleur air, qu'on puisse desirer,*
Hic ager est omnium facillimæ cultionis, vber-
rimi prouentus, ac suprà quàm optari possit, cæli saluberrimi, & amœnissimi. Hoc solum ingenio est ad culturam facillimo, ad frugum vberta-
tem gleba feracissima, ad amœnitatem, & salu-
britatem cælo clementissimo. *C'est bien le ieune
homme du plus gaillard esprit, du meilleur rancontre, du plus agreable antretien, du plus naïf, & riche discours, que i'aie veu,* Est ille adolescens
omnium, quos equidem vidi, felicissimi, ac po-
litissimi ingenij, aspectus, & occursus amœnissimi, congressus suauissimi, ornatissimæ, eius-
démque minimè elaboratæ orationis. Si quis
vmquam alius mihi esse visus est, est sanè quàm
ille adolescentulus nobilissimo, & cultissimo ingenio, indole ad aspectum ipsum, & occursum
gratissima, colloquio iucundissimo, & sermone
sine vlla cura politissimo, & elegantissimo.

5 *Du, article du genitif, sert à declarer la proprieté, & possession de quoi que ce soit,* Vernaculum,
Du, articulus gignendi casus, ius dominij, ac possessionis cuiuslibet rei exponit. *Le grand patri-
maine*

moine *du pere* , *l'heritage fort riche du grand pere*,
les acquets fort amples du frere,tous an vn iour lui
font echeus, & lors que moins il les attandoit , Pa-
rentis locupletissimum patrimonium , aui lucu-
lentissima hæreditas, & ab germano fratre quæ-
sita benè ampla prædia, vniuersa vno,eodémque
die, cùm id omnium minimè cogitaret , ad eum
vnum redierunt. *Le domaine du Prince , & celui*
du cors de ville,se leuent à part sur les memes sa-
lines,peages,terres, & forets, Principis, ac ciuitatis vectigalia ex iisdem salinis,portoriis,agris, ac
saltibus seorsum cogitur. *Qui veut faire largesse,*
la face du sien , non du bien d'autrui , Qui largi-
tione de ciuibus benè mereri cupiet , de suo liberaliter, de alieno nihil tribuat. *Tu es fort chiche*
du tien , & fort liberal de l'autrui , De tuo es
quàm parcissimus, tui es longè tenacissimus,alie-
ni effusissimus. *Chacun de nous contribuë du sien,*
pour la conseruation de la patrie , Quisque no-
strûm , ad sartam ,tectámque tuendam patriam,
de suo confert pro virili.

6. *Du,article du genitif, exprime la depandan-*
ce,de quoi que ce soit,d'vn autre,par titre de dedica-
ce,d'vsage,& d'autre tel droit, Francicum, Du, genitiui articulus,& ius,& mutuum habitū respicit,
quo res alia alius rei esse censetur,seu dedicationis,seu fruendi vsus,seu quauis alia auctoritate.
Le siege du Iuge est au milieu , celui du cors des as-
sesseurs est és deux cotés du Iuge , Iudicio præsi-
dentis Iudicis sedes est in confessus medio,asses-
sorum verò est ad vtraque Iudicis latera. *L'assiete*
de tout le peuple Romain au theatre,fut premiere-
mant pelemele , depuis , celle du Senat fut assignée
an l'orquestre,celle du rãg des Cheualiers aux plus
hauts

hauts degrés, celle du menu peuple au bas, Totius
populi Romani promiscuus fuit primùm con-
sessus in theatri spectaculis, deinde verò Senatus sedes assignata est in orchestra, equestris ordinis in summis quatuordecim gradibus, plebis
verò in imo graduum. *Les tribunaux du Preteur
Romain etoient batis an diuers androits de la ville, mais la selle du meme allant par ville, se dres-
soit an tous lieux, où se presantoit occasion d'exercer sa charge,* Romani Prætoris tribunalia, variis
tota vrbe locis exstructa quidem erant, eius ra-
men in publico versantis sedes curulis statueba-
tur, quocumque loco dicendi iuris se offerret oc-
casio.

7 *Du , article du genitif, represante l'origine, &
depandance de tous effets de leur cause , soit corporele, soit incorporele,* Vernaculum, *Du,* effectorum
omnium corpore constantium, vel non constantium, ductum ab causa ortum exponit. *Voila trois
chefs d'œuure, l'vn du premier peintre , l'autre
du plus excellant graueur , l'autre du plus noble
fondeur qui soit,* En tibi terna operæpretia principum artificum , alterum nobilissimi pictoris,
sculptoris clarissimi alterum , tertium excellen-
tissimi statuarij. *On tient que certaines poësies de
Ronsard, ne cedent rien à celles du Pindare, & du
Anacreon,* Certa quædam Ronsardi nostri poë-
mata, Pindari, & Anacreontis optimis carmini-
bus non existimantur cedere. *L'ouurage du pin-
ceau artificiel surpasse par fois celui du couloris de
nature,* Artificis penicilli opus, natura insiti co-
loris ornatum , & elegantiam interdum etiam
superat.

8. *Du, mis antre deux substantifs, comme arti-*

cle du nominatif, genitif, & de tous cas, rand le
meme fans, que randroient fans lui lefdits fubftantifs, Francicum, *Du*, geminis interiectum fubftantiuis, vti nominandi, gignendi, & omnium
cafuum articulus, eumdem fenfum reddit, quem
redderent eo deftituta gemina illa fubftantiua.
*La riuiere du Rhone, le Rhone riuiere, fepare le
Daufiné du Languedoc,* Fluuius Rhodani, Fluuius
Rhodanus, Allobrogas ab Volcis diuidit. *Le fleuue du Rhone arroufe Lyon, Vienne, Valance, Auignon, Arles: celui du Loire bagne Neuers, Orleans,
Tours,* Amnis Rhodanus alluit Lugdunum, Viennam, Valentiam, Auenionem, Arelaten: Liger verò irrigat Nouiodunum, Aurelios, Turones.
*Le bois du fapin fert aux planchés, & couuerts,
celui du noier aux talles, lits, & bufets; celui du
betre, & du faule au chaufage,* Abiegnum lignum tabulatis, & tectis, nuceum lectis, menfis,
& abacis, faginum, & falignum foco adhibetur.
*Ciceron, Cefar, Liue, & tous les bons Auteurs La-
tins, dient indifferammant,* Arbor abies, fagus,
ficus, prunus, &, Arbor abietis, fagi, fici, pruni.
Cicero, Cæfar, Liuius, & omnes eximij Scriptores Latini, promifcuè dicunt, Arbor abies, fagus, ficus, prunus, &, Arbor abietis, fagi, fici,
pruni. *Les memes dient ancore,* Amnis Liger,
Rhodanus, Sequana, & Amnis Ligeris, Rhodani, Sequanæ, & vrbs Roma, vrbs Romæ. Iidem
quoque Romani Auctores ad hunc modum lo-
quuntur: Amnis Liger, Rhodanus, Sequana, Amnis Ligeris, Rhodani, Sequanæ, & vrbs Roma,
vrbs Romæ. *Les païs du Languedoc, du Viuerais,
du Velaj, Forets, & Bourbenois font boffus, & mon-
tueux, mais fertiles neantmoins,* Volcæ, Heluij,
Velauni,

Velauni , Segufiani , Boij , montofæ regiones
illæ quidem funt, nihilo tamen minus frugibus
vberes.

9 *Du, mis deuant vn adiectif, & fubstantif,*
comme article du nominatif,genitif,& de tous cas,
rand le meme fans,que s'il n'i etoit pas , & fouuant
fe prand pour,De , D'autre , Francicum, *Du,*adiectiuo,ac fubftantiuo præmiffum,quafi nominandi,& omnium cafuum articulus , eamdem efficit
fententiam , ac fi abeffet , interdúmque pro,De,
Ex,Inter,fumitur. *An ce terroir croit du bon grain,*
du bon foin,du bon vin,du bon betail : An cete ter-
re croit bon grain , bon foin,bon vin , In hoc agro
probum frumentum,fenum,vinum, pecus nafci-
tur. *Parmi ces rochers fe treuue du meilleur or , du*
plus fin argeant , & cuiure , qui puiffe etre , Inter
has rupes eruitur planè obrufum aurum , &
omnium puriffimum argentum,æfque Cyprium.
In hifce rupibus leguntur aureæ , argenteæ , &
æreæ glebæ puriffimæ, ex puriffimis , inter purif-
fimas. *Nous vfons du meilleur marrein.fer,& mor-*
tier és batimans,qu'il eft poffible , mais notre pierre
*eft fuiete au gel,*Materia,ferro,arenato ad ædificia
opportuniffimis vtimur , fed lapide ad gelu con-
tabefcente. *Nos vignerons ont du bon complant de*
vigne par excellance,mais ils ne le fçauent pas cul-
*tiuer,*Excellentiffimę notæ vitium genus habent
noftri vinitores , fed idoneam eius cultionem
ignorant.

10 *Du,mis antre deux fubftantifs, ou antre vn*
adiectif, & vn fubftantif, exprime la feigneurie,
l'intandance , la charge de quelcun,fur quoi que ce
*foit,*Vernaculum , *Du ,* interpofitum,vel geminis
fubftantiuis,vel adiectiuo,ac fubftantiuo , domi-

E ʃ　　　natum,

natum , aut præfecturam alicuius in aliquid exprimit. *Les Goths furent iadis long-tans Seigneurs
du Languedoc,du Viuerais , du Perigort,du Rouër-
guois , du Querci*, Gothi multis quondam annis
exercuêre dominatum in Volcas, Tectofagas,
Heluios,Velaunos,Rutenos, Petrocorios , & Cadurcos.*Les fils de France ont fouuant iouï par apa-
nage , du Maine, de l'Anjou , du Berri , du Bourbonnois,du Forets*,Minores fratres , filiíve Regum
Galliæ , fæpenumeró fiduciarij patrimonij loco
poffederunt Cenomanos, Andegauos , Biturigas,
Boios,Segufianos. *Secretaire du cabinet*,Regij có-
clauis notarius.Regi ab epiftolis in conclaui.Re-
gius cubiculi amanuenfis.In cóclaui Regio commentarienfis.*Iuge à la chambre du trefor* , In Regiæ gazæ Synedrio Iudex. *Deputé du Clergé aux
etats* , In regni comitiis Cleri legatus. *Procureur
du païs* , Prouincialium procurator. *Audiancier,
& Secretaire du Parlemant*,Forenfis Senatus Scriba. Summæ Curiæ notarius. Supremi Senatus
commentarienfis.

11 *Du etant placé antre vn verbe , & vn fubftantif, fert d'article à tous cas , & n'adioute pas
plus au fans,que s'il etoit abfant*,Francicum , *Du*,
verbo,& fubftantiuo interiectum , cuius cafui fe
articulum præbet , nec fententiæ plus adiicit,
quàm fi abeffet.*La garnifon a du pain,du vin , du
lard,du fourmage,du fel,pour fix mois:la garnifon
a pain,vin, lard , fourmage , fel,pour fix mois*,Ha-
bent præfidiarij milites panis, vini,laridi , cafei,
falis,quantum fatis fit, panem , vinum , laridum,
cafeum, falem , qui fufficiat in fex menfes. *Pour
n'auoir du fourrage aux cheuaux , & du bois à
chaufer,nous leuons le fiege*,Iumentarij pabuli , &
focarij

focarij ligni penuria victi, obsidionem soluimus.
*On attand du remuë-menage , & du tintamarre à
cete primeuere, du coté des rebelles ,* Proximo vere
de rebellibus exspectatur, & seditionis, & tumul-
tus non parum. *L'alarme de cete nuit nous a produit du bruit de canon, & du fracas d'armes à force, & rien plus,* Superioris noctis clamor ad arma,
tormentorum ingentem tumultum, plurimúm-
que armorum fragorem nobis peperit , nihílque
prætereà. *Tu fais du faché, le faché, sans iuste cause, & lui fait du seigneur, le seigneur , & morguant
mal à propos,* Offenderis , acceptam offensionem
prætexis ex nulla , aut leuissima causa : ille im-
portuni domini nescio quem fastum in æquales assumit.

D v.

I **D**V. *est assez souuant prepofition , & se met
pour marque d'origine locale.* Vernaculum,
Du, frequenter munus obit præpositionis, nati-
uámque rei cuiusque originem indicat. *Son pere
est du Berri, sa mere du Bourbonnois , ses aieuls du
Maine , & lui du Languedoc , où il est né , & an-
geandré ,* Eius pater est è Biturigibus , mater ex
Boiis , vterque auus ex Cenomanis , ille verò è
Volcis Arecomicis, vbi & genitus, & natus fuit.
*Ce cheual est du plain païs, celui-là est du montai-
gneux , & tous deux du Forets,* Hic equus est è
campestri agro , ille ex montano, & vterque ortus ex Segusianis. *Les Bassets du Artois sont propres pour la chasse du blereau , & du renard,* Bre-
uiore crure Atrebatensis soli canes , ad melis , &

vulpis venationem apprimè funt idonei.

2 *Du,prepofition, outre l'origine locale,exprime ancore l'extraction naturele, & propre race d'vne chofe,*Francica præpofitio, Du, præter natalis loci originem,& genus,& gentem, ex qua quis ortus fit,exprimit. *Il eft né du lignage le plus illuftre de ce païs, & fes aieuls etoient iffus du vrai fang de nos Rois,*Totius prouinciæ omnium illuftriffima gente ortus eft, maiores autem eius ex ipfa Regum noftrorum ftirpe genus ducebant. *Il prand fon eftoc, an droit fil, du bifaieul de Priam, ce fameux Roi de Troie,* Gentis fuæ ftipitem,recta ferie,deriuat ab proauo inclyti illius Priami,Troię, ac Phrygum Regis. *Si tu es de fi ancienne race,peut-etre ferois-tu bien forti du creux de la lune, ou extrait des Arcades, anterieurs à la lune meme,*Si tam vetufto genere fatus es,fortè an è vacuo lunæ cerebro fueris editus, nifi te profeminauit, etiam ante conditam lunam,antiquiffima mortalium illa Arcadum natio. *Son courfier de guerre eft defçandu, de pere an fils, du Bucephal d'Alexandre,* Ipfius bellator ille equus, recto per filios à parentibus ducto ftemmate, ex Alexandreo Bucephalo natus eft. *Si abaier fort eft marque de bon chien, le tien eft de la race du Cerberus à trois gueules, ce grand abaieur des anfers,* Si quidem perpetuus latratus probum defignat canem, tuus ifte proauum agnofcit trifaucem Cerberum, importunum illum Orci latratorem.

3 *Du, prepofition, denote la perfonne, ou autre fuiet, duquel procede quelque chofe,* Gallica præpofitio,Du, tum hominem, tum rem quamlibet aliam denotat,vnde proficifcatur quidpiam. *Cete eloquance*

eloquance tant exquise ne peut etre que du Demo-
sthene Latin, ou du Ciceron Grec, ou de Homere
Romain, Tam exquisitæ eloquentiæ genus hoc
aliunde non potest esse, quàm vel ab Latino
Demosthene, vel ab Græco Cicerone, vel ab Romano Homero. *Voila des pieces dignes du Pinda-*
re, & du Virgile de notre âge, En tibi poëtica scri-
pta, planè digna ætatis nostræ, seu Pindaro, seu
Marone. *Ton histoire Greque n'approche pas de la*
neruosité du Thucydide, ni de la naïueté du Xeno-
phon, ni de la douceur de Herodote, Græca tua hi-
storia procul abest ab Thucydideis neruis, ab
Xenophonteo candore, ab Herodotea dulcedine.

4 *Du, preposition, est marque du depart d'vn*
lieu, an matiere corporele, & quasi comme d'vn
lieu, an matiere incorporele, Celtica præpositio,
Du, in corporeis nota est decessus ex loco, &
velut ex loco, in non corporeis. *Du Peloponese,*
ou de la Morée, on passe par l'Isthme an Achaïe,
E Peloponneso per Isthmon traiicitur in A-
chaïam. *Du Lyonnois on antre au Forets, du Forets*
au Bourbonnois, du Bourbonnois au Niuernois, du
Niuernois au Chartrain, Ex Lugdunensi agro
itur in Segusianos, ex his in Boios, ex his in No-
uiodunenses, ex his in Carnutas. *Ne demarchés*
iamais du chemin, & du train de vertu, & hon-
neur, que vous ont tracé vos deuanciers, Ab illo
tam illustri virtutis, ac gloriæ curriculo, quod
tibi exemplis suis maiores strauerunt, caue latum vnguem deflectas. *Ie ne m'eloignerai iamais*
du conseil, que vous m'aurez donné an ce suiet,
Quod tuum vmquam fuerit in hoc genere consilium, ab eo neutiquam discessero.

5 *Du,*

5 *Du, prepoſition, ſouuant ſe prand pour ſigne d'approche, d'abord vers vn lieu, & ancore vers vne choſe non corporele*, Vernaculum, *Du*, frequenter eſt nota acceſſus versùs locum, immò, & acceſſionis ad rem minimè corpoream. *Nous approchions du port, quand l'alarme a ſonné à la ville, & quand on nous a ſaluës de force boulets à canons*, Iam ad ipſum appellebamur portum, cùm in vrbe ad arma eſt conclamatum, & infeſtis tormentorum glandibus fœdè excepti ſumus. *Les ecueils, & les bancs de grauier nous ont ampechés de nous acoſter du riuage*, Frequentes ſcopuli, & glareæ ſcamna, nos prohibuêre littoris aditu. *Ie me vai approchant du ſantimant du commun, dont i'etois fort ecarté an ce ſuiet*, Paullatim accedo ad vulgatam omnium ſententiam, à qua in hoc argumento aberam longiſſimè.

6 *Du, prepoſition aſſigne les limites de la diſtance d'vne choſe à autre*, Gallica præpoſitio, *Du*, interiecti interualli, ac diſcriminis terminos aſſignat. *Du port Itius, non loin de l'aſſiete de Calais, on contoit iadis trante mille iuſques à la côte de Bretagne, ou Albion, vers Douure*, Ex Itio portu, haud procul Caletio, recentiore oppido, tricena olim numerabantur millia in oram Britanniæ, vel Albionis inſulæ, versùs caſtellum Douerum. *Du Cap Spartel, ou mont Abila, iuſques au mont du Gilbretar, ou Calpe, le traiet de mer eſt de ſet milles, & demi*, Ex Abila, monte Africo, ad Calpem, montem Hiſpanienſem, Gaditani freti traiectus eſt ſeptem millium, atque dimidij.

7 *Du, prepoſition ſert bien ſouuant de limite à certaine etanduë de tans*, Celtica præpoſitio, *Du*, plerumque fines certi cuiuſdam temporis deſcribit,

bít. *Du commancemant de Rome, à la naiſſance de notre Seigneur, on conte ſet çans quarante deux ans,* Ab vrbe Roma condita, ad natum Chriſtum Dominum, ſeptingenti quadraginta duo numerantur anni. *Du general deluge iuſques à nos iours, ont bien coulé des années, mais les Chroniqueurs n'an ſont pas d'accord,* Ab vniuerſalis cataclyſmi anno ætates fluxêre non paucç, ſed de his inter Chronographos minimè conuenit.

8 *Du, prepoſition ſpecifie la ſaiſon, an laquelle ſe paſſe quelque choſe,* Vernacula præpoſitio, *Du,* tempeſtatem, qua quid geritur, deſignat. *Du viuant de nos peres, on marchoit plus rondemant an beſogne,* Patrum noſtrorum ætate, ingenui candoris longè plus in agendo adhibebatur. *Du tans du ſiecle doré, la terre ſe portoit pour mere benigne des hommes, depuis, elle a tenu rang de maratre,* Toto aurei ſæculi tempore, terra ſe benignam parentem hominibus adhibebat, elapſo eo ſæculo, nouercæ perſonam induit. *Durant que l'Alcyon, voguant par mer dans ſon nid, couue ſes œufs, le calme des eaux, & des vans continuë touſiours,* Quibus diebus Alcyon, in nido ſummis aquis ſubuecta, ouis excudendis incubat, & maris, & ventorum iugis perſeuerat tranquillitas. *Du ſiecle des plus floriſſantes armes de Rome, les Gaullois ont ſouuant butiné l'Italie,* Florentiſſima Romanæ militiæ tempeſtate, Galli frequentiſſimas egerunt ex Italia ipſa prædas. *Ces deux ſignalez arrets ſont du meme an, du meme mois, du meme iour, que mourut l'vn des Conſuls,* Illuſtria duo illa ſenatuſconſulta eiuſdem ſunt anni, menſis, ac diei, eodem interceſsêre, & Conſule, & die, quo Conſulum alter vita exceſſit.

9 Du,

9 *Du,prepofition,explique certain androit de la poſture,& ſituation d'vne choſe*, Francica præpoſitio,*Du*,certam poſitus,& ſtatus regionem indicat , & exprimit. *La mer arrouſe du long , & du large les bouleuers de la forterefſe ,* Arcis procurrentia propugnacula in longum , latúmque alluit mare. *Son heritage confine le mien,& du long , & du large,*Eius prædium,& ad capita, & ad latera, meo eſt confine. *Vous le confiderés du biais , & moi du droit,*Rem ex diagonia linea æſtimas, ego ex directa. *An meme tans ſe ſont debandées des troupes , & du front , & du flanc droit de l'armée,* Eodem tempore cohortes nonnullæ diſceſſionem fecêre , & ab fronte , & ab dextro aciei latere.

10 *Du, prepofition , ſpecifie vne particuliere circonſtance de tans , ſoit à l'antrée , ſoit à autre androit d'vne action,*Vernacula præpoſitio , *Du*,certam quamdam temporis conditionem deſignat, ſiue in ingreſſu , ſiue in progreſſu , ſiue in exitu actionis. *Du commancemant,d'abord,de prinſaut,* Prima fronte. Primo aditu. Primore congreſſu. Initio. Principio. *Du commancemant ie ne m'an prenois pas garde ,* Prima fronte non aduertebam. Principio non obſeruabam. *Du premier rancontre,ſon audace m'a etonné,*Primo ſtatim aditu,me ſtupefecit ipſius audacia. *Du premier coup,ſa bonne mine m'a gagné , & deceu ,* Prima ſpecie,mihi impoſuit ori eius impreſſa egregiæ probitatis effigies. Primore congreſſu cum eo , me fefellit afficta eius fronti probitatis ſpecies.

11 *Du,repreſante les organes , & le moien d'exercer vne action,*Gallica præpoſitio , *Du* , exercendæ actionis inſtrumenta,rationémque exponit.

nit. *Il se defandoit du poing, du pied, du genou, du
talon, du coude, & de tout,* Pugno, pede, genu, calce,
cubito, & omninò armis omnibus sese tueba-
tur. *Ie ne l'ai frapé que du dos, non du tranchant
du coutelas, & si a-il la tete fanduë iusques aux
dans.* Ei plagam intuli, non aduerso, sed auerso
acinace, dissecto tamen ad dentes ipsos capite
iacet exanimis. *Il lui a anfoncé l'armet quatre
doits an la tete, du pommeau de l'epée,* Incussa ca-
puli glande, cassidem in cerebrum quaternos ei
digitos demersit.

   Duquel, Dequele, Voiés Quel, Quele.

✥·✥·✥·✥·✥·✥·✥·✥·✥·✥·✥

ELLE.

ELLE, *Pronom demonstratif, & relatif, de
geanre femenin, mais qui an Latin se rand
au geanre de son antecedant, ou adiectif,* Francicum, *Elle,* demonstratiuum, relatiuúmque Pronomen est. *Elle,* Ea, eius, Illa, illius, Ipsa, ipsius. *Elle
meme,* Eamet, Ea ipsa, Illa ipsa, Illamet, Ipsamet.
*Si tu sçauois mieux la langue Latine, elle te feroit
plus d'honneur,* Si Latinæ linguæ esses peritior, ea
maiorem tibi laudem crearet, ampliori ea tibi
cederet honori, celebrius ex ea tibi decus acce-
deret. *Quiconque ambrasse la vertu, elle lui cause
paix, & ioie an l'ame,* Quisquis colendæ virtutis
studium amplectitur, ipsa eius animo iucundissi-
mæ pacis, ac lætitiæ sensum ingenerat, illa ipsius
mentem suauissimæ tranquillitatis, ac gaudij iu-
cunditate perfundit. *Ie m'egaierois volontiers sur
la mer, si elle n'etoit si traitresse, & dangereuse aux
nauigeans,* Mari vehendum lubentissimè me ad
aliquod

aliquod tempus committerem,nisi nauigantibus
illud esset tam insidum,ac formidolosum. *La ter-*
re produit d'elle meme vne infinité de fruits ,ſans
labour, & ſemance precedante , Terra per ſe, per
ſeſe,ex ſeſe , ex ſeipſa , nullo excitata cultu , aut
ſemine, infinitos fructus fundit , atque effert.
Elles,Eæ,earum.Illæ,arum. Ipſæ , arum. Pluſieurs
etoiles ſont de iour ſur l'horizon ,mais elles ne pa-
roiſſent pas , Stellarum pleræque , ipſo etiam de
die,ſupra horizontem verſantur,ſed eæ,obſcura-
tæ ſolis diffuſiore luce,nobis non apparent.Aſtro-
rum non pauca,per diem errant,& voluuntur ſupra finitorem circulum , ſed ea illuſtriore Solis
lumine offuſcata , & obruta , ſub noſtrum aſpe-
ctum non cadunt.

EN,*Voiez,An,ci deuant.*

ENCOR , ENCORE , ENCORES , *Voiez Ancor,*
Ancore,& Ancores.

E v x.

EVx , *Pronom demonſtratif,& relatif, de geanre*
maſculin , & nombre pluriel,dont , Il,*eſt le ſin-*
gulier , Francicum, *Eux ,* Pronomen eſt demonſtratiuum,& relatiuum,virilis generis,ac numeri plurium,cuius,*Il,*ſingulare eſt. *Eux,*Ei,eorum,
Ii,eorum,Illi,illorum , Ipſi,ipſorum. *Les ſoupçon-*
neux , & coulpables , croient touſiours,qu'on parle
*d'eux , ancores qu'on an eſt bien elogné,*Suſpicioſi,
ac rei,de ipſis,de ſe,perpetuò agi ab colloquenti-
bus exiſtimant , tametſi iis alieniſſima dicantur,
cogitentúrque. *Les annemis nous ont attaqués à*
l'improuiſte , quand nous ne panſions rien moins
qu'à

qu'à eux, In nos impetum , ex inopinato, fecêre
hoftes,cùm nihil minùs,quàm de ipfis,cogitare-
mus. *Les affiegés , à faute de fecours , ont randu à
notre chef, & leur ville , & eux , à condition feulemant de vie fauue ,* Omni auxilio deftituti ob-
feffi,& oppidum,& feipfos,iis conditionibus de-
didêre,vt eis vita feruaretur.

❧❧❧ ❧❧❧ ❧❧❧ ❧❧❧ ❧❧❧ ❧❧❧ ❧❧❧ ❧❧❧ ❧❧❧ ❧❧❧ ❧❧❧

F I.

1 **F**I, *mot de mepris,* Francicum, Fi, ré quampiam defpiciétis, & ablegantis eft vocula. *Fi, cela ne vaut pas le leuer de terre,*
Apage rem nihili, rem nihilo viliorem. Apage
rem indignam,quæ iacens tollatur humo. *Fi, la
chofe ne vaut pas le nommer,* Apage fis,res indigna
eft,quæ appelletur.

2 *Fi,mot d'indignation,de rebut,de rejet , quand
vne chofe put,* Gallicum, *Fi,* indignantis,& abhor-
rentis vox,in re putida,aut obfcena. *Fi , comme
cete venaifon put ,* Apage, vti fœtet hæc ferina.
Malùm, vt putet iftæc venatio. *Fi, leue d'ici
cete charogne ,* O tetrum fœtorem ! tolle hinc
iftoc cadauer. *I i,nous voici au cœur de la voirie,*
Prô fœditatem!in media cloaca verfamur. Apage
fpurcitiem , in ipfo barathro omnis turpitudinis
volutamur. *Fi,punais , ote toi d'ici,* Prô fterquili-
nium ! faceffe hinc,cadauerofæ naris monftrum.
Fi,vilain boquin,recule toi de moi, Apage,olide hir-
ce,procul à me abfcede in malam crucem.

I.

I.

I *,Aduerbe local,denotant assiete,residance,* *ou action de quoi que ce soit , an vn lieu,* Vernaculum,*I*, Aduerbium est loci, rei cuiuspiam in loco sedem,ac situm,moram,actio-némve designans. *Ie n'i etois pas , & tu m'i as cherché tout vn iour* , Non aderam,ibi non eram, & tu me tamen illic totum diem conquisiisti. *Quant à la ville , ie n'i arrete,que par force , mais aux chams ie m'i plais à merueilles* , Non nisi coactus in vrbe tantillum subsisto:sed in agris versor incredibili cum mea voluptate. *Quand tu n'i seras pas,ie n'i mangerai , ni beurai iamais ,* Cùm istic non fueris,cùm inde aberis,nec cibi,nec potus quidquam ibi vmquam gustauero. *Si ie n'i fusse à la bonne heure,c'etoit fait de lui,*Nisi auspicatò interfuissem,actum erat de illius capite.

2 *I,Aduerbe local,represantant mouuemant vers vn lieu ,* Gallicum,*I* , Aduerbium loci est,motionem versùs locum exprimens. *On i va par trois androits,& on i arriue an cinq heures* , Eò itur triplici via , illúcque peruenitur quinis viæ horis. *Si tu i vas demain,ie t'i accompagnerai , plus tard ie ne peux,*Si eò craftina die proficiscêre,tibi comes adero,at posteriùs nequeo.

3 *I,se prand pour,à ce,de ce,an ce,sur ce,touchant ce,*Francicum,*I* , vsurpatur pro,ea de re,super ea re , quod ad eam rem pertinet. *On i aura egard,* Ea de re , quoad opus erit,cogitabitur. Eius rei, pro suo merito,habebitur ratio. *Pour les interests, que tu allegues,on i pansera,*Quanti eam rem tua

inter

intereſſe ais , ex æquo æſtimabitur. *On a ven tes contes , mais on i treuue bien à dire* , Tuæ putatæ ſunt rationes,inquibus ad integritatem multa deſiderantur , in quibus non pauca præter integritatem deprehenduntur. *Si tu n'i pouruois à tans, ta ſanté s'an va ruinée,* Niſi opportunè prouides, funditùs tibi perit valetudo.

I A.

1 I*A,Deia,Aduerbe marquãt à quel etat eſt arriuée quelle choſe,que ce ſoit* , Francicum,*Ià*,Aduerbium eſt,indicans,quem ad ſtatum peruenerit res quælibet. *Il eſt ià midi,quoi qu'il ne le ſamble pas,*Tametſi non videtur,tamen iam eſt meridies , iam eſt medius dies , ad medium diei iam ventum eſt, dimidium diei iam abiit. *Nous n'auons ancore point eu de chaleurs , & ſi le ſoleil eſt ià bien auant au Capricorne ,* Nihil dum æſtus experti ſumus , ſol tamen iam in Capricornum longè prouectus eſt , ſolſtitio tamen proximi ſumus. *Quand l'aube a commancé à poindre , nous etions ià aux portes de la ville , aians fait quatre lieües ,* Cùm cœpit cælum albeſcere , quaternis viæ confectis leucis , iam aderamus ad oppidi portas. *Tout ieune qu'il eſt , par ſon merite il eſt ià monté aux premieres charges du Parlemant,*Licèt adhuc adoleſcentulus , ſuo merito iam eſt euectus ad celſiores Supremæ Curiæ gradus. *Tu ne fais , que mettre le pied dans l'aſſamblée , & ià tu ſemes des conteſtes , & quereles* , Vix,pedem infers in conuentum,iam tamen in eo rixas,& diſſidia proſeminas.

2 *Ia*, mis aprés vne *negatiue*, *an exaggere la for-*
ce, Gallicum, *Ia*, poſtpoſitum neganti voculæ,
ipſius facultatem exaggerat. *Il ne viendra ia,*
tout ſeul de nuit, car il eſt trop paoureux, Solus, &
quidem de noɔte, neutiquam venturus eſt, adeò
eſt pauidus, ſuámque vel etiam vmbram refor-
midat. *Il n'eſt ià beſoin, que tu t'excuſes à l'auan-*
tage, car ie ne te veux point amploier, Cauſæ nihil
eſt, quamobrem excuſatione me antè occupes,
tua enim vel gratuita opera vti, planè mihi non
eſt animus. *Il ne retournera ià à la melée, car on*
lui a trop bien ecoueté ſon hoqueton, In aciem, ad
iterandum conflictum, nequaquam rediturus eſt,
vt cui plagarum longè ampliùs incuſſum eſt,
quàm commodè poſſit concoquere. *Tu n'auras*
ià dequoi ſouper, ſi tu ne dines plus ſobremant, Niſi
prandebis temperantiùs, vel ad egentiſſimam cœ-
nam nihil tibi feceris reliqui.

IAMAIS.

1 *I*Amais, *onques*, *Aduerbe contenant la negati-*
ue de toute ſorte de tans, Francicum, *Iamais*,
Aduerbium eſt omnis omninò temporis negationem præferens. *Iamais*, Numquam. Haud vmquam. Non vmquam. Nullo tempore. Nullo vmquam tempore. *Iamais nous ne voions les etoilles,*
que le ſoleil ne ſoit abſant, ou eclipsé, Micantes è
cælo ſtellas numquam obſeruamus, niſi, aut ab-
ſente ſole, aut eum luna obducente. *Iamais les*
arondeles ne viennent, qu'auec la douceur du prin-
tans, Haud vmquam hirundines ad nos adeunt,
niſi eas inuitante, ac comitante verni temporis
amœni

am œnitate. *Iamais les gruës ne se mettent an voie
de s'an venir, ou de s'an aller, que par vn beau tans,*
Adituræ, aut abituræ numquam iter iniuerint
grues, nisi libero ab omni procella, & tempestate
cælo. *Le soleil ne s'est iamais arreté vn momant de
tans, dés qu'il commance à nous eclairer,* Ne punctum quidem temporis ab continente cursu sol
interquieuit, infinita pænè illa annorum serie,
qua nos illustrare perseuerat.

2 *A iamais, pour iamais, pour tousiours, à perpetuité,* Æternùm, Perpetuò, Semper. In æternum.
In perpetuum. In sempiternum. In omne æuum.
In perpetuum tempus. In æternitatem. *L'ame de
l'homme viura à iamais,* Humanus animus æternùm viuet, æternam vitam viuet, sempiternam
vitam aget, in æternum est victurus. *La peine des
damnés durera pour iamais,* Orco addictorum
cruciatus in omnem æternitatem perdurabunt.
*Au grand iamais ne finira la gloire des bien-heu-
reux,* Nullius æui finibus circumscribetur, sed
æternùm perseuerabit beatarum mentium, cælo,
Deóque fruentium, gloria.

ICELE.

I Cele, *elle meme, la meme,* Ea, eius. Eadem, eiuf-
dem. Illa, illius. Ipsa, ipsius. Illa eadem. Iila ipsa.
*Aprés le naufrage, nous auons tiré au bord notre
galere, mais icele toute fracassée,* Ab facto naufra-
gio, triremem in littus subduximus, sed illam penitùs conquassatam. *L'année nous a eté faucra-
ble an grand nombre de toutes danrées : mais icele
fort pluuieuse, & mal saine,* Præsens annus fuit ille
quidem

quidem omni annonæ genere copiofus,fed idem
ipfe tamen,vti frequens pluuiis,ita mortalibus in-
faluber. *La victoire nous eft voiremant demeurée,
mais icele bien cher vanduë,par la perte de tant de
braues caualiers.*Nobis cefsit victoria quidem,fed
illa eadem victoribus magno ftetit , amifsis tam
multis,támque fortibus equitibus , verùm quam
eamdem illam luctuofa morte fortifsimorum
bellatorum quamplurium pefsimè redemimus.
*Iceles,elles,les memes,*Eæ,earum. Eædem, earum-
dem. Illæ,illarum,Ipfæ,ipfarum.

ICELVI.

ICelui,*lui,le meme , lui meme,*Idem,eiufdem. Is,
eius.Ille,illius. Ipfe,ipfius. Ille idem. Idem ipfe.
Ipfe ille. Ille ipfe. *Tu pourras aborder le Prince,
mais icelui fortant du confeil,& non plutot ,* Adi-
bis quidem Principem , fed ipfum illum non
priùs,quàm exeuntem è confilio. *Tu obtiendras
le contenu de ta requete des officiers du Roi , icelui
l'aiant au prealable appointée,& fignée,*Tui libel-
li poftulata ab Regiis miniftris impetrabis . hac
vna dumtaxat lege , fi ille idem ei refcripferit,
chirographúmque adiecerit. *La chaleur du foleil
eft bien plus ardante , icelui etant an l'ecreuice , &
au lion, que refidant és autres fignes ,* Solis calor
longè ardentior,quoad idem fol in cancro,& leo-
ne agit,quàm in fignis cæteris. *Iceux,eux,les memes ,* Ii , Eï,Iïdem,Eïdem,Illi,Ipfi,Iïmet,Iï ipfi,
Illimet,Illi ipfi,Ipfimet.*L'armée eft de trante mille hommes,& iceux tous vieux routiers,& naturels
du païs,*Tricenûm millium armatorum eft exercitus,

citus,eorumdémque omnium veteranorum , atque indigenarum. *Il est malaisé de cheuir d'annemis si puissans,combatans dans leur terre,& iceux aguerris de long tans* , Laboriosissimum,tam potentes hostes debellare , suo præsertim in solo exercentes bellum , eosdémque pridem bellicis instructos artibus.

I E.

IE , *Pronom de premiere personne , & de tous geanres*,Vernaculum,*Ie*,primæ personæ,omnísque generis est Pronomen. *Ie*,Ego,mei. *Ie soussigné* , Ego,cuius adscriptum est chirographum, cuius est subscriptum nomen. Ego is,qui adscripsi chirographum,qui nomen subscripsi.*Ie notaire Roial*,Ego Regius tabellio.Ego Regiæ creationis libellio. Ego Regiæ probationis tabularius scriba. Ego nomenclationis Regiæ commentariensis publicus. *Ainsi que ie l'ai dit,& prononcé, ainsi ie le promets*, Vti ego verbis nuncupaui , ita planè futurum spondeo. *Ie le dis,comme ie l'estime* , Quod censeo , illud idem omninò eloquor. Quod sentio,id ipsum pronuncio. Planè dico ex animi mei sententia. *I'an suis d'aduis , si vous le trouués bon* , Ita tibi si videtur,& mihi etiam. Ita si iudicas,ego tuæ accedo sententiæ,tuæ opinioni subscribo. *I'approuuerai tout ce , que tu auras fait an ce suiet*,De hoc negotio,quidquid transegeris,id comprobabo,ratum habebo. *I'obseruerai de point an point , tout ce , que vous ordonnerés*, Quidquid statueris , per singula ordine capita effectum dabo.

F   I E.

I L.

1 IL, *pronom demonstratif, masculin, & singulier,
dont le pluriel est, Ils, le femenin, Elle,* Francicum, *Il,* pronomen demonstratiuum est, virile, ac
singulare, cuius pluralis numerus est, *Ils, & Elle,*
genus muliebre. *Il,* Is, eius, Ille, illius, Ipse, ipsius.
Tu le tiens homme de bien, & aussi est-il. Eum tu
censes virum probum, & reipsa is est, & reuera
est, & sanè huiusmodi est. *Il t'a salué deux, ou
trois fois, mais tu etois attantif ailleurs,* Is salutem
tibi bis, térve dixit, sed tu non aduertisti. *ils ont
tousiours cheri notre maisõ, & eux, & leur pere ancores,* Isti homines, eorúmque parés, familiam no-
stram perpetuò caram habuerunt, familiæ nostrę
semper cupierunt, semper voluerunt.

2 *Il, tient place de nominatif indeterminé, &
indifferant à toute sorte de choses, deuant des verbes pris à guise d'impersonels,* Gallicum, *Il,* vagi
cuiusdam nominatiui, & ad quiduis, promiscui,
vicem fungitur, ante verba singularis cuiusdam
sensus, & tertiis tantùm personis singularibus
vsurpata. *Il i a bien du chemin, antre le ciel, & la
terre,* Cælum inter, atque terram, viæ plurimum
intercedit. *Il i a grande differance antre le vrai,
& le faux,* Verum inter, ac falsum, discriminis sanè interest quàm plurimum. *Il se faut bien pener,
pour arriuer au comble des sciances,* Diuturni, ar-
duíque labores exantlandi sunt, vti ad summum
eruditionis scandatur fastigium. *Il n'est pas question d'aimer, & loüer la vertu, mais il la faut exercer tousiours, & an tous lieux,* Ad probi hominis
verum

verum nomen,ac decus,non id agitur, vt virtus
ametur verbo,ac celebretur laudibus , sed vti reipsa totos vitæ dies,& vbique exerceatur.

ILLEC.

ILlec , là,an ce lieu,là meme, audit lieu,Ibi,Ebi-
dem,Illic,Inibi, Eodem loco,Eo in loco , Eodem in loco. Le criminel sera trainé sur vne claie
au lieu de son delit , & illec ataché à la potance,
pandu, & etranglé,Reus,crati supinus impositus,
ad admissæ noxæ locum raptabitur, restíque ad
patibulum strangulabitur.

IOINT.

IOint à ce, ioint que, d'ailleurs,d'autre part , an
outre,Adde,Adde quòd,Eò adde,Huc adde,Eò
accedit,quòd.Huc accedit,quòd.Adhæc.Insuper.
Præterea. Tu lui dois honneur , comme à ton fr.re
ainé, ioint qu'il est ton bien-facteur,Vt fratri, natu
maiori, ei te reuerentiam oportet adhibere, adde
quòd,est de te in primis benè meritus. Nous ne
passerons pas la riuiere , à cause de la nuit , ioint
que nos cheuaux n'an peuuent plus , Quia nos iam
noctis occupant tenebræ , amnem non traiicie-
mus : accedit,quòd equi defatigatione longioris
viæ fracti, confectíque sunt. Il deuoit mourir de
telle blessure , ioint qu'il ne s'est point laisé panser
au chirurgien , Tam atroci vulnere ipsi pereun-
dum fuerat, accessit verò insuper, quòd chirurgi
manum,& curationem numquam admisit.

L A.

1 **L**A, *est article femenin, de tous cas* , Francicum, *La*,est muliebris articulus,cuiufvis cafus. *La lune amprunte´ fa clarté du fo*leil,Luna fuum lumen ab fole mutuatur. *La terre nourrit de fon creu vne multitude prefque infinie d'animaux,*Ex fuo finu editis frugibus terra infinitam propemodum animantium multitudinem alit. *Quelques anciens ont creu , que les aftres viuoient,& fe nourriffoient des vapeurs de la mer,* Veterum nonnulli exiftimarunt , vitam quamdam viuere fidera,oceaníque vaporibus, vt cibo, fuftentari. *Le iour ne rauit pas à la lune fa lumiere,mais la lui abforbe,& couure d'vne plus grande,* Diei claritas lucenti lunæ fuum lumen non adimit,fed illuftriore fplendore abforbet , & obruit. *L'ocean communique fa falure . & fon flus,à la riniere , qui s'ambouche dans fon riuage ,* Subeunti maritimam oram flumini oceanus æftum fuum, atque falfuginem,ad aliquod fpatium communicat. *On cueille de bonne,& precieufe manne fur la feuille epineufe de la melefe,*E fpinofo laricis folio probum , pretiosúmque manna legitur. *Le betail ne perd fon tans,ni fa pature , quoi qu'il erre par la campagne ,* Nec temporis , nec pabuli iacturam facit pecus,tametfi velut vagum in campis oberret.

2 *Là . fe met aprés vn fubftantif, ou adiectif , à guife d'vn Pronom demonftratif,pour mieux fpecifier la chofe,*Vernaculum, *Là,* ad rem apertiùs defignandam , inftar demonftrantis Pronominis,

fubftan

ſubſtantiuo,aut adiectiuo ſubiicitur. *Ce fleuue là*
ſourd à gros boüillons d'vne viue roche, Amnis ille,
ingentibus aquæ globis , viua ex rupe erumpit,
ſolida è petra ſe effundit. *Ce mont là iete par le*
coupeau des grandes flammes, Mons ille ſummo è
vertice ignis flammas euomit. *Cete vallée là,quoi-*
que de petite etanduë,nourrit de bled tout le peuple
circonuoiſin, Illa vallis,tametſi modi ſatis exigui,
omni circumiecto populo frumentariam annonam abundè ſuppeditat. *Cete fame là porte plus*
de dorures an tete,qu'elle n'a vaillant , Illa,quam
vides,mulier,aurei comtus longè plus capite ge-
rit , quàm eius omnis æſtimetur cenſus.
  Voiés Les.

<hr>

L A.

1 *L*A,*eſt auſſi vn aduerbe local,exprimant tou-*
te ſorte de regions , & ſituations, Gallicum,
La, eſt item loci aduerbium,quaſvis regiones,&
quoſlibet ſitus exprimens. *Là , an ce lieu, an cet*
androit, Ibi. Illic. Eo in loco. Illo loco. *Les deux*
ourſes ne ſont là,où tu montres , mais là , ou porte
cete houſſine, Helice,& Cynoſura ibi non ſunt,eò
loci non micant,ea cæli plaga non apparent,quò
tu digitum intendis , ſed , quò hæc virgula ſpe-
ctantem dirigit. *La Nouuelle France,an la Carte,*
eſt là,où tu vois cete grande riuiere de ſaint Lau-
rans,ſe degorgeät an mer,vers l'Eſt, Noua Francia
ſedem habet , in Geographica tabula , ad ingentem illum Beati Laurentij amnem,qui orientem
versùs , immenſo oſtio ſe in oceanum effundit.
La pointe de douleur,qui me perce inceſſammant le
F 3   coté,

coté, est *iustemant là,où tu as mis le doit*, Acerbus
ille doloris aculeus , qui latus continenter fodi-
cat,& lancinat , eo planè loco est,in quem intu-
listi digitum. *Là,où tu es,on suit le droit ecrit,Là,
où ie demeure,on n'an vse point*,Istic,vbi es,ex iure
scripto controuersias decidunt iudices : hîc contrà,vbi habito , illius iuris vsus est planè nullus.
*Là haut on trauaille,& on couche, çi bas on man-
ge*,Opus fit,& cubatur supernè , suprà , superiore
in domo,superna regione domus , supera conta-
bulatione ædium : cibus sumitur hîc infernè,in-
feriore domo,inferiore in domo,inferis in ædibus,infera ædium parte. *Là haut,sur nous,les ieunes cultiuent la terre , & ici nous batissens , là bas
les vieux gardent le logis* , Illic,supra nos , suprà
quàm nos,supera collis regione, iuniores terram
colunt:hîc nos medio tractu ædificamus:ibi infra
nos , infrà quàm nos , ima cliui parte , ad imum
cliuum,seniores domum custodiunt. *Par là*,Cir-
ca eum locum.Circa eam regionem.Eam circiter
plagam. *Par là,où tu vois force geneure,nous prenõs
quantité de gibier aux rets* , Auiariæ prædæ bene
magnam copiam cassibus venamur,ea regione,ea
plaga,ad eam regionem,circiter eam plagã,circa
eũ locum,vbi sunt frequentes iuniperi.*Là,vers ce
lieu,contre celle part,an cas de mouuemant*,Eò. Illò. Illuc. Ad eum locum. Versùs eam regionem.
Eam partem versùs.*Pour arriuer là,il te faut cinq
bonnes heures de chemin* , Solidarum quinque horarum via tibi est opus,vt eò adeas , vt illò accedas, vt illuc pertingas , vt ad eum locum perue-
nias.*Si tu peux grimper là,où verdoie ce grand sa-
pin,tu trouueras à foison de l'herbe,que tu cherches,*
Si quo loco stat virescens abies illa , eò possis

scan

ſcandendo euadere,eius herbæ,quam inueſtigas,
multam deprehendes copiam. *De là,de ce lieu,de
vers ce lieu,*Illinc. Inde. Exinde. Eo ex loco. Illa
ex regione. Ab ea plaga. *De là on vient ici an trois
heures,*Trium horarum via,inde huc venitur. *De
là nous receuons toutes bonnes danrées par la riuiere,*Omne genus opportunæ annonæ, ſecundo
fluminis alueo,illinc excipimus. *De là an Barbarie le traiet eſt fort court,& aiſé*, Illa ex plaga in
Africæ oram breuis , & commodus intercedit
traiectus. *Il s'eſt fortifié ſur vn roc auançant an la
riuiere , & de là on n'a ſceu ancore le debuſquer à
force d'armes*, In ſumma petra , longè in amnem
procurrente,arcem circummuniuit,vnde in hanc
diem nulla vi armorum potuit deturbari. *De là,
où tu es*, Iſtinc.Inde,vbi agis.Illinc,vbi verſaris.
*Fai que nous antandions nouuelles de là , de ton
quartier*, Fac iſtinc nobis aliquid nuncietur. Da
operam,vt inde,vbi agis , nunciorum quidpiam
ad nos afferatur. *Par là,par ce lieu,par cet androit,
an matiere de paſſage.*Eá.Illà.Illac.Eà regione.Il-
la plaga.Eo loco.Per eam plagam,regionem. Per
eum locum. Per eum loci tractum. *Par là ne
ſçauroit paſſer aucun cheual,*Nullus equus valeat
iter facere eà,illà,illac , eo tractu, ea regione, eo
loco,ea plaga,per illud loci,per id regionis. *De cete meme porte par là on va à Geneue,par là à Grenoble,par là à Vienne,*Ex hac ea porta itur eà Ge-
néuam,illà Cularonä,illac Viennam. *Par là vous
irés an toute la France,car ce chemin ſe diuiſe vers
toutes les prouinces du Roiaume* , Illac excurres in
vniuerſam Galliam , hæc enim via in quaſvis regni prouincias diuiditur.

    2 *Là,mis aprés,Par,ou,De,ſert à faire illation,* `ti-`

titur

tirer conclusion, Francicum, *Là*, voculis Gallicis, *De,* aut *Par*, subiectum, inferendæ, ac cogendæ conclusioni adhibetur. *Il vous a refusé vne si legere courtoisie, par là, vous pouuez connoitre, qu'il ne vous aime point,* Tam leuis momenti gratiam, quòd tibi denegarit, inde facilè colligas, atque manifestò, eum in te nulla esse beneuolentia. *Le rais du soleil commancent à poindre, de là tu dois cöclurre, que l'astre meme doit paroitre tot sur l'horizon,* Solares iam emicant supra solum radij, ex quo te oportet cogere, astrum ipsum breui emersurum supra horizontem.

LAQVELE.

1 **L**Aquele, *nō relatif, femenin, & singulier, &,* Lesqueles, *est pluriel,* Gallicum, *Laquele,* relatiuum nomen, muliebre, ac singulare, cuius, *Lesqueles,* est plurale. *Laquele,* Quæ, Qua, cuius. *Autun est la ville, laquele Cesar appelle Bibracte, & Neuers est celle, laquele il nomme Nouiodunum des Boiens, ou Bourbonnois,* Augustodunum est eadem ipsa vrbs, quam Cæsar Æduorum Bibracte appellat, Niuernum verò illud est oppidum, quod Boiorum Nouiodunum vocat. *Qui, &, Que, se mettent fort souuant, & bien, pour, Laquele, an certaines formules Françoises, n'an deplaise à messieurs les Critiques, qui le nient,* Gallicæ voculæ, Qui, & Que, certis in formulis vernaculi sermonis, frequenter, ac rectè vsurpantur pro, *Laquele,* quod Criticorum, id negantium, pace dictum volumus. *Voiez, Que, &, Qui.*

2 *Lesqueles,* Quæ, quarum. *Les biches, lesqueles on*

on nourrit à la maison, dés leur tandre âge, deuien-
nent fort priuées. Quæ ceruæ ab teneris annis domi nutriuntur, maximè cicures euadunt. *Que, &,*
Qui, se dient fort souuant, & an bons termes, pour,
Lesqueles, Celtica, *Que, &, Qui,* crebrò pro Gallica
voce, *Lesqueles,* legitimè ponuntur. *Voiés, Que, &*
Qui.

<hr>

L E.

L E, *Article masculin, & singulier, dont, Les, est*
le pluriel, *qui ne se randent par aucun mot*
Latin, Francicum, *I e,* Articulus est virilis generis , & singularis numeri, cuius, *Les,* pluralis est, quorum neutrum vllo vocabulo Latino redditur. *Le chaud, & le froid, le sec, & l'hu-*
mide, le dur, & le mol, le haut, & le bas, ne se
rancontrent iamais ansamble an meme suiet, Cali-
dum, & frigidum, siccum, & humidum, durum, &
molle, superum , & inferum, in eadem simul materia numquam deprehenduntur. *Le ciel, le soleil,*
& le mouuemant de l'vn, & de l'autre, font des
grandes impressions sur la terre, & sur les choses ter-
restres, Cælum , & sol, ac eorum vtriusque motus, cùm terræ, tum terrenis omnibus vehemen-
tes, ac varias affectiones ingenerant. *Le tien, le*
mien, le sien, tandis que nous viurons an cete ami-
tié, ne serent iamais distingués les vns des autres,
Tua, mea & ipsius res , quoad hæc nostra consta-
bit amicitia , nullo vmquam inter se discrimine
diuidentur. *Le peu, & le prou que i'aurai, sera tous-*
iours à son seruice, Siue angustæ, siue amplæ meæ
fuerint fortunæ , eis, vti suis , perpetuò vti poterit. *Le faire, le panser, & le dire de l'homme sincere*

ne sont iamais differans. Ingenui, sincerîque hominis facta, cogitata, dictáque, haud vmquam inter se discrepant. Dicere, cogitare, ac facere, in
homine integro numquam sunt discrepantis
sententiæ. *Le conseiller, le suader, l'exhorter, &
l'exsequuter ce, qui est conseillé, ne sont pas de meme
facilité an toute matiere,* Consilium dare, suadere,
cohortari, & quod suasum sit, reipsa efficere, haud
in quouis argumento sunt eiusdem facilitatis.
Consilij, suasionis, cohortationis adhibendæ, atque eius rei, quæ suadeatur, exsequendæ, non
perinde semper est expedita facilitas. *Le changer
d'aduis, & le quiter sa resolution premiere, auec suiet, n'est pas reprehensible.* Sententiam mutare, ac
discedere à priore animi decreto, cùm subsit ratio, haud est reprehensioni obnoxium. Vituperã-
da non est sententiæ mutatio, & ab inito decreto discessus, quoties adsit eius rei causa legitima.

2 *Les, article masculin du nõbre pluriel,* Vernaculum, *Les,* pluralis numeri, virilis generis articulus
est, *Les anciens Gaullois furent diuisés an trois peuples principaux, qu'on nommoit, les Celtes, les A-
quitains, & les Belges,* Gallorum antiquissimi tri-
buebantur in principes populos tres, qui Celtæ,
Aquitani, & Belgæ dicerentur.

LEQVEL.

L Equel, *Nom relatif, masculin, & singulier,
dont, Lesquels, est le pluriel,* Francicum, *Lequel,*
Nomen reltaiuum est, virile, singulare, cuius
Lesquels, plurale est. *Le terme que les Gaullois
tindrent Rome, n'est pas celui, lequel recite Liue,*
mais

mais vn autre bien plus long , & de fet mois, lequel
nous lifons dans Polybe, Temporis fpatium Romæ
ab Gallis poffeffæ , non illud paucorum dierum
eft, quod narrat Liuius, fed aliud diuturnius , &
feptem menfium, quod apud Polybium legimus.
Les animaux , lefquels ont plus gros cœur , ont le
moins de courage , comme il paroit au lieure , & an
quelques autres , Quæ animantes cor gerunt
amplius, eæ omnium minimè funt animofæ, vti
ex lepore, ac nonnullis aliis conftat. *Que , &,*
Qui, prennent, maintefois, & à propos, la place de,
Lequel, & Lefquels, Gallica, *Que,* &, *Qui,* Locum
vocularum , *Lequel , &, Lefquels , fæpenumerò,*
atque opportunè vfurpant. *Voiés* Que , &, *Qui.*

LEVR, LEVRS.

1 L E *Leur, le propre de quelques vns, ce, qui eft*
à eux an proprieté, hoc Suum, fui, Ipforum
fuum. Illorum fuum. Eorum res. Ipforum res
propria. Illorum res domeftica. Ipforum res familiaris. *Ils conferuent le leur , pour an affifter les*
amis au befoin, Suum frugaliter tuentur., rei fuæ
parcunt, rebus fuis vtuntur moderatè , vt egenti-
bus amicis, in tempore , opem ferant. *Le leur eft*
plus à autrui, qu'à eux memes, tant ils ont le cœur
noble, Adeò funt generofo, munificóque animo,
vt fuum magis aliorum fit, quàm ipforum, vt fua
res, vt ipforum res, magis alieni fit arbitrij, quàm
quorum eft propria. *Les hommes de ta forte, quand*
le leur a manqué, fe ietent fur l'autrui, Ingenij
tui, atque moris homines, cùm eos fuum defecit,
vbi fua res ipfos deftituit, in aliena inuolant.

F 6   *Leur,*

2 *Leur, pour, à eux, à elles*, Eis. Iis. Illis. Ipsis. Sibi. *Pour auoir souuant manqué de parole, on ne leur croit plus*, Ob violatam frequenter fidem, eis non creditur ampliùs. *Ils dient, qu'on leur fait tort, mais ils se trompent*, Querantur sibi iniuriam fieri, sed opinione aberrant. *Le Prince leur a oté les armes, pource qu'ils an abusoient*, Arma ipsis ademit, armis eos exuit Princeps, quòd eis perperam vterentur. *Tout leur manque, dés qu'ils ont faussé la foi à Dieu, & à la patrie*, Omnia omninò eis desunt, eos deficiunt, ex quo Numini, ac patriæ fidem fefellerunt.

3 *Leur, leurs, ce qui est de quelques vns, qui les touche*, Suus, Sua, Suum. Sui, Suæ, Sua. Eorum res. Ipsorum res. Quæ illos attinent. Quæ ad ipsos spectant. *Leur patrie les oblige à ce deuoir*, Sua eos patria ad id officij adstringit. Ipsorum patria istud muneris ab ipsis exigit. *Leur interet les aueugle, an celui de Dieu & du prochain*, Impésum suç ipsorũ rei studium, in iis, quæ Numinis sunt, atque propinquorum, densam mentis caliginẽ eis obducit. *Voiés l'article cinquieme des reciproques ci apres.*

LON.

LOn, On, *particules tenans place de nominatif, deuant les verbes de troisieme personne singuliere, vsurpés à guise d'impersonnels*, Vernaculæ voculæ, Lon, &, On, nominandi casus vicem obeunt, ante verba personæ tertiæ, singularis numeri, quæ vulgò vsurpantur instar impersonaliũ. *An ce berlan, & iour, & nuit, lon ioüe, lon crie, lon boit, lon ivrogne, lon tanse, lon se bat, lon fait la bete à bon esciant*, In illa ganea, dies, noctésque totas, luditur,

clamatur, bibitur, potatur, contenditur, pugnatur, ſtrenuè inſanitur. *A la ville, lon chante, lon
rit, lon danſe, lon banquete : à l'armée, on ſe meurt
de faim, de ſoif, de chaud, de maladie, & de tout
meſaiſe,* In vrbe, cantatur, ridetur, ſaltatur, epulis
indulgetur:in caſtris verò fame, ſiti, æſtu, atque
omni incommodo, vel ad necem laboratur. *Lon
dit, lon aſſeure, lon croit, par toute la ville, que
l'annemi eſt proche,* Tota vrbe narratur, aſſeritur,
exiſtimatur, hoſtem eſſe in propinquo. *Lon va,
lon vient, lon trauaille, & l'on eſſaie de faire vne
ferme paix,* Itur, reditur, opera ſedula nauatur, &
omni tentatur ope, vti ſtabilis ineatur pax. *Lon
ſoupçonne, lon bruit, lon eſtime, que tu es complice
des criminels conuaincus de larcin,* Furti comper-
torum reorum ſocium te eſſe, ſuſpicio, fama,
opinióque increbuit. *Lon doit s'anqueter, auant
que croire mal d'autrui,* Priùs quàm ſecùs de alio
credatur quidpiam, inquirendum eſt, inquiſitio
adhibenda eſt. *Lon doit ouïr l'accuſé an ſa iuſtifi-
cation, auant que le condamner,* Antè audiendus
eſt reus, quàm damnetur. Antè audienda eſt rei
purgatio, quàm de eo pronuncietur iudicium.
Lon peut ſe tromper, à ſe reſoudre facilemant, Er-
rari poteſt non mediocriter, in propero ineundo
decreto. *Lon veut lui faire peur, pour le randre
plus auiſé.* Validè incutiendus ei deſtinatur me-
tus, qui cautiorem efficiat. *Lon t'a obligé, de te leuer la charge, dont tu abuſois,* In te collatum eſt
beneficium, quòd abs te abdicatũ illud eſt munus,
quo abutebare. *Lon lui va faire tort, de le punir par
ſimple ſoupçon,* Iniuria ei factum itur, illatum
itur, in eum aperta iniuria comparatur, cui ex ſo-
la ſuſpicione ſupplicium decernitur. *Voiés,* On.

LVI.

L v i.

1 L*Vi,pronom demonstratif, masculin,& neutre, au nominatif,& de tous geãres és autres cas,* Gallicum , *Lui* , Pronomen demonstratiuum eſt virilis , neutriúſque generis in nominandi caſu, omnis verò generis in reliquis caſibus. *Lui* , Ille, illius, Illud , illius. Ipſe , ipſius. Ipſum, ipſius. Is, eius. Id, eius, *C'eſt lui,dont ie te parloi* , Is eſt, de quo tecum agebam. *Lui,& toute ſa famille , i aſ-ſiſta*, Ipſe,cum tota familia,interfuit. *Lui meme, auec tout ſon credit, ne l'a ſceu impetrer,* Ille ipſe, interpoſita etiam ſua omni auctoritate,ac gratia, impetrare non potuit. *Ce caualier etant ieté par terre,d'vn grand coup , le Roi lui méme eſt deſçan-du de cheual pour le releuer,* Cùm ingenti ictu de-iectus ex equo eſſet ille eques , ipſemet Rex ex ſuo exſcendit , vti eum erigeret. *Quand Ciceron ſe ſeroit fait lui meme vn panegyrique , auec toute ſon eloquance, il n'auroit ſceu mieux faire, que ce-lui,que tu lui as dreſſé,*Si vel ipſe ſibi Cicero,om-ni adhibita eloquentia, ſcripſſet panegyricum, haudquaquam erat eum ſuperaturus,quem tu ipſi per quàm ſcienter elaboraſti.

2 *Lui, an tous cas , hors du nominatif , eſt de tous geanres,* Francicum , *Lui,* cæteris, extra no-minatiuum , caſibus eſt cuiuſcumque generis, *Etant homme d'honneur, on ne deuoit lui faire tel afront,* Quandoquidem vir eſt honoratus,ei non debuit irrogari tam atrox contumeſia. *On lui ote plus que la vie meme, quand on lui rauit l'hõneur,* Ipſa vita maius quiddam ei adimitur, cùm ho-

nore

nore spoliatur. *Ton hoteße se pleint, que, toi prefant,*
& confantant, on lui a butiné ses cofres, Tua queritur hofpita, fuas fibi compilatas capfas, te præ-
fente, atque approbante.

M A.

M A , *Pronom poßeßif, femenin, singulier,*
dont le pluriel eſt, Mes, *qui fe randent*
au geanre de leur fubstantif, Francicũ,
Ma, Pronomen eſt muliebre, fingula-
re, poffeffionem defignans, cuius, *Mes*, plurale eſt,
quæ vtraque, fubſtãtiui fui genere, Latinè reddũtur. *Ma,* Mea, meæ. *Mes,* Meæ, mearum. *Ma bourfe,*
mes moiens, ma tete, & ma vie, ont eté trois iours és
mains de ces voleurs , Mea pecunia, meæ omnes
fortunæ, caput, & ipfa etiam vita, triduum fuêre in latronum illorum poteſtate, & arbitrio.

2 *Ma, fe change an,* Mon, *qui lors deuient feme-*
xin, deuant, & ioignant les mots femenins, comman-
çans par voiele , ou par afpiration muete, & morte,
Vernaculum, *Ma,* tranfit in, Mon, quod tùm muliebre genus induit , antè, & proximè muliebria
vocabula , ab vocali, aut muto, & emortuo halitu inchoata. *Mon efperance , mon affeurance fe*
fonderent mal fur vn tel appui, que toi, Mea fpes,
meáque fiducia, cùm fefe tibi, vt firmamento
fuo, applicuerunt, ruinofum prorfus infederunt
fundamentum. *Mon aide ne t'a iamais manqué,*
ta foi ne me fut iamais fincere, A me tibi numquam defuit fubfidium , in me nulla vmquam
tua fides conſtitit. *Mon haleine fe geloit au fortir*
de la boucho, Tanta vis algoris erat, vt meo

ex

ex ore egreſſus halitus mox congelaret.

ʒ *Ma, demeure, & ne ſe change pas an, Mon, deuant les mots ſuſdits, quelque autre mot antre deux, portant conſonante an tete*, Gallicum, *Ma*, non tranſit in, *Mon*, ſed ſedem ſuam obtinet, ante ſuprà dicta vocabula, ſi qua vox, conſonantem præferens, media intercedat. *Ma longue epée, mon epée longue, me randit grand ſeruice, à ce rancontre*, Prælongus meus enſis peropportunum mihi vſum, illo in congreſſu, exhibuit. *Ma plus certaine hoirie, mon hoirie plus aſſeurée, git au trauail de mes bras.* Certiſſimum omnium meum patrimonium, poſitum eſt in aſſidua lacertorum contentione. *Voiés, Mon.*

M A I S.

1 *M̃Ais, Conionction aduerſatiue, ſeruant à faire replique au contraire,* Francicum, *Mais,* aduerſantis eſt Coniunctio, & contrà quidpiam opponentis. *Mais,* At. Atqui. Attamen. Sed. Tamen. Verùm. Verumtamen. *Voila ton iugemant, mais i'oppoſe des fortes raiſons au contraire, En* animi tui ſententiam : at ego aduersùs eam valida obiicio argumenta. *I'etoi reſolu de partir, mais le ſeruice du Prince m'a retenu pour quelques iours,* Statueram proficiſci : verùm me ad dies aliquot diſtinuit res Principis, cauſa Principis, ratio Principis.

2 *Mais que, moiennant que, pourueu, que,* Dum, Modò, Dummodò, Si, Si tamen, Pòſt quàm, Poſteà, quàm, Vbi. *Ie ne tarderai pas un momant de partir, mais que i'aie ſalué quelques amis,* Ne momentum

mentum quidem interponam , quin proficiscar,
vbi ex amicis aliquos salutauero. *Tu auras ton sa-*
laire tout content , mais que tu te sois bien acquité
de ta tasche , Operæ mercedem omnem præsenti
accipies pecunia , modò te penso tuo cum fide
exsolueris.

3 *Mais , d'auantage, plus , an plus grand nom-*
bre , Ampliùs. Plus. Plures. Plura. *Ils sont bien*
mais de banquetans, que tu ne disois, Conuiuarum
longè est ampliùs, quàm dicebas. Plures multò
sunt conuiuæ , quàm numeraueras. *Il auoit mais*
de quarante ans , quand il prit fame , Cùm vxo-
rem duxit, annos magis quadraginta erat natus,
quadragenis annis maior erat , annos plus quadraginta iam vixerat.

4 *Mais, Pouuoir Mais, auoir donné cause, occa-*
sion , suiet à quelque chose , Causam præbuisse. In
causa esse. Materiam, occasionémve alicuius rei
dedisse , suggessisse. *Que vous soiés an peine , ie*
n'an peux mais , an façon du monde , Planè sum
extra culpam eius, quæ tibi creata est, molestiæ.
Quòd molesto exercearis negotio, nulla omninò mea est culpa. *S'il n'an peut mais , il n'est pas*
equitable, qu'il paie l'amande pour autrui, Si est ab
omni noxa liber , haud æquum est , eum alienæ
culpæ multam dependere.

M E.

1 **M**E, *Pronom primitif , de premiere personne,*
presque le meme que Moi, & qui se rand an
Latin par toute sorte de cas , Francicum, *Me,* primigenium est pronomen, personæ primæ, idem
pænè,

pænè ac aliud Francicum Pronomen, *Moi*, quouis cafu Latinè reddi folitum. *Ie me tien à ce*
qu'an dient les plus antandus, In eo, quo de agitur,
peritiorum fententiæ meam adfcribo, fubfcri-
bo. In hac caufa difceffionem facio in eruditio-
rum fententiam. Quod ad hanc rem pertinet, pedibus eo in doctiorum opinionem. *Ie ne me peux*
afsés etonner de la beauté de ce monde, Satis de-
mirari non poffum vniuerfi huius infinitam pul-
critudinem. *Ie ne me repau pas, d'auoir beaucoup*
pené, pour acquerir les fciances, Haud equidem
me grauiorum laborum pœnitet, ad capeffendas
liberales difciplinas. *Tu ne me portes point de com-*
paffion, & fi ie ne fouffre que pour toi, Mei nihil
te miferet, meam non miferaris vicem, qui, quod
patior, tua vnius caufa patior. *Tu ne m'as randu*
aucun conte de l'argeant, que tu reçois de moi, dès
cinq ans, Quod æs iam quinquenniũ totum à me
accipis, eius æris nullam rationem mihi das, red-
dis, refers, reponis. Quam pecuniã quinque iam
perpetuos annos tibi expenfam perfcribo, tu acceptam mihi nullam refcribis. *Dés vn an, il ne*
m'a repondu à pas vne de celes, que ie lui ai ecrites
tous les mois, Ad menftruas meas folidi anni litteras nihil planè, in hunc diem, refcripfit.

    2. *Mes, le nombre pluriel de, Ma, & de, Mon.*
Voiés Ma, Mon.

M E S H V I.

1   **M**Eshui, *ce iour, de ce iour, Aduerbe tamporel,*
Vernaculum, *Meshui,* eft temporis Aduer-
bium. *Meshui,* Hodie. Hoc die. Hac luce. Ho-
dierno

dierno die. Hodierna die. Hodierna luce. *Meshui*
ne viendront nos hôtes , puis qu'ils ne sont arriuez,
Quando in hanc horam huc se non appulerunt
hospites, hac certé luce nequaquam venturi sunt.
Ie ne mangeroi , ni beuroi meshui, si ce n'etoit pour
te tenir compagnie , Nec cibi , nec potus hoc diei
reliquo quidquam admitterem , nisi vescenti so-
dalis tibi assidere vellem , si non tibi conuiua
adesse cuperem. *Meshui il n'est plus tans de se*
mettre an chemin , Profectionis in hunc diem in-
stituendæ iam videtur idonea excessisse tempestas.

   2 *Meshui , ores au moins, ores , ou iamais plus,*
Nunc certé. Nunc minimùm. Nunc profectò.
Nunc quidem , aut deinceps numquam. Modò
prorsùs , aut numquam posteà. *Il est meshui la*
saison , que tu aies quelque discretion , etant chenu
tout à fait , Nunc plané , si vmquam in vita , te
oportet sapere, cùm iam totus incanueris.

M o i.

Moi , *pronom primitif , de premiere personne,*
Gallicum , *Moi,* primigenium est pronomen, ac primæ personæ. *Moi, Ie,* Ego, mei. *Moi-*
meme, Ego ipse. Egomet , *Moi seul , & non autre,*
Ego ipse, ac non alius. *Moi-meme, etant presant,*
ai veu ce, que ie vous dis, Egomet ipse , cùm præsens adessem, id ipsum vidi , quod eloquor. *Moi*
seul an ai toute la peine , les autres an ont tout le
profit, Ego vnus eius negotij exsequendi omnem
laborem exantlaui , rediit autem ad alios operæ
meæ compendium. *De moi , Pour moi , Quant à*
moi,

moi, Quod ad me attinet. Quantum ad me spectat. *De Moi,ie suis resolu, de ne me plus meler du
fait d'autrui,* Ego quidem sic decreui, sic decretum,deliberatúmque habeo, sic apud me, apud
animum statui, vt alienis negotiis me deinceps
nihil interponã.*C'est moi,qui an ai eu la premiere
nouuelle,*Ego is sum, ad quem primùm ea de re
allatum est. *C'est moi, qui vous an peux donner
pleine information,*Is ipse sum, qui ,-quod quæri-
tur,possum te docere omnium pleniffimè, ac lo-
cupletiffimè. *Si c'est moi,que vous demandez,me
voici à votre seruice,* Si fortè is sum, quem conuentum cupis,en præftò sum,vt quauis mea vtare opera. *Vous ne faites etat de moi , qu'an votre
besoin,*Nifi cùm eges mea opera , & ope,mei nullam planè rationem ducis,nullo apud te sum,nec
loco, nec pretio , nihili me penitùs æftimas.
*Adreffez vous à moi,pour cas famblables,*In huius
generis negotio ad me ipsum adi. *Reuien à moi,
quand tu auras paracheué tes afaires an ville,*
Cùm summam negotiorum in vrbe exhauferis,
fac ad me redeas. *Le fonds eft à moi,donques les
fruits le font auffi ,* Fundus ipse meus eft, meæ
quoque funt igitur ipfius mercedes. *Cet ingrat
tient de moi les biens,l'honneur,& la vie ,* Ingratus
ille fortunas, famam, & vitam quoque ipfam
meo vnius beneficio obtinet.*Il a de l'argeant, des
meubles,des fonds à moi,& non peu,dont ie ne peux
rien retirer du tout,*Et æs, & mancipia , & prædia
mea non exiguo habet numero ,quorum nihil
omninò poffum ex eo exprimere. *Si tu auois
quelque chofe à moi, ie ne te le fieroi pas vn momant de tans,*Si quid mei penes te effet,id tuæ fidei,nec punctum temporis,concrederem.

M o n.

M O N.

1 **M**On, *Pronom possessif, & masculin, mais qui se
rand an Latin ; au geanre des substantifs
Latins, qu'il accompagne,* Francicum. Mon, Pronomen est, possessionem exprimens , virilis in vernaculo sermone generis , sed quod Latinè redditur pro nominum genere, quibus copulatur. *Mon
cheual, mon equipage, mon valet, mon argeant, sont
à ton seruice,* Equus, campester apparatus, famulus meus, atque nummi, addicente me, tuis vsibus
penitùs adscribuntur. *Mon vin , mon bled , mon
foin , mon bois , & tout l'antretien de ma famille,
bien nombreuse, se cueille dans ce clos ,* Omnis vi-
naria, frumentaria, fenaria , lignariáque annona,
& numerosæ familiæ vniuersus commeatus , intra huiusce prædij septa opportunè legitur.

2 *Mon, Pronom possessif, se fait de geanre femenin, quand il est mis deuant , & ioignant des substantifs, ou adiectifs femenins , commançans par
voiele, ou deuant autres mots, aians voiele an téte,
& seruans aux adiectifs commançans , comme que
ce soit,* Gallicum, Mon, possessionis exprimendæ
Pronomen, muliebre fit, cùm proximè præfigitur substantiuis , aut Adiectiuis , ab vocali inchoatis, aut aliis vocabulis eodem literæ initio
affectis, cuiusquemodi Adiectiuo seruientibus.
*Mon adresse, mon assiduité mon amitié, mon aucto-
rité, n'ont de rien serui, pour remettre ce ieune homme au deuoir,* Mea omnis, tametsi non vulgaris,
industria, assiduitas, beneuolentia auctoritas, momenti nihil penitùs habuêre, ad hunc adolescen-
tem

tem à vitæ corruptela reuocandum. *Mon affection
est singuliere an votre androit, mais mon eloquance ne la peut assez exprimer*, Singulare quidem est
meum aduersùs te studium, sed longè tenuior
mihi suppetit eloquentia, quàm pro explicanda
eius magnitudine. *Mon extreme pauureté, mon
incroiable maladie, mon intolerable affliction, &
mon indicible patiance, l'ont an fin emeu à miseri-
corde*, Eum tandem ad misericordiæ sensum aliquem excitarunt extrema mea inopia, incredi-
bilis morbi atrocitas, intolerabilis afflictio, & in-
explicabilis omnium malorum patientia. *Mon
assez longue absance, & mon aussi grande discon-
tinuation de parler, & ecrire, m'ont fait oublier la
langue du pais*, Ad patriæ linguæ obliuionem me
deduxêre, tum longior absentia, tum loquendi,
scribendíque haud minùs longa intermissio.
*Mon autant grieue disete de liures, que de santé,
& mon ardante soif d'aprandre, me tiennent fort
an peine*, Me anxium habent maximoperè perinde acerba librorum, ac valetudinis egestas, & ar-
dens discendi cupiditas.

3 *Mon, deuient femenin, etant mis deuant, &
ioignant les Substantifs, & Adiectifs femenins, commançans par aspiration muëte, & insansible, &
deuant autres mots commançans par voiele, & seruans aux susdits*, Vernaculum, *Mon*, muliebre
genus contrahit, præmissum muliebribus Substantiuis, & Adiectiuis, spiritum lenem, ac mutum initio præferentibus, aut aliis vocabulis ab
littera vocali inchoatis, ante aspiratas illas voces
positis. *Mon haquenée, mon houplande, mon harquebuse, sont vers mon hotesse an gage, pour peu de
fait, & ie n'ai pas la maille pour les degager*, Gra-
darius

darius meus equus, cyclas penula, catapulta, exiguo ære apud hospitam oppignerata sunt, mihi
verò, vnde redimam, ne tenuis quidem vncia
suppetit. *Mon assez lointaine hotelerie, & mon au-*
tant foible, que grande haquenée, m'incommodent
pour la retraite, Longinquum satis diuersorium, &
æquè imbecillus, ac grandis equus, ad quotidia-
num receptum mihi non mediocriter incommodant.

4 *Mon, se change an, Ma, quand il precede vn*
autre mot, commançant par consonante, deuant les
Substantifs, & Adiectifs, portans an téte l'aspira-
tion muëte, Celticum, *Mon,* transit in, *Ma,* quoties
aliud quodpiam vocabulum, à consonante du-
cens initium, anteit Substantiua, & Adiectiua,
ab muto halitu inchoata. *Ma bonne haquenée, ma*
longue harquebuse, & ma forte espée, m'ont failli
au besoin, Meus ille insignis equus tolutarius,
procerior catapulta, & præualidus ensis, alieno
in primis loco, & tempore, me vnà defecerunt
omnia. *Ma vieille hotesse a bien eu de mon ar-*
geant, & tient ma riche houplande an gage pour
neant, & ne me fait credit d'vn denier, Vetus mea
hospita, tametsi multum æris olim ex me nacta,
nunc etiam chlamydem illam meam sumtuosam,
pauculis nummulis pigneratam occupat, quod
quadrantis tamen sit, mea fide mihi non com-
modarit.

·❀3·❀3·❀3·❀3·❀3·❀3·❀3·❀3·❀3·❀3·

N e.

1 **N** E, *Aduerbe negatif,* Francicum, *Ne,* est ne-
gandi Aduerbium. *Ne,* Ne, Non, Nec, Ne-
que

que. *Ie ne dois,ie ne peux,ie ne ſçai,ie ne veux faire ce,que tu demandes,* Nõ debeo,non poſsũ,non noui,nõ lubet efficere,quod à me poſtulas. *Ie ne connois,ne cetui-ci,ne celui-là.* Non noui,neque hunc, neque illum.Nec iſtum,nec illum habeo cognitũ.

Que ne te ſers-tu de l'occaſion preſante , Quidni vteris præſenti occaſione ? Cur non oblatam arripis gerendæ rei opportunitatem. *Si tu ne veux diner auec nous,ie ne te forcerai pas ,* Si non lubet, niſi gratum eſt , communi nobiſcum vti prandio,vim recuſanti non afferam.

　2 *Ne ,* ◆*Aduerbe prohibitif ,* Vernaculum, *Ne,* prohibendi etiam Aduerbium. *Ne te ſie point trop à ton iugemant,& experiance,* Ne plus æquo confidas iudicio tuo,ac experientia. *Ne t'ingere iamais des afaires de cete communauté,tant bigearre,* Ad tam moroſæ ciuitatis gerenda negotia, caue, tua ſponte,ac inuocatus,vmquam accedas. *Ne te ſoucie,que de faire bonne chere , & me laiſſe le ſoin du banquet ,* Id vnum modò cogita, vt te , pro menſæ copiis , lautè,ac liberaliter curatum velis, epuli verò inſtruendi curam mihi omnem relinque.

NEANTMOINS.

NEantmoins,*ce nonobſtant ,* Haud minùs. Nec minùs. Non minùs. Haud eò minùs. Nec ideò minùs. Non tamen minùs. Nihilo minùs. Nihilo ſeciùs. *Il plouuoit fort,neantmoins i'ai continué mon chemin ,* Continenter, acritérque pluebat, haud eò minùs tamen perrexi viam inſiſtere,nihilo tamen ſeciùs initum iter ſum perſecutus.

tus. *Le canon batoit inceſſammant notre infante-*
rie, neantmoins elle a dreſſé ſon eſcalade, & gaigné
la muraille , Haud intermittebat hoſtis peditem
noſtrum tormentis diuerberare, is nihilo tamen
ſegniùs perſtitit ſcalas admouere, ac erigere, in
murum ſcandere, eúmque occupare.

N I.

NI, *Aduerbe negatif, qui ne s'vſurpe iamais*
ſimple, mais du moins à double, ou plus fre-
quant, ſi beſoin eſt, Francicum , *Ni* , Aduerbium
eſt negantis , quod ſimplum in oratione adhibetur numquam , ſed minimùm duplum , aut fre-
quentius eo , ſi res poſtulabit. *Ni* , Nec. Neque.
Ni peu, ni trop, n'ont point de lieu és vertus, mais
la mediocrité , In virtutibus locum non habent,
nec parum, nec nimium , ſed inter vtraque recti
modi mediocritas. Extrema, quorum alteri deeſt,
ſupereſt alteri aliquid, in virtutem non cadunt;
ſed media, quibus inſunt ea , quæ ſatis ſint. *Ni le*
chaud ſeul, ni le froid ſeul, ne fait pas la bonne ſai-
ſon, mais le melange bien tamperé des deux , Neque
ſolitarius calor , neque ſingulare frigus , per ſe
congruentem tempeſtatem conflant , ſed de
vtroque probè miſta temperatio. *Ni toi, ni moi,*
ne ſommes pas conuenables iuges de notre diffe-
rant, mais l'equité , Nec tu, nec ego, noſtræ
controuerſiæ idonei ſumus arbitri, aut iudices,
ſed ipſa gratiæ omnis expers æquitas. *Ni le fer,*
ni le feu, ni la roüille, ni la vieilleſſe, ni l'anuie, ne
peuuent aucunement alterer les biens de l'ame, Nec
ferri, nec ignis, nec rubiginis, nec vetuſtatis, nec
G   inui

inuidiæ vlla vis conficere poteſt,aut corrumpere animi bona , ſub ictum teli non cadentia , & omnis expertia iniuriæ.

❧ ❧ ❧ ❧ ❧ ❧ ❧ ❧ ❧ ❧

O N.

N , *Lon* , *particules tenans place de nominatif* , *deuant les verbes de troiſieme perſonne ſinguliere,vſurpez à guiſe d'imperſonnels,* Vernaculæ voculæ , *On* , & *Lon* , nominandi caſus vicem obeunt, ante verba perſonæ tertiæ , imperſonalium verborum inſtar vſurpata. *An cete maiſon, iamais on ne conteſte,iamais on ne crie,car on i vit en bonne intelligeance,& chacũ vaque d'ordinaire à ſa beſogne* , In his ædibus, nec contenditur verbis vmquam , aut vllus editur clamor,quia conſentientibus viuitur animis , & quiſque ſuam in operam , & tranquillus , & intentus incumbit. *Voiés Lon.*

O R.

1 OR , *donques* , *Conionction illatiue* , Francicum,*Or* , Coniunctio eſt quidpiam ex dictis colligens, & inferens. *Or,*Ergo. Ideò. Igitur. Itaque.*Or marchons,veu que le tans, & le chemin nous conuie,*Pergamus igitur, quandoquidem , & tempeſtatis, & viæ nos inuitat commoditas. *Or ça , long tans i a que ie t'attans* ,Ergo adeſdum , quia pridem te exſpecto.

2 *Or,mais,Conionction aduerſatiue* , Gallicum, *Or* , Coniunctio aliquid ex aduerſo concludens.

Or,

Or, mais, At. Atqui. Sed. Tamen. Attamen. Verùm. Verumtamen. *Tu le nies, or ie le preuue par ta reponse meme*, Inficiaris, atqui ego ex ipſa tua reſponſione id probo, ac confirmo. *Vous ſuiués la doctrine d'Epicure, or ie vous demande, ſi l'aiant conſiderée, vous n'auez pas mille raiſons de la quiter*, Epicuri doctrinam illam ſtolidam, & ſpurcam conſectaris : ſed quæro ex te, num, ea inſpecta, & expenſa, animo ſuccurrant mille, ac validæ quidem rationes, faciendæ à magiſtro diſceſſionis?

ORE. ORES.

1 ORe, Ores, *Aduerbe tamporel*, Vernaculum, Ores, Aduerbium eſt temporis. *Ore, Ores, à cete heure*, Hac hora. Hoc tempore. Iam. Modò. Nunc. *Ores va partir vn vaiſſeau pour la Barbarie*, Modò nauis ſolutura eſt in Africam. Nunc vela faciet nauigium in proximam oram Africæ. *Ores la caualerie legere monte à cheual pour vne ſortie*, Nunc leues equites inſcendunt equos ad eruptionem in hoſtes.

2 *Ore, Ores, an ce tans, an cete ſaiſon*, Hac ætate. Hoc ſæculo. Hac tempeſtate. Hoc tempore. Hoc æuo. Hoc temporis. Nunc. Modò. Iam. *Ore les richeſſes peuuent tout, les merites ſont ſans credit*, Hoc æuo nihil non poteſt pecunia, nullo nec pretio, nec loco ſunt eximiorum virorum merita. *Ore le vice ſamble etre arriué à ſon comble, & dernier excez*, Hæc ætate videtur vitium euaſiſſe ad eum cumulum, ſupra quem exaggerari nequeat.

3 *Ore que* , *Oreſque* , *ancoreſque* , *combienque* , Etſi. Licèt. Quamquam. Tametſi. *Oreſque le ſoleil ne paroiſſe* , *ne s'anſuit pas* , *qu'il
doiue etre nuit*, Tametſi non ſit in conſpectu ſol,
tamen inde non cogitur neceſſariò eſſe noctis
tenebras. *Oreſque la lune eclaire fort de nuit*, *il n'eſt
pas neceſſaire* , *que cete clarté lui ſoit naturele*,
Quamquam de nocte vehementiùs ſplendeat
luna, ex eo tamen non efficitur, natura ipſi inſi-
tum illud ineſſe lumen.

4 *Orandroit, ore* , *ores*, Iam. Modò. Nunc. Hoc
tempore. *Voiés Ore*.

O v.

1 **O** v, *Aduerbe local*, *denotant l'androit*, *auquel
eſt placée* , *ou auquel ſe fait quelque choſe*,
Vernaculum, *Où*, loci Aduerbium eſt, locum de-
notans, in quo ſitum ſit , agatúrve quidpiam. *Où*,
Vbi. Quo loco. Quo in loco. Qua ſede. Qua in ſede. Vbi locorum. Vbi gentiũ. *A ton aduis*, *où furent
iadis les iles fortunées* , *& les iardins des Heſperi-
des ? dans le çantre de la lune* , *ou dans la ceruele
creuſe des ecriuains de Grece ?* Poſſiſne locum
aſſignare, vbi quondam fuerint inſulæ Fortuna-
tæ, hortíque Heſperidum; an in lunæ centio , an
in Græcorum Scriptorum inanibus cerebris. *Les
Geographes modernes ne peuuent ſpecifier* , *où eſt
l'ile Taprobane, dont parlent tant les anciens*, Vbi-
nam gentium ſit Taprobane inſula , quam adeò
celebrant veteres Scriptores, deſignare nequeunt
recentiores Geographi. *Pluſieurs Africains anciens ne ſceurent, où etoit la ſource du Nil* , *& plu-*

ſieurs

fieurs l'ignorent ancore de ce tans, Africanorum
plerique olim nefcierunt, vbi terrarum effet Nili
fluminis ortus , neque pauciores etiamnum
ignorant.

2 *Où, reprefante mouuemant vers vn lieu*, Francicum, *Où* , loci aduerbium , versùs locum motionem exprimit. *Où* , Quò. Quem ad locum.
Quem in locum. Quò versùs. Quem locum versùs. *Les fleuues coulent , où ils ont leur cheute plus
aisée, & promte* , Eò fponte amnes defluunt , quò
eos euocat pronior, & expeditior foli, & aluei de-
uexitas. *Où panfes-tu, que s'aillent randre les arondeles , cailles , & gruës , quand elles nous quitent*,
Quónam cenfes hibernatum abire hirundines,
coturnices , & grues , cùm folo noftro ex-
cedunt?

3 *Par où , par quel androit , par quele voie*,
Quà. Qua regione. Qua via. Quo tractu. *Par où
panfes-tu de gueer vn fleuue tant profond*, Quà
fperas te pedibus tam altum amnem poffe traiicere?

4 *D'où, de quel lieu*, Vnde. Quo ex loco. *L'où
viennent tant de cailles an cete campagne*, Vnde
tam frequentes coturnices in hos campos ad-
uolant?

O V.

*O*V, *conionction difionctiue*, Francicum, Ou , eft
difiungentis facultatis Coniunctio. Ou, Aut,
Seu, Siue, Vel. *Le foleil eft toufiours, ou deffus , ou
deffous notre hemifphere* , Sol perpetuò verfatur,
aut fupra, aut infra noftrum hemifphærium. *La*

lune est d'ordinaire,ou an croissant , ou an decours,
Luna in viciſſitudine,vel accretionis , vel demi-
nutionis,iugiter eſt poſita.

OVTRE.

1 *O*Vtre, *aduerbe local, pour, au delà* , Trans.
Vltra. *Outre les monts* , *delà des Alpes,*
Trans Alpes. Vltra Alpes. Trans Alpina iuga. Vltra Alpium iuga. *La Toſcane eſt outre les Alpes,*
Tuſcia eſt trans Alpes. Etruria eſt vltra Alpium
iuga. *La Gaulle Tranſalpine eſt cele, que nos Gaul-*
lois etablirent iadis outre les Alpes , Tranſalpina
Gallia, Vlterior Gallia ea eſt , quam noſtri popu-
lares Galli olim conſtituêre trans Alpes. *Qui eſt*
d'outre,qui eſt de par delà, hic, hæc Vlterior,hoc
Vlterius,oris. *L'Eſpagne,qui eſt outre la Citerieu-*
re , *l'Eſpagne Vlterieure* , Vlterior Hiſpania. *La*
Gaulle d'outre les monts , *l'Vlterieure* , Vlterior
Gallia. Tranſalpina Gallia. Tranſmontana
Gallia.

2 *Outre* , *Aduerbe exprimant l'exceʒ au delà*
*de quelque borne,& meſure,*Extra. Præter. Suprà.
Vltrà. *Outre l'equité* , Præter æquitatem. Extra
æquum.Extra æqui modum. Præter æquitatis leges.*Outre meſure* , Extra modum. Extra iuſtum
modum. Vltra recti,& æqui modum. *Outre rai-*
*ſon,*Præter rationem, æquitatémque. Præter, ac
ſupra rationis leges. Vltra rationis præſcri-
ptum.

3 *Outre,de plus,d'auantage* , Præter.Supra. Super. *Outre la depanſe de bouche* , *faut conter les*
medicamans,& les peines du medecin, Super ſumtus

tus in cibaria, eſt inducenda ratio medicamento-
rum, & mercedis in medicum.

4 *Outre,excepté,horſmis*, Extrà. Extrà quàm.
Præter.Si exceperis.Si demſeris. *Outre la figure,
il ne tient rien de l'homme, mais tout de la bete,*
Extrà quàm ſi figuram ſpectes, hominis nihil
prorsùs habet, ſed vniuerſa meræ belluæ.

5 *Outre,an outre,outre plus*, Adhæc. Inſuper.
Prætereà.Adde quòd.Huc accedit. *Ce n'eſt aſſez,
que tu ſois an l'armée:car outre ce,il faut combatre,*
Haud ſatis eſt, vt agas in caſtris : nam inſuper
etiam te cum hoſte manum oportet conſerere.

❦❦❦❦❦❦❦❦❦❦❦

P A R.

1 AR, *Prepoſition marquãt l'androit du
paſſage,& voie de lieu à autre,*Francicum,*Par*,Præpoſitio eſt,traiectus,
ac viæ ex loco in locum,certam re-
gionem deſignans.*Par*,Per. *Par le haut*, Per celſa.
Per ſumma. Per celſa loca. Per celſa locorũ. Per
alta locorũ. *Par le haut nous allons touſiours à ſec,*
Per celſa eius loci,ſicca ſemper via iter facimus.
*Par le haut de la colline, le chemin eſt plus court,
& plus agreable ,* Per iuga collis iter breuius, ac
iucundius eſt.Ipſis cliui iugis via, & contractior,
& amœnior eſt.*Par le bas*,Per inferam viam. Per
depreſſius iter. Infera via. Inferiore via. Deie-
ctiore itinere. Humiliore itineris regione. *De
France an Italie on va par le haut , & par le bas
des Alpes*,Ex Gallia in Italiam traiicitur, vel Alpium iugis,vel conuallibus,aut ſummis, aut imis
Alpibus, per Alpium ſumma,imáve. *Et par eau,*

G 4　　　&

& par terre, la traite du chemin est egale, &
agreable, Seu terra, feu aqua iter feceris, æqua-
lis eft viæ longitudo, & perinde vtrinique
amœna.

2 *Par, denote vn lieu indeterminé d'assiete, de*
residance, d'action, d'origine, & de teles autres cho-
ses, Gallicum, *Par,* haud definitum denotat locum
fitus, manfionis, ortus, actionis, ac rerum aliarum
eius generis. *Par ces campagnes, & bois se treuuent*
quelques hameaux epars, qui çà, qui là, Per plana
horum camporum, & aperta filuarum, deprehenduntur folitariæ aliquot, ac raræ rufticanæ villæ.
Mediis hifce campis, atque filuis infrequentes,
fparsímque diffipatæ agreftes cafæ offenduntur.
Par le haut des cotaux habitent les bergers, & par
le bas les laboureurs, Iugis cliuorum paftores incolunt, imis collibus habitant agricolæ. *L'on voit*
tous les iours des grandes esquadres de bandoliers
par toute la côte, par la croupe, & par le pied du
Pyrenée, Quotidie ingentes globi graffatorum
armati, toto Pyrenæi, & cliuo, & ima eius valle
obferuantur. *Tous les vols ne se commettent pas*
par les bois, & chemins, il s'an pratique beaucoup
par les places, & ruës des villes, Non quidquid la-
trociniorum eft, per occulta filuarum, & deferta
viarum admittitur, nam pleraque, ac grauia, in
hoc genere, apertis vrbium compitis, ac vicis
perpetrantur. *Les rares, & excellans simples ne*
naissent pas an nos iardins, mais par les androits
plus deferts, & ecartés des Alpes, & autres grands
monts, Medicarum herbarū exquifitiffimæ, ac fe-
lectiffimæ haud quaquam nafcuntur in hifce manu confitis hortis, fed per Alpium, cæterorúmque
montium defertiffima, reconditiffimáque iuga.

3 *Par*

3 *Par, declare la saison, pandant laquele, le tans,
durant lequel passe , ou se fait quelque chose,*
Vernaculum, *Par* , ratione temporis exponit, quo
aliquid intercedit , aut geritur. *Le cheminer à
pied est intolerable par ce grand chaud, & an montant* , Per hosce æstus, pedestris, & erecta in cli-
uos via, est intolerabilis. Immodicis hisce ardo-
ribus , pedestre, ac in colles rigidum iter tolerari
haud quaquam potest. *Par ces longues pluies, on
ne sçauroit sortir de ce terroir marecageux* , Per
diuturnas hasce pluuias palustri ex hoc solo pedem efferre neutiquam licuerit. Tot iam dierum
pluuio hoc tempore, nemo possit ex tam aquoso,
ac putri agro emergere. *Par ces apres froidures,
toute notre besogne est reduite sous le couuert,* Per
hanc adeò acerbam brumam , omne nostrum
opus sub operta tecti redigitur. Hac frigorum
asperitate , vniuersi operis procuratio sub tecto
exercetur.

4 *Par, exprime la cause efficiante, operant d'elle
meme an vne action* , Celticum, *Par* , actionis ef-
ficientem causam , ex sese agentem , exprimit.
Par soi, Per se. De se. Ex se. *Par soi-meme* , Per seipsum. Per sese. Ex sese. De se , ac sua vi. Seipso,
ac nulla ope alterius. *Selon Aristote , le ciel roule
par soi meme, sans aide d'autrui , an suite de la fa-
culté naturele , que Dieu lui a imprimée* , Cælum
per sese, ex sese , sua ipsius vi, ac nullo impellente , in orbem continenter agitur , ex ea facultate, quam ei Deus ad idipsum indidit, vt Aristote-
les docet. *La terre par soi produit , sans aucune
culture, vn monde d'exquises plantes,* Exquisitarum
stirpium infinitam copiam tellus edit , ac fundit
per sese, de se, ex sese, sua ipsius vi , nulla culturæ

accedente ope. *Nulle chofe ſeparée de toute autre peut ſubſiſter par ſoi meme,* Nullum genus rerum, auulſum ab cæteris omnibus, per ſeipſum, ex ſeſe, ſeipſo conſtare poteſt. *Ie ne ſuis iamais mieux ſerui, que par moi meme,* Per alium nullum opportunius vmquam mihi adhibetur miniſterium, quàm per memetipſum.

§ *Par,* explique la cauſe inſtrumantaire d'vn effet, Vernaculum, *Par,* primoris cauſæ adminiſtram cauſam explicat. *Par autrui,* Per alterum. Alterius miniſterio. Adhibita alterius opera. *Le Prince ne peut tout faire par ſoi, mais faut qu'il exſecute la plus part de ſes volontés par autrui,* Princeps nequit omnia per ſeſe efficere, ſed opus eſt, decretorum ſuorum pleraque per alium exſequenda curet, aliena opera exſequatur. *Si ie pouuoi tout exploiter par moi-meme, ie ne feroi iamais rien par procureur,* Si omnia per me poſſem præſtare procuratori nihil omninò mandarem, procuratoris operam numquam adhiberem. *Qui panſe ſon cheual par procureur, merite d'aller à pied,* Quiſquis aliena opera iumentum ſuum procurat, dignus eſt, cuius equus procuranti cedat, ipſe verò pedibus ſuis iter obeat. *Tu dineras par procureur, comme tu as fait prouiſion, & appareillé ton diné par procureur,* Vti aliena manu, & opera annonam conquiſiſti, & prandium apparaſti, ſic ore alieno, non tuo, veſcère comparatis. *Par l'antremiſe de ſes amis, il s'eſt bien iuſtifié vers le Prince,* Interpoſita idonea amicorum opera, egregiè ſe Principi purgauit. *Par ſes lettres il nous a eclarci de toutes nos doutes,* Quidquid dubitationis ex negotio naſcebatur, id funditùs per ſuas litteras exhauſit, ſuſtulit, abſterſit.

6 Par,

6 *Par*, *declare la qualité de la cause mouuan-*
te, & la maniere de l'action, Gallicum, *Par*, mo-
uentis causæ rationem, & actionis conditionem
declarat. *Par colere*, Per iracundiam. Per iram.
Ex iracundia. Ex ira. Impellente iracundia. Pro-
uocante ira. *Par anuie*, Inuidia. Per inuidiam. Ex
inuidia. Inuidiæ inſtinctu. Stimulante inuidia.
Il t'a outragé par ſurpriſe de colere, ſans malice,
Haud alieno inductus animo, ſed ſubito iracundiæ impetu , tibi conuicium fecit. *Ie ne le di*
point par malueillã ce, mais pour repreſanter le na-
turel du fait, Nulla ductus maleuolentia hæc loquor, ſed vt geſtæ rei rationem explicem. *Vn tel*
cas n'a peû etre commis , que par extreme mechan-
ceté, Haud admitti potuit huius generis facinus,
niſi per ſummam fraudem, ac malitiam.

7 *Par, ſans toucher à la cauſe, ſpecifie la condi-*
tion de l'action, Vernaculum , *Par*, nulla interpoſita mentione cauſæ , actionis naturam deſignat. *Par inaduertance , par megarde*, Per incogitantiam. Per inconſiderantiam. Per impruden-
tiam. Ex imprudentia. Ex incogitantia. Ex in-
conſiderantia. *Cete promeſſe m'eſt echapée par in-*
aduertance, Incogitanti mihi excidit iſtuc pro-
miſſi. Incogitans feci , vti me hoc promiſſo ob-
ſtringerem. Hæc ſponſio per incogitantiam ex
ore mihi elapſa eſt. *Par ſurpriſe on l'a ambarraſ-*
sé an vne mauuaiſe afaire, Ex inſidiis incautus in
moleſtiſſimam cauſam eſt irretitus. *Il temogne*
grande affection anuers moi mais par pure feintiſe,
Beneuolentiæ aduersùm me præ ſe fert plurimum , ſed per meram ſimulationem, ſed ſimula-
to prorsùs animo, ficta penitùs mente, ſed ex manifeſta ſimulatione animi.

8 *Par, represante le fondemant de droit, & au-*
ctorité de dire, faire, ordonner , permettre, quoi que
ce soit, Francicum, *Par,* rationem iuris, & auctoritatis exponit, qua quid dicitur, fit, decernitur,
permittitur. *Par nos coutumes n'est pas permis d'e-*
uoquer aucune cause ailleurs , Ad alienum tribu-
nal litem euocare, moribus nostris non licet, per
consuetudines nostras est nefas, moribus consti-
tuto iure nostro vetitum est , municipali nostro
iure prohibetur. *Par nos priuileges l'election de tous*
nos magistrats nous appartient , Priuato nostro iure , ex prærogatiuo huius ciuitatis iure , arbitri;
nostri est omnium magistratuum nostrorum le-
ctio.

9 *Par, denote le fondemant, & regle de la pro-*
cedure, qu'on tient an agissant , Gallicum , *Par,*
quibus argumentis, quibus ex institutis, ac pro-
nunciatis quid geratur, denotat. *Par principe de*
santé il ne boit point de vin , & ne mange iamais
chair , Ex legibus tuendæ valetudinis, tum vini
potu, tum carnis esu penitùs abstinet. *Par prin-*
cipe de droit diuin , & naturel, tu te dois abstenir
de cet acte, Ex diuini, naturalísque iuris præscri-
ptione , huiusmodi actionis genere abstinere te
oportet. Vt ex regula diuinæ, naturalísque legis
te, tuáque dirigere videare, hoc facinore tibi omninò abstinendum est. *Par consideration d'etat se*
commettent beaucoup d'iniustices, & impietés , Ex
arcanis illis , & sacrosanctis placitis, ac legibus
publici status tuendi , iniqua, & impia pleraque
perpetrantur quotidie.

10 *Par, exprime la consideration , & respet de*
quelque chose de merite , an termes d'obsecration,
d'obtestation, & priere, Vernaculum, *Par ,* obse-
cratio

crationibus , obteſtationibus, ac precibus inter-
ponendis, præſtantis rei dignat.onem, veneratio-
némque exprimit. *Ie te coniure par tout ce, que tu
as de plus cher, & plus reſpectable au monde , Per
quæ tibi cariſſima, & religioſiſſima ſunt , te obteſtor , atque obſecro. *Ie te ſupplie , vrai paran-
gon des caualiers , par ta dextre inuincible , & par
ta clemance nompareille , Per illam tuam inui-
ctam dexteram, pérque incomparabilem clemen-
tiam , bellatorum heros præcellentiſſime, te oro,
atque obteſtor.

11 *Par, repreſante l'auctorité, & reuerance de
ce qu'on prand à temoin , an fait de iurcmans, &
ſermans,* Celticum, *Par,* eius rei, cuius in iureiu-
randis, & ſacramentis teſtimonium interponitur,
auctoritatem, ac venerationem ob dicentis, au-
dientiſque oculos proponit. *Chaque ſoldat a iuré
par la vie du Prince, de ne point quiter ſon drapeau,*
Militum quilibet per ſalutem Principis ſacra-
mento adactus eſt, ſigna minimè deſerturum, Sacramento dixit omnis miles , ab ſignis nequaquam ſe diſceſſurum. *Il a iuré par Iupiter la pierre, par Iupiter de pierre, à la mode antique des ſermans ſollamnels,* Iouem lapidem iurauit. Per Iouem lapidem deierauit. Interpoſito Ioue lapide
iuſiurandum concepit. Ioue lapide adhibito te-
ſte , ſacramentum nuncupauit. *Par la tete d'vn
oignon , & le vantre d'vn naueau , ie ne ferai rien
de ce, que tu demandes,* Cepæ caput, & napi aluum
iuro, non faciam, quod rogas. Per cepæ bulbum,
& napi viſcera deiero , non facturum me , quod
poſtulas. Ita me iuuet , & cepæ bulbus , & napi
aluus, vti ego præſtaturus ſum, quod petis.

PARCE

PARCE.

*P*Arce , *d'autant, pource* , Idcircò. Ideò. Eâpropter. Propterea. *Il s'est randu contumace ,
& parce il est condamné puremant, & simplemant,*
Contumacem se iudicibus præbuit, idcircò, vti
sua fuga, & contumacia conuictus, criminis dã-
natus est. *Le soleil n'echaufe gueres cete plaine, &
parce les fruits n'i meurissent pas bien ,* Hanc agri
planitiem sol parum commodè calfacit, ideóque fruges in ea non satis maturescunt. *Parce que,*
Quia. Quòd. Quoniam.

PARMI.

1 *P*Armi, par dedans , an fait de choses materie-
les , In. Inter. *Parmi la multitude , dans la
tourbe,* In multitudine. In turba. Inter turbam. Inter multitudinem. *Il se cachoit parmi la tourbe,* In
turba sese abdebat. Inter turbam se occultabat.
In confusa multitudine delitescebat. *Parmi la
bonne monnoie s'an treuue de la fausse.* In probis
nummis improbi deprehenduntur. Inter legiti-
mos nummos adulterinorum aliquid inuenitur.
Parmi ce froumant n'i a pas vn grain d'iuraie, In
toto hoc tritico, lolij ne vnum quidem granum
inest.

2 *Parmi, antre, par dedans, an termes de choses immaterieles ,* Inter. Per. *Parmi les treues,* Inter inducias. Per inducias. Inter induciarum
dies. Per induciarum tempus. Intereà dum sunt
                                                                    induciæ,

induciæ. Per eos dies, quibus induciæ agitantur. *Parmi les feries, & vacations du palais*, inter forenſes vacationes. Inter forenſe iuſtitium. Per fori iuſtitium. Per fori vacationes. *Parmi les treues des armées, les ſoldats d'vn parti, & d'autre ſe ſont entreueus, & traités,* Inter exercituum inducias, milites aduerſarum partium, colloquio, ac menſa ſeſe mutuò acceperunt, colloquium inter ſe, & menſam amicè communicarunt. *Parmi trois quintaux de procés ne ſe trouue pas vne once de bienueillance,* Inter trecenas litium libras, ne vncia quidem beneuolentiæ deprehendatur.

P A R Q V O I.

PArquoi, *par ainſi, partant, pourtant*, Eapropter. Ergo. Idcircò. Ideò. Itaque. Quamobrem. Quare. Quamobrem. Propterea. *Il a failli par megarde, parquoi ie te prie lui pardonner*, Imprudens, ac ſine fraude, peccauit, obſecro itaque, ipſi noxam condones. *Le ſoleil arrete peu, & aſſez bas, auprés de nous, parquoi il ne nous chaufe gueres,* Exiguo tempore apud nos, & depreſſa cæli regiòne ſol verſatur, idcircò modicum calorem nobis inuehit, & imprimit.

P A R T A N T.

1 **P**Artant, *par ainſi, pourtant*, Ergò. Ideò. Idcircò. Igitur. Eapropter. Eam ob rem. Propterea. *Tu n'as pas participé à notre trauail, partant tu n'an dois pretandre aucun profit,* In noſtrum

ſtrum laborem nihil contuliſti penitùs, eapropter nihil ex eo compendij te exſpectare oportet. *La nuit n'eſt point chauſée des rais du ſoleil,*
partant elle eſt plus humide, & froide, que le iour,
Nox ſolaribus radiis minimè caleſit, proptereà
ipſo die longè humidior eſt, atque frigidior.

    2 *Partant, à tel ſi que, à condition,* Ea condi-
tione. Ea lege. Eis conditionibus. Iis legibus. Si
tamen. Id quidem certè, ſi tamen. *Ie vous ſerai*
ami, partant que, veus ne me requerrés de choſe in-
deuë, Me amico vtéris, ſi tamen, amicitiæ nomine, iniqui nihil exiges : ea lege, vt probo viro indignum nihil poſtules.

P L V S.

1 **P**Lus, *Aduerbe, ſignifiant, d'auantage, an nom-*
bre, Francicum, *Plus,* Aduerbium eſt , ſigni-
ficans ampliorem multitudinem , frequentio-
rem numerum. *Plus* , Magis. Ampliùs. Plùs.
Pluſquàm. Ampliùs quàm. Plures, ium. Plura,
ium. *Plus de cinq çans* , Magis quingenti. Magis quàm quingenti. Plus quingenti. Plus quàm
quingenti. Plures quingentis. Ampliùs quingenti. Ampliùs quàm quingenti. *Ils marchent*
plus de trois çans de front , Vno ſtructi ordine
incedunt magis trecenti , ampliùs trecenti,
plùs trecenti, magis quàm trecenti , ampliùs
quàm trecenti, plùs quàm trecenti, plures tre-
centis. *Il eſt âgé de plus de ſix vints ans , & n'eſt*
point gris, Minimè canus eſt , tamen eſt natus
annos magis centum viginti, magis quàm centum viginti , ampliùs centum viginti , plùs centum viginti, plùs quàm centum viginti , plures

centenis

centenis vicenis. *Plus de cheuaux, que de che-*
uaucheurs, Equorum ampliùs, quàm equitum.
Equorum plùs, quàm equitantium. Equi plures,
quàm equites. Iumenta plura, quàm feſſores.

2. *Plus, d'auantage, an quantité*, Ampliùs. Magis. Plùs. *Ce grand cors a bien plus de chair, que*
de courage, & de force, Ingens iſtud corpus longè plus habet carneæ molis, quàm animorum, ac
roboris, multò eſt magis inſtructum adipe, quàm
animo, & viribus. *La profeſſion des armes traine*
plus de haſard, & de fatigue, que d'honneur, &
de profit, Militaris vitæ ratio longè plùs diſcri-
minum, & ardui laboris ſecum inuehit, quàm
compendïj, atque honoris vmquam afferat. *Vn*
peu plus, que vous ne dites, Ampliùs aliquan-
tulum, quàm dicas. Aliquantò magis, quàm quantum pronuncias. *Plus, ou moins, peu plus, peu*
moins, Plùs, minùs. Plùs, minúſve. *Il a herité de*
çant mille, plus, ou moins, Centum millium, plùs,
minúſve, hæreditatem tulit. Centenûm millium,
plus, minúſve, factus eſt hæres. *Au plus, pour le*
plus. Summum. Ad ſummum. Vt maximè. Vt
plurimùm. Vt ſumma ſint omnia. Vt ſumma
dicamus. *On ne conte que trois iournées, au plus*
quatre, Eò vſque numeratur tridui, ſummùm
quatridui, via. Eum ad locum vſque cenſetur
vulgò iter dierum trium, vt ſumma omnia
faciamus, quatuor, vt longiſſimum iter pro-
nunciemus, quatuor. *De plus an plus*, Magis,
ac magis. Magis, magiſque. Plùs, plúſque. *Il*
croit tous les iours, de plus an plus, an reputa-
tion, In dies ſingulos magis, magiſque exi-
ſtimatione prouehitur. Quibuſque diebus fama
florere plùs, plúſque pergit.

3   *Plus,*

3 *Plus, d'auantage, an durée de tans*, Ampliùs.
Diutiùs, Diuturniùs. Plùs. *La place ne peut tenir
plus de trois iours* , Plùs tres dies obsidionem aix
ferre non potest. Plùs tribus diebus obsidentium
vim arx tolerare nequit. *Tõ frere desire, que tu de-
meures plus que cela prés de lui* , Impensè cupit
frater tuus, vti paullò plùs vnà cum eo sis.

4 *Plus, d'auantage, an qualité*, Magis. *Son discours, sur le meme suiet, est bien plus naturel, que le
tien* , Eius disputatio , eodem de argumento , est
multò magis ab natura , ab naturæ principiis,
quàm tua, longè magis est ex natura rei , ex ratione argumenti , quàm tua. *Votre maniere de
camper, & de combatre, est beaucoup plus labo-
rieuse, que la notre,mais aussi est-elle plus asseurée,*
Et castra ponendi , & cum hoste congrediendi,
vestra omnis longè quidem est, quàm nostra, la-
boriosior ratio, sed eadem etiam tutior.

5 *Plus, à meilleur droit , & suiet , à meilleure
occasion*,Ampliùs. Magis. Plus.*Tu apprehanderois
plus la charge du menage ,si tu an auois fait essai,*
Alendæ, regendæque familiæ onus verearis multò magis, si rem ipsam esses aliquando periclita-
tus. *Tu t'etonnerois bien plus ,si tu auois l'annemi
chés toi,que chés tes voisins* , Tantò vehementiùs
expauesceres , si victorem , & dominantem hostem haberes in ipsis domus penetralibus, quàm
si eumdem apud vicinos esse sentires.

6 *Plus,d'auantage an estime,merite,pris,valeur,*
Ampliùs. Pluris. Suprà. *Au iugemant de l'homme
d'esprit , plus est l'honneur , que les biens, & la vie,*
Intelligétis viri iudicio, longè pluris est honor,
quã fortunæ,ipsáque adeò vita;lógè supra quas-
libet facultates, ac vitã est existimationis ratio.

7 *Plus,de plus,outre ce,an outre.*Adhæc.Insuper.
Præterea. Adde quod. Huc accedit. *Il est con-*
uaincu de meurtre : plus,de plus on l'accuse de fauf-
*fe monnoie,*Cędis compertus est:sed insuper adul-
teratæ monetæ accersitur.

8. *Plutot , auparauant , auant tel tans ,* Antè.
Citiùs. Maturiùs. Præ. Priùs. *Tu deuois parler*
plutot , Te loqui oportuit antè,anteà,citiùs, maturiùs,priùs. *Plutot que,* Antè quàm. Anteà quàm.
Citiùs quàm. Priùs.

9 *Plutot,auparauant,mieux,an matiere de chois,*
*an fait d'election,*Potiùs.Priùs.Satiùs. *Il mourroit*
plutot , que de reculer vn doit, à la melée , Potiùs,
priùs , satiùs , lubentiùs duriore occumbat leto,
quàm vt latum digitum cedat in prœlio.

P O V R.

1 POur,*an place,au lieu de,*Pro.In locum.Loco.
Pour vn ami tu auras an moi vn frere , Pro
amico,amici loco,in amici locum , nactus in me
fratrem fueris. Qui anteà me amicum habueris,
experiêre deinceps germanum fratrem. Cedam
tibi frater in amici locum.Tibi accedam germa-
nus,nudi amici loco.

2 *Pour, à cause, pour respet de,* Causâ. Gratiâ.
Nomine. In gratiam. *Pour vn tel ami ie ferai*
tout , Nihil non fecero huiusmodi amici causa,
nomine, gratia.In gratiam tam singularis amici,
nihil penitùs recusem facere.

3 *Pour, tout ainsi que legitimemant,que vraie-*
mant, Vti reuerà. Vti planè. Vt omninò. Vt verè , ac legitimè. *Ce matin , tien moi pour excusé,*
Matu

Matutinis horis, habe me excufatum. Meam ex-
cufationem , quæfo , accipe in maturinum hoc
tempus. *Ie te tien pour ami , pour mon ami , pour
vrai ami .* Cenfeo te in amicis meis. Habeo te
vti amicum , vt verè amantem mei. Duco te in
amicorum numero, inter amicos.

    4 *Pour , à l'auantage , an faueur , au benefice
de ,* A. Ab. Pro. Secundùm. *Les deux tiers plus fains
de la ville font pour moi, le refte fait pour ma partie aduerfe,* Ciuitatis duæ partes faniores faciunt
à me, funt à me, ftant pro me, mihi fauent, mihi ftudent , reliqua pars pro meo aduerfario pu-
gnat. *Le texte formel de la loi , & l'auis de tous les
doctes, eft pour moi, an cete caufe ,* In caufa hac , &
ipfa concepta iuris verba, & doctorum omnium
communis fententia , pro me facit, fecundùm
me facit. *Il a eté iugé pour le demandeur,* In gratiam petitoris, fecundùm petitorem iudicatũ eft.

POVRCE.

1 **P**Ource, parce, par ainfi, pour autant- Ergo. Idcircò. Ideò. Itaque. Iam ob rem. Eapropter.
Proptereà. *Pource eft-il iour , que le foleil luit fur
notre hemifphere.* Ideò eft dies, quia fol lucet fupra noftrum hemifphærium. *Le foleil nous eft caché partie du matin, & pource nous auons des che-
tiues vignes,* Magnam partem matutini temporis
fol nobis occulitur, idcircò deterrimas vineas
habemus.

    2 *Pource que , à caufe que ,* Quia. Quòd.
Quoniam. Idcircò quòd. Ideò quia. *Le ciel roule,
pource qu'il doit illuftrer toute la terre , non à la
fois,*

fois, mais succeſſiuemant, In orbem agitur sol,
quòd ab eo terram colluſtrari oporteat , & quidem, non vniuerſam ſimul, ſed per partes, & vario tempore. *La terre ne roule pas , pource qu'elle
eſt le ſol des creatures , qui requierent repos , pour
leurs fonctions* , Eapropter terra non mouetur,
quòd eſt earum omnium rerum fundamentum,
ac ſedes, quæ, ad ſuas obeundas functiones, egent
quiete.

P O V R Q V O I.

1 *Pourquoi , cauſe pour laquele* , Eapropter.
Quapropter. Eam ob rem , Quamobrem.
Quare. *Il a fort pleu, c'eſt pourquoi les riuieres re-
gorgent* , Plurimum aquæ pluuiæ decidit, eapropter exundant flumina. *Il a tout depanſé an ſa ieuneſſe, voila pourquoi an la fleur de ſon âge il meurt
de faim* , Adoleſcens cùm eſſet , patrimonium
vniuerſum abliguriuit, eam ob rem nunc vir factus fame contabeſcit.

2 *Pourquoi, à quele cauſe* , Quamobrem. Cur.
Quare. Qua de cauſa. Qua ex cauſa. Quam ob
cauſam. Quorſum. *Pourquoi plaides tu , ſi tu ne
veux antrer an depanſe ?* Si ſumtuum nihil facere decreuiſti, cur in aleam litium ingrederis,
quorſum te litibus implicas, quamobrem ſta-
tuis experiri iudicio ? *S'il craignoit les cous , & le
bruit du canon, pourquoi a il epouſé le train des armes ?* Si eum terret plagarum dolor, muraliúmque
tormentorum tonitrus, vt quid militarem palæ-
ſtram ſibi ſuaʼſponte deſpondit ?

3 *Le pourquoi, la cauſe, la raiſon , le ſuiet, l'occaſion de quoi que ce ſoit* , Argumentum. Occaſio.
Cauſa.

Cauſa. Ratio. *Le pourquoi d'vne action, d'vn fait.*
Rei gerendæ occaſio, argumentum, cauſa, ratio.
Cauſa, cur res quæpiã geſta ſit. Quamobrē quidpiam, & geſtum ſit, & ita geſtum, ratio. *Ie de-*
mande, qui me fait venir ici, & le pourquoi, Quæro, quis me huc euocarit, & quamobrem. *Vous*
me trauersés an tout, & ie ne vous fis onques le
pourquoi, In omnibus te mihi infeſtum præbes
aduerſarium, qui tamen nihil vmquam in te
commiſi, quamobrem id meritò faceres. *Les*
Princes font beaucoup de choſes, dont tu ne dois de-
mander le pourquoi, car ils ont des motifs de leurs
actions, que tu ne penetres pas, Plurima decernunt,
& faciunt Principes, quorum nefas eſt te rationem exquirere, nam grauibus, & abſtruſis quibuſdam ad ſtatuendum, & agendum impelluntur
cauſis, quæ oculorum tuorum, vt maximè Lyn-
ceam, ſugiant aciem.

POVRTANT.

POurtant, *partant, pource, parce,* Ergo, Idcircò, Ideò, Itaque, Eam ob rem. Quamobrem.
Eapropter. Quapropter. *Les etoiles ſont bien*
plus elognées de terre que la lune, & pourtant el-
les paroiſſent moindres, Multò longiùs abſunt à
terra ſtellæ, quàm Luna, eapropter exiliores no-
ſtris apparent luminibus. *Tu as long tans perſeue-*
ré an contumace, & pourtant tu es iuſtemant de-
cheu du benefice de pardon, Diutiſſimè perſeueraſ-
ti in obſtinata contumacia, eam ob rem omni
beneficio exorandæ veniæ meritò excidiſti.

POVRVEV QVE.

POuruen que, *moiennant que*, Dum. Dummodò. Si modò. Si nihilo minùs. Siquidem. *Pourueu que tu vueilles, tu le peux*, Id quidem potes omninò, si quidem voles, dum adieceris animum, si modò voluntatem eò contuleris. *Ie t'an prie, pourueu que ie ne t'incommode, ce faisant.* Eam rem abs te peto magnoperè, quod tuo fiat commodo, quod nullo tuo fiat incommodo, sine tuo vllo fiat incommodo, vt quidem tibi nihil incommodet. *On te l'accorde, pourueu que ce ne soit au preiudice du public*, Eius rei sit tibi potestas, dum ne officiat publicæ rei, quod fiat saluis publicis commodis, integris publicæ rei vtilitatibus.

PRES.

1 PRés, *prepofition locale, denotant voifinance d'afsiete, refidance, feiour, & famblables*, Vernaculum, *Prés*, loci est præpofitio, situs, habitationis, moræ, fedis, ac rerum eiufmodi propinquitatem defignans. *Prés*, Ad. Apud. Iuxtà. Propè. In propinquo. *Plus prés.* Propiùs. *Fort prés*, Proximè. In proximo. *Pres la riuiere.* Ad amnem. Ad fluuium. Apud amnem, fluuium, flumen. Prope flumen. In propinquo amnis. *Prés, & fur la riue de Seine*, Secundùm Sequanam. Ad ipfam Sequanam. Secùs amnem Sequanam. Ad ipfam ripam Sequanæ. *Villes affifes prés la mer*, Maritimo littori impofitæ

pofitæ vrbes. In ipfa ora maris fita oppida. Secundùm maritimam ripam pofitæ vrbes. Propter
mare fita oppida. Finitimæ mari vrbes. Propin-
qua mari oppida. Oræ maris appofitæ vrbes. *Des
officiers Roiaux les vns refident prés le Roi, les autres ailleurs, felon que requiert leur charge*, Regiorum miniftrorum alij apud Regem ipfum, in familia Regia degunt, alij locis aliis, quò eos euocat muneris functio. *Nous tenons vn fyndic ordinaire, prés du Confeil, pour les afaires de la communauté*, Procuratorem publici iuris affiduum
habemus apud Regium Confilium, qui ciuitatis
gerat negotia. *Qui n'a que faire prés des grands,
ne s'i tienne, s'il ne veut depanfer le fien hors de
propos*, Cui nihil eft negotij apud Principes, in
comitatu Principum, apud Principum aulam,
inibi ne verfetur, nifi velit fruftrà, & breui fuam
pecuniam profundere.

2 *Prés, marque fouuant vne voifinance de tans,
d'occafion, de faifon, d'action, & d'autres chofes rap-
portées au tans*, Gallicum, Prés, fæpenumerò temporis, occafionis, tempeftatis, actionis, & eiufmodi rerum, tempori accidentium, vicinitatem
quamdam denotat. *Prés*, Propè. In propinquo.
Qui eft prés, Propinquus. Finitimus. Vicinus. *Prés
de l'iffuë de l'an*, Prope anni exitum, finé. Sub anni exitum, finem. *Nous etions prés de la fin d'hiuer*, Propè hiemis exitum verfabamur. Prope exeuntem brumam agebamus. Exeunti brumæ propinqui eramus. *Aians rioté quelque tans, ils etoient
prés de fe bacre*, Poft aliquanti temporis iurgia, in
propinquo erant, vt depugnarent. Interpofita
nonnulla rixa, eò deuenerant, vti manus effent
conferturi, vt ferro effent decreturi. *Il etoit prés
de*

*de ſe perdre,ſans ce bon ami,*Eò ſalutem ſuam ad-
duxerat,vt neceſſariò periret,niſi eius hic ſingularis amicus opportunè interceſſiſſet. *Ie t'ai veu*
prés de la mort , Vidi te , cùm proximè abeſſes ab
nece.Vidi te,cùm proximè interitum verſarêie.

3 *Preſque,à peu prés,quaſi,*Ferè.Fermè.Propè.
Propemodum. Pænè. *Preſque iour ,* Ferè dies.Fer-
mè lux.Pænè clarum dici.Liquida luce haud procul.*Preſque acheué ,* Tantumnon abſolutus. Ab-
ſoluto haud procul. *Son bel ouurage etoit preſ-*
*que acheué , quand il eſt mort,*Cùm è viuis exceſſit,ipſius inſigne opus in proximo erat,vt abſol-
ueretur, colophonem attigerat,ad faſtigium pænè addu
ctum erat. *Preſque perſonne,*Fermè nullus. Ferè nemo. *Il ne reſte preſque perſonne an*
*ville,*In oppido ferè nullus reſiſtit,ſupereſt,reſtat.

P v i s.

1 P*vis , aprés,depuis,*Dein. Deinde. Exin.Exin-
de. Inde. Pòſt.Poſteà. Tum. *Ceci,puis cela,*
puis cela , Primùm hoc,dein illud , atque illud.
Il me demande an preſt mon cheual , puis mes ar-
mes , puis de l'argeant , puis mes valets , Mutuum
equum à me poſcit primùm , deinde arma , pòſt
pecuniam, tum famulos. *An batiſſant , premiere-*
mant on fonde les murailles , puis on les leue hors
du ſol , puis on iete les planchés , puis le couuert ,
Struendo ædificio primùm iaciuntur parietum
fundamenta,exinde ſupra ſolum educuntur ipſi
parietes . poſtmodum ſternuntur tabulata,deni-
que tectum imponitur.

H   P v i s

PVISQVE.

PVisque, *d'autant que, pour autant que,* Quando. Quandoquidem. Quia. Quoniam. Cùm. *Puisque la loi l'ordonne, il faut acquiescer,* Quando lex de eo nominatim cauet, in ea acquiescendum est. *Puisque le Prince le commande , & il est iuste, tu doisobeir,* Quoniam & ipse Princeps iuber, & sua sponte æquum est, te oportet obtemperare.

QVAND.

1 QVAND, *à quele heure , an quele saison, an quel tans,* Quando. Qua hora. Quo tempore. Qua tempestate. *Quand se couche le soleil an vos quartiers ?* Apud vos qua hora, quota diei hora, occumbit sol ? *Quand semés vous les orges, & quãd les seiés vous?* Qua anni tẽpestate seritis hordea,& qua demetitis? *Quand seras-tu sage , si tu ne l'es portant ia la barbe grise ,* Quando tandem sapere condisces, si etiamnum desipis, canescente iam barba? *Quand vandangerés-vous , si vos vignes sont ancores an verius apres Nouambre ?* Quandónam celebrabitis vindemias , si exacto Nouembre , acidæ adhuc sunt vestræ vuæ?

2 *Quand, au tans que , lors que ,* Cùm. Quando. Qua hora. Qua tempestate. Quo tempore. *Quand le soleil se leue sur nostre horison , il se couche aux Antipodes,* Qua hora, quo puncto temporis,

poris, sol nobis exoritur, eadem Antipodibus óc-
cidit. *Quand les astres luisent au ciel, le soleil
leur est opposite sous terre*, Quo noctis tempore
astra in cælo micât, sol infra terrá eis obiectus
est. *Quand la lune regarde le soleil de front, elle est
pleine, & au rebours, ne luit qu'au quart, ou à
moitié, quand elle le voit de biais*, Quo tempore luna Solem æqua fronte spectat, toto orbe col-
lucet, contrà, ex quadrante, aut semisse dumtaxat splendet, cùm obliqua eum contuetur.

3 *Quand &, auec*, Simul. Vnà. *Quand & soi*,
Vnà secum. Simul secum. *Quand & lui*, Simul
secum. Vnà secum. *Quand & toi*, Simul tecum.
Vnà tecum. *Bias n'amportant rien de Priene, portoit neantmoins quand & soi tous ses biens, c'est à
dire, le sçauoir, & la vertu.* Philosophus Bias, tametsi ex Priene, vrbe sua capta ab hostibus, nihil
efferret, sua tamen omnia exportabat, hoc est,
doctrinam, & virtutem. *Le soldat Romain allant
aux guerres, outre toutes ses armes, portoit quand &
soi du bled pour quinzaine, auec les vtansiles de
cuisine, & de chambre*, Romanus miles, quoties in
castrensem expeditionem ducebatur, præter vniuersa arma, dimidiati mensis cibaria, familia-
rémque supellectilem suis humeris subuehebat.

QVANTES.

QVantes, queles, & combien grandes, Quot, &
quátæ. Quot, & quàm graues. *Quantes prie-
res n'a-il fait, pour impetrer ce don ?* Quot, & quàm
studiosas, ardentésque non adhibuit preces, vt illud doni impetraret?

2 *Quantes fois,chaque fois,toutes les fois,* Quoties.Quotiefcumque. Toties quoties.*Quantes fois
t'ai-ie ecrit , que tu n'as repondu vn mot ,* Quoties
ad te dedi litteras, cùm tu ne verbum quidem
retulifti. *Toutes fois,& quantes que ie me fouuien
de toi , ce que ie fai fort fouuant , ie treffaillis de
ioie , fur la memoire de ton amitié,& de tes merites,*Quotiefcumque recordor tui,recordor autem
quàm frequentiffimè, incredibili exfulto lætitia,
ex fuauiffima illa tuæ aduersùm me beneuolentiæ, ac meritorum tuorum memoria.

Q V E.

1 QVe, *Aduerbe interrogatoire,qu'on accouple
touſiours auec vne negatiue,* Vernaculum,
Que,interrogandi Aduerbium,quod neganti voculæ perpetuò copulatur. Que,Cur non.Quidni.
Quidnon. Quare non. *Que ne fais-tu la charge,
dont tu as les profits ?* Cur id muneris ftudiosè
non obeas , cuius ad te redeunt compendia?
Quidni cum fide officio fungeris,vnde tibi emolumenta non modica fuppetunt?

2 *Que, Nom interrogatif,* Gallicum, *Que,*
interrogantis eft Nomen. Que,Quid.Quidnam.
*Que ne donneroit-il,pour racheter fa vie,& fon hon-
neur?*Quid nõ de fuis,ac fuorum bonis ftudiofif-
fimè conferat,vt periclitantem vitam,& famam,
fartam,tectámque conferuet? *Que ne voudroi-ie
faire pour toi , tant ie te fuis obligé, & des long
tans ?* Quid eft , elféve poteft, quod tua caufa
nolim, & cupidiffimè quidem facere , cui tam
multa , & tanta,& pridem etiam,debeo?

3 Que,

3 *Que, Nom relatif, de tous geanres, & nombres,* Francicum,*Que,* relatiuum, omnis generis, ac numeri, Nomen eſt. *Le liure, que tu m'as anuoié, a fort pleu à nos amis, & a eté iugé digne de toi,* Quem miſiſti ad me librum, communibus amicis mirificè placuit, téque, ac tuo ingenio dignus planè eſt habitus. *Les paſſages d'Ariſtote, & Theophraſte, que tu allegues an ton Oeuure, ne ſont pas bien quotés, pour les trouuer dans les auteurs,* Quæ teſtimonia ex Ariſtotele, ac Theophraſto laudaſti tuo in Opere, haud ſatis accuratè citata ſunt, vt apud ſuos auctores facilè poſſint deprehendi. *La moindre faute, que face celui, qui dit an public, eſt notée, & grauée profond an la memoire, mais on ne daigne ſe ſouuenir de ce, qu'il a bien fait, & dit,* Quantumcumque leuiſſimè peccauerit, qui dicit publicè, in auditorum memoria altiſſimè defigitur, æternúmque hæret, quod autem appoſitè, rectéque fecerit, aut dixerit, eius omnis facilè præterit, exciditque recordatio. *Les premieres cauſes, que plaident les ieunes aduocats, les mettent ſoudain an bon, ou mauuais credit,* Quas primas dicunt cauſas forenſis palæſtræ tirones, eæ ipſis continuò celebre, aut non celebre nomen conciliant. *Le poids, que donne à ton diſcours la force de tes raiſons, m'amporte, quoi que ie tienne le contraire,* Quo momento corroborat, & exaggerat vim tuæ diſputationis, firmitas validarum rationum, id me, vel repugnantem, & contrà ſentientem, penitùs ad ſe abſtrahit, atque abripit. *Les fondemans, que tu ietes parmi ce gel d'hiuer, feront prandre coup à ton batimant,* Quæ hiberno rigente gelu fundamenta iacis, ea certiſſimum ædificio tuo vitium afferét.

4 *Que*, *Conionction caufale*, *que les Latins fup-priment*, *& foufantandent bien fouuant*, Franci-cum, *Que*, cauſæ quidpiam referentis eſt Coniunctio, quam, animo intellectam, Latini verbo ſæpè ſupprimunt. *Que*, Quod. Vt. *On dit*, *que tu te portes mal*, Diceris æger eſſe, non rectè vale-re. *Ie voudroi*, *que tu m'euſſes peû croire*, Vellem mihi potuiſſes morem gerere. Cuperem abs te mihi libenter morem geſtum eſſe. Vtinam vo-luiſſes adiicere animum, mihi vt crederes.

5 *Que*, *Conionction caufale*, *exprimée an Latin par la particule*, Quòd. Vernaculum, *Que*, cau-ſalis Coniunctio, Latina vocula, Quòd, expreſſa. *Il croit de te faire grand plaiſir*, *an ce qu'il conſte*, *que il m'honnore*, Exiſtimat, quòd facilè appa-reat, quòd me colat, in eo ſe tibi gratiſſimum facere. Tullius. *Dolabella aſſeuroit*, *que Ceſar le remercioit*, *de ce qu'il m'auoit ecrit*, *que il deſi-roit*, *que ie me randiſſe à Rome*, Dolabella affir-mabat, Cæſarem gratias agere, cùm ſcripſiſſet, quòd me cuperet ad vrbem venire. Tullius. *I'ai ecrit à Sicca*, *que Lucius Cotta ſe ſert de ſes iardins.* Ad Siccam ſcripſi, quòd L. Cotta eius hortis vti-tur. Tullius. *Qu'on auoit ecrit*, *que Verres gou-uernoit ſa prouince auec grand ſoin*, *& an auoit repouſſé les ecumeurs de mer*, Scriptum eſſe, quòd Verres prouinciam vigilanter admini-ſtraſſet, quòd prædones procul ab inſula Sicilia prohibuiſſet. Tullius.

6 *Que*, *ce que*, *de ce que*, *touchant ce que*, *con-ionction caufale*, Vernaculum, *Que*, *ce que*, *de ce que*, coniunctio eſt cauſalis. Que, ce que, de ce que, Quòd. Quia. Quoniam. *Ce que*, *de ce que tu te moques de la vertu*, *les geans de bien s'an eton-*
nont

nent fort , Quòd virtutem habere foles ludibrio,
probi homines mirantur. *De ce que ie t'auife de
ton deuoir , tu t'an faches mal à propos* , Quòd
erratorum amicè te admoneo, extra quàm decet,offenderis.

7 *Que , à ce que, à fin que, conionction caufale,*
Gallicum,*à ce que,à fin que* , caufalis eft coniunctio. *A ce que,à fin que* , Vt. Vti. Quò. *A ce que
tu n'an doutes,*Vti ne dubites.Vt minimè dubium
tibi fit. Quò ne dubius fis. *A ce que tout le monde l'antande* , Quò mortalibus vniuerfis perfpe-
ctum fit. Vti norint omnes homines , atque in-
telligant. *A fin que tu le faches, i'ai à me plaindre
de toi.* Vt nihil te celem, dicámque,quod fentio,
caufa fubeft, cur de te conquerar.

8 *Que,comme , conionction copulatiue , feruant
aux comparaifons d'egalité,*Celticum,*Que* , copu-
lans coniunctio eft, æqualitatis comparationibus
feruiens. *Que* , Ac. Æquè , Æquè ac , Quàm.
Auffi liberal que riche , Liberalis æquè,ac opulen-
tus. Tam largus , quàm diues. Perinde munificus,atque copiofus. Non copiofior , quàm mu-
nificentior. *Autant vaillant, que fage* , Ex æquo
fortis,ac prudens. Non fapientior, quàm fortior.
Haud minùs fortis,quàm fapiens.

9 *Que,conionction copulatiue,feruant aux comparaifons de preeminance* , Celticum , *Que,* copu-
lantis facultatis coniunctio eft, eminentiæ comparationibus fubferuiens. *Que,* Quàm.*Trois planetes font plus hautes , & trois plus baffes , que le
foleil,* Planetarum tres fole fuperiores funt , ac
inferiores eo totidem. Ex errantibus aftris terna
celfiora funt,quàm ipfe fol,ternáque depreffiora.
Au rang des elemans,le feu eft plus releué que l'air,

& l'air que l'eau, In elementorum poſitu,ac ordine,ignis eſt ſuprà quàm aër,& aër quàm aqua, ignis aëre excelſior eſt, & aër aqua.

10 *Que, conionction diſionctiue, marchant touſiours à double*, Vernaculum, *Que*, diſiunctionis eſt coniunctio, in orationis contextu gemina ſemper inſiſtens. *Que*, Aut, Seu, Siue, Vel. *Que bien, que mal, nous auons acheué la beſogne*, Seu rectè, ſeu perperam, inſtitutum opus abſoluimus. *Que bons,que mauuais ſoldats, il n'i an a que cinquante,pour defandre vne tele place*, Aut idonei,aut non idonei milites, quinquageni adſunt dumtaxat,qui tanti momenti tueantur arcem. *Que mors, que bleſſés à mort, cinq çans hommes ſont reſtés ſur la place*, Quingenti,ſiue cæſi, ſiue ſemineces, ſtrati iacuêre in ipſo certaminis loco.

11 *Que, mot de deſir, & ſouhait*, Gallicum, *Que*, vocula eſt deſiderio, votóque exprimendo idonea. *Que*,Vtinam. O vtinam. Quod vtinam. Quàm cuperem. Quantoperè optarem, vellem, expeterem. Faceret vtinam Deus. Feciſſent vtinam ſuperi. *Que ie voudroi bien auoir preueu ce danger*, Quòd vtinam periculi huius rationem tantò antè præuidiſſem. Quàm me vellem ea vſum prouiſione,vt diſcrimen antè preuidiſſem. *Que n'etoi-ie preſant,pour te faire raiſon de cet inſolant*,Cur ego non interfui, vt impuri illius nebulonis erga te inſolentiam pro merito vlciſcerer.

12 *Que,mis apres certains aduerbes, & quelques prepoſitions,declare,& l'anteriorité, & la poſteriorité de quelque tans*, Celticum, *Que*, certis quibuſdam,tum aduerbiis, tum præpoſitionibus
ſubie

ſubieƈtum,& anterioris , & poſterioris temporis
rationem explanat. *Auant que , ains que , deuant
que , plutot que ,* Antè quàm. Citiùs quàm. Priùs
quàm. *Auant que plouuoir , le ciel ſe couure de
nuages ,* Antè ſe obducit cælum nubibus , quàm
imbribus pluat. *Deuant qu'ouïr le tonnerre, on voit
l'eclair des nuées ,* E rupta,ſuccensáque emicans
nube priùs ſpeƈtatur fulgur,quàm tonitrus exau-
diatur. *Plutot le verrez vous ſouffrir mille morts,
que faillir de courage ,* Acerbam necem millies
ipſum antè videas ſubire , quàm vt animo defi-
ciat. *Apres que, Dés que , Depuis que ,* Poſtquàm.
Poſteà quàm.Ex quo.Quo ex tempore.*Apres que
le ſoleil eſt couché,ſoudain nous auons les tenebres,*
Poſteà quàm ſol occidit , mox noƈtis tenebris
obuoluimur. Simul atque ſol occubuit, noƈtur-
næ nos obruunt tenebræ. *Dés que l'equinoxe d'automne a paſſé,nous voila aux neges pour ſix mois,*
Ex quo autumnale exceſſit æquinoƈtium,in ſolidum ſemeſtre mox niuibus obducimur.

13 *Que,auec certains mots conditionels , forme
vne propoſition douteuſe ,* Vernaculum , *Que,* hy-
potheticis nexum vocabulis , dubiam propoſitio-
nem enunciat. *D'auanture que,par auanture que,
peut-etre que,ſe pourroit faire que,*Fortaſſe. Fortaſ-
ſis.Forſitan. Fortè. Fortuna. Fortaſſe accidat , vt.
Côtingere poſſit,vti.*Peut-eire que vous me prenés
pour vn autre,*Fieri poſſit,vti me alium , quã ſim,
exiſtimes.*Par auanture, que lon vous a mal infor-
mé,*Fortaſſe de reipſa perperam edoƈtus fueris.

14 *Que,ioint à quelques autres paroles ,ſuppoſe
l'euenemant d'vn cas fortuit ,* Francicum , *Que,*
aliis nonnullis adieƈtum verbis , fortuiti euentus
conditionem ponit. *Aduenant que.Cas aduenant*

que. *S'il aduenoit que. S'il arriuoit que* , Si accidat,
vt. Si contingat, eueniat, fiat , vt. Si accideret,
contingeret, eueniret, fieret , vti. *Cas aduenant
que ie meure deuant toi*, Si contingat , fors ferat,
cafu accidat , vt , prior quàm tu , è vita de-
cedam.

15 *Que, fert à former l'antecedant d'vne con-
clufion*, Gallicum, *Que*, conclufionis enunciando
antecedenti adhibetur. *Attandu que. Comme
ainfi foit que. Veu que.* Cùm. Quando. Quandoquidem. Quia. Quoniam. *Attandu que tu es
etranger, tu ne peux iouïr des examtions de notre
communauté* , Quandoquidem peregrinus es,
nullum tibi eft ius immunitatum noftræ ciuitatis.

16 *Que, fouuant eft amploié à former vne fup-
pofition , au contraire de laquelle fe tire la confe-
quance*, Francicum , *Que*, frequenter effingendæ
hypotheticæ propofitioni adhibetur, cui aduerfa
mox ducitur confecutio. *Ancores que. Bien que.
Combien que. Iaçoit que. Nonobftant que. Quoi
que*, Etiam. Etiamfi. Etfi. Tametfi. Licèt. Quamquam. Quamuis. Efto. Sit ita. *Iaçoit que la terre
eft fufpanduë an l'air, fi eft-elle ferme , & ftable au
poffible*, Tametfi liquido in aëre fufpenfa tellus
nulla bafi fulcitur, tamen fuprà quàm dici poteft
firma, & ftabilis perfiftit. *Quoi que la mer an
beaucoup de lieux n'eft retenuë d'aucune digue,
neantmoins elle n'outrepaffe les bornes, que Dieu lui
a mifes*, Quamquam plerifque locis mare nullis
molibus prohibetur, diuinitùs tamen fibi præ-
fcriptos fines non tranfgreditur.

17 *Que, eft fouuant mis pour tirer vne confe-
quance conforme à l'antecedant* , Celticum, *Que*,
fubie

ſubiectum certis vocabulis , congruentem antecedenti concluſionem colligit. *De façon , de maniere , de mode , de ſorte que* , Atque ita. Ergo. Ideò.
Igitur. Itaque. Quamobrem. Quare. Quocirca.
*La place eſt forte , & bien anuitaillée , de façon
que vn ſiege n'etõnera point la garniſon,* Arx eſt ab
munitionibus valida , & ab commeatu perbenè
inſtructa , itaque præſidiarius miles nihil ſibi ab
obſidione metuit. *Les deux armées ſont tete à
tete l'vne de l'autre , de ſorte que nous pouuons at-
tandre vne bataille au premier iour* , Aduerſarij
duo exercitus caſtia caſtris collata habent , vt
proximo quoque die prœlium certò exſpectare
poſſimus.

18 *Que , ſe met ſouuant pour exprimer l'excluſion d'vn mambre de ſon tout* , Vernaculum, *Que,*
crebrò vſurpatur ad excludendum ex toto membrum aliquod. *Excepté que. Fors que. Hors que.
Horſmis que* , Excipe. Inde excipito. Si excipies.
Extrà. Extrà quàm. Præter. Præter quàm. *Le Pelo-
ponneſe eſt tout anuironné de mer , fors que au de-
troit de l'Iſthme* , Peloponneſus circumquaque
mari cingitur, præter quàm ad Iſthmi anguſtias.
*Le bieure , & la loutre ne different à l'exterieur,
horſmis que an la grandeur du cors , & an la figure de la queuë* , Fiber , & lutra ad externam ſpeciem non differunt, ſi corporis modum, & caudæ
figuram excipies.

19 *que , expoſe vne propoſition conditionele,
ſuiuie d'vne concluſion à elle conforme* , Vernaculum , *Que* , poſitionem hypotheticam exponit,
quam conſequitur ei conſentiens concluſio.
*Moiennant que. I oſé que. Pourueu que. Si tant eſt
que.* Modò. Dummodò. Si. Si quidem. *Moiennant
que*

*que tu chemines tout le iour , tu feras vne honnete
iournée ,* Si quidem totum diem ambulaueris,
haud modicam metieris diurni itineris viam.
*Si tant est,que tu te plaises aux lettres , an peu de
tans tu i auanceras beaucoup ,* Dum te litterarum
delectet studium,haud dubium , quin breui tempore plurimùm promoueas.

20 *Que,sert à declarer certain interualle de tans
courant*,Gallicum, *Que*,certi tēporis fluens inter-
uallū explanat.*Cepādant que.Durant que.Pandāt
que.Tandis que.* Dum. Intereà. Intereà dum. Interim dum.Quamdiu. *Pandant que le soleil luit
sur l'horizon,il est iour ,* Dum supra finitorem circulum sol lucet,dies est. *Tandis que l'alcyon niche,
& couue ses œufs,le calme continuë an la mer,* Intereà dum alcedo nidificat, & ouis incubat, perpetua in mari est malacia.

21 *Que , represante vne exception , & reserue,
an quel suiet,que ce soit ,* Francicum , *Que*,cuiuſ-
eumque rei exceptionem exprimit. *Ne fut que.
Si ce n'est que.Sinon que*,Ni.Nisi.Ni fortasse. Nisi
fortè. *Ie vai partir , ne fut,que votre seruice me re-
tint*,Ad profectionem me comparo, nisi tu me iubes subsistere , ni fortè quid rei tuæ gerendæ me
distinet. *L'armée arriuera ce soir , si ce n'est , que
les eaus l'arretent par chemin ,* Huc sese vniuer-
ſus sistet sub vesperā exercitus, nisi aquæ moram
afferant.*L'exception conceuë par la particule*,Que,
*s'exprime fort facilemant, & elegammant an La-
tin,à la maniere,que s'ansuit*,Francico,Que , concepta exceptio,& facillimè,& elegantissimè sub-
iectis exprimitur formulis.*Il n'a fait que nous sa-
luër,an passant*,In transitu nihil aliud , quàm nos
salutauit. Ex via nihil prætereà , quàm nobis sa-
                                        lutem

lutem dixit, aliud fecit, dixítve nihil, quàm salutem dedit, & excepit. *Il n'a fait, que parer aux cous, lasser son annemi, dont il a cheui à son gré, puis aprés,* Toto conflictu aliud nihil, quàm aduersarij petitiones excepit, ac retudit, quem fatigatum deinde nullo negotio confecit. *Ie ne vous di autre, que de vous tenir sur vos gardes,* Aliud vltrà nihil, quàm vos moneo, vti vobis caueatis, rei vestræ cautionem adhibeatis. *Tu ne fais que causer, quand il est question de te bien amploier,* Efficis aliud nihil, quàm nugaris, dum maximè tua exigitur opera. Hoc vnum modò præstas, vt nugis tempus conteras, cùm in primis opus est, te addictum studere operi. *Ie ne ferai, que lui aguigner de l'œil, & il m'antandra,* Nihil aliud, quàm oculi coniectu indicauero, quàm oculis significauero, & intelliget, quid velim. *On n'a fait autre toute la nuit, que tirer cous de canons,* Solida nocte aliud nihil, quàm tormentis tumultuatum est. *On n'a fait autre tout le iour, que cueillir les depouïlles, & si n'an a-on peû cheuir,* Haud aliud quidquam toto die, quàm lecta sunt spolia, neque tamen potuerunt exhauriri.

22 *Que, expose la negatiue d'vne condition non necessaire,* Celticum, *Que,* non necessariæ conditionis negationem exponit. *Sans que,* Etiamsi non. Etsi non. Tametsi minimè. Vt ne. Vt non. Vt ne sit opus. Vt haud necesse sit. Vt minimè sit necessarium. *L'armée a pratiqué toute bonne conduite de combat, sans que le chef s'an soit mis an peine,* Sua sponte exercitus, omne imperatorij muneris genus scienter obiuit, vt suam operam Prætor non interposuerit. *Ce cheual ira tousiours*

bon pas, sans que vous lui donniés vn coup d'eperon.
Vt ei calcar numquam admoueas, tametsi calcaribus non vrgeas, hic equus presso gradu continenter incesserit.

Q V E L.

1 QVel, *qui, Nom interrogatif, an fait de sub-*
stance de la chose, Quis, Qua, Quæ, Quod,
cuius. Ecquis, Ecqua, Ecquæ, Ecquid, Ecquod, cuius. *Quel Scipion Africain antans tu ?* Ecquem
Africanorum Scipionum intelligis, seniorem,
an iuniorem? *Quel bois est meilleur à la menuserie,*
le noier, ou le cypres ? Vtra arborum est potior ad
intestinum opus torcuticum, iuglans, an cu-
pressus?

2 *Quel, qui, Nom relatif, an matiere de substan-*
ce de la chose, Qui, Quæ, Qua, Quod, cuius. *Quel*
que ce soit des deux, argeant, ou danrées, ie m'an
paierai, Vtrumlibet dederis, pecuniam, an fruges,
crediti nomine acceptum feram.

3 *Quel, commant disposé, fait, habitué, Nom in-*
terrogatif, an fait de qualité d'vne chose, Qualis,
le, lis. Cuiusmodi. Cuius notæ. Cuius modi. Cuius rationis. Cuius naturæ. Qualis modi, rationis, notæ, habitus, naturæ, status, conditionis.
Quel te samble notre terroir, au pris du votre, Ad
vestrum agrum, cuiusmodi nostrum esse reris?
Vestro collatum, qualem nostratem agrum esse
putas? *Quel peut etre l'etat d'vne famille, où les*
anfans commandent, Qualem, & quàm miserum
familiæ statum esse oportet, vbi pueri præ-
sunt?

4 *Quel, commant habitué, fait, disposé, Nom relatif, an fait des qualités de la chose*, Qualis, le, lis. Cuius rationis, habitus, modi, naturæ, status. *Ie ne te dirai pas, quel il est, mais quel il panse d'etre, sçauoir est, le premier homme de l'vniuers,* Non facilè dixero, qualis sit, sed qualem se esse arbitretur, hoc est, omnium mortalium principem, atque coryphæum. *Quele,* Qualis, lis. *Voiés Quel.*

Q v i.

1 Q v i, *Nom interrogatif, de tous geanres, & nôbres, an Fraçois,* Vernaculū, Qui, interrogandi Nomen, cuiuscumque generis, ac numeri. *Qui voudroit paier l'amande, s'il n'auoit commis la faute ?* Quis multam velit dependere, si noxam non admiserit ? *Qui est la fame, qui peut viure auec vn tel mari?* Quæ mulier cum eiusmodi viro possit vitam traducere? *Qui est le monstre, qui soit plus effroiable, que cet homme an colere?* Quidnam est vbiuis terrarum truculenti monstri, horrificentius hoc homine, cùm exardescit iracundia? *Qui est l'elemant le plus pesant, & qui le plus leger?* Elementorum quodnam est grauius, & quodnam leuius?

2 *Qui, Nom relatif, de tous geanres, & nombres,* Gallicum, Qui, cuiusque generis, ac numeri, relatiuum Nomen est in Gallico sermone, *Celui, qui le premier inuanta les caracteres, & l'ecriture, obligea fort la posterité.* Ingenti beneficio sibi posteros deuinxit, qui characteres elementorum, & scribendi rationem adinuenit, ac tradidit. *Celui,*

lui, qui mit an vsage les armes, se pouuoit bien pas-
ser d'vn si dangereux meuble, Qui vsum armorum primus inter mortales induxit, tam pericu-
losa supellectile potuit, ac debuit, si saperet, abstinere. *Les astres, qui sont hors du firmamant, se*
nomment planetes, Quæ astra sunt extra stellife-
rum orbem, planetæ appellantur. *Les soldats, qui*
remuent fort les mains an marchant, & les pieds
an combatant, ne plaisoient à Caton le vieil. Qui
milites in via manus, & pedes in prœlio agi-
tarent immodicè, seniori Catoni haud quaquam probabantur. *La musique, qui auoit le*
moins de fard, etoit la mieux venue à Lacedemo-
ne, Minimè omnium fucata musica, Lacedæ-
mone quondam fuit acceptissima. *La fame,*
qui faisoit le plus d'anfans d'vn mari, fut la plus
prisée à Rome, Quæ plures vno ex viro suscipe-
ret liberos, ea Romæ fuit matronas inter ho-
noratissima. *Les viandes, qui sont le plus assai-*
sonnées de sausses, ne sont pas les plus salubres.
Copiosissimè conditæ escæ, haud sunt omnium
saluberrimæ. *L'or, qui est le plus epuré de tout au-*
tre metal, n'est pas le plus propre à mettre an be-
sogne, Ab reliquis metallis purissimum aurum,
non idem quoque est ad conflandum opus maximè idoneum. *Les fondemans, qui se maçonnent*
à la hate, & auec epargne, disposent les batimans
à vne prochaine ruine, Iusto celeriùs, & parciùs
exstructa parietum fundamenta eò conducunt,
vt ædificia ad propinquam ruinam comparent.
Quelques Critiques de ce tans nous ordonnent fort
expressemant, de dire, Lequel, Laquele, Lesquels,
Lesqueles, & non, Qui, an terme de relatifs, mais
les mieux parlans, & ecriuans de notre âge, &

du

*du precedant, pratiquent fort souuant le contraire
de cete regle, & nous les pouuons suiure, sans scru-
pule,* Huius tempestatis Critici quidam seuerè
praecipiunt, vti repudiato vernaculo Relatiuo,
Qui, eius loco, *lequel, laquele, lesquels, lesqueles,*
perpetuò vsurpemus: verumtamen illius, ac superioris aetatis homines disertissimi, dicendo, &
scribendo frequentissimè ab huiusmodi praece-
pto discedunt, quorum morem, vti legitimum,
sine religione imitari possumus.

*3 On ecrit, & prononce, Qui, an qualité de relà-
tif, quand il sert de nominatif anterieur au verbe
suiuant, &, Que, se met an sa place, quand il sert
audit verbe de cas posterieur, & autre, que nominatif,* Vernaculum, Qui, cum relatiui munere in
oratione adhibetur, quoties subsequenti verbo
anterioris nominatiui vicem praestat, Gallicum
verò, Que, ipsius loco ponitur, cùm eidem verbo
posteriorem casum exhibet. *Ceux, qui nous re-
prennent de nos fautes, sont ceux, qui nous aiment,
& qui nous profitent le plus, & que nous deuons
le plus aimer, & honnorer,* Qui nos erratorum nostrorum coarguunt, ij reuerà sunt, qui nos amant,
& nobis profunt omnium maximè, quósque in
primis diligere, atque colere nos oporteat. *De
tous ceux, qui me trauersent an cete afaire, pas vn
seul ne se trouuera, que ie n'aie obligé beaucoup,
& souuant,* Omnium, qui hoc in negotio mihi
aduersantur, nemo vnus est, quem non, & ma-
gnis, & multis obstrinxerim beneficiis.

*4 Qui, mis deuant, Que, & certains verbes, se
prand pour, Quiconque, & an tous geanres,* Gallicum, Qui, praefixum Gallico, Que, ac certis quibusdam verbis, pro vernaculo, Quiconque, vsurpatur.

patur. *Qui que soit* , Qui cumque, Quæcumque,
Quodcumque,cuiuscumque , Quilibet,Quæli-
bet, Quodlibet, cuiuslibet,Quisquis,Quidquid,
cuiuscuius. *Qui que ce soit des deux* , Duorum
quilibet,quiuis,quicumque,vterlibet , vteruis. E
duobus quruis,quilibet,quicumque,vteruis,vter-
libet. *Qui que ce soit des deux,ce m'est tout vn* , E
duobus mihi perinde est quiuis,quilibet,vteruis,
vterlibet. Duorum vnus quilibet,quiuis , vterlibet , mihi æquè arridet. *Vienne au combat* , *Qui*
que ce soit des capitaines , *ie le defie* , De ducibus
vel optimus quisque bellator prodeat ,eum ad
certamen prouoco.

QVICONQVE.

Qviconque,*qui que ce soit*,Quicumque,Quæ-
cumque,Quodcumque,cuiuscumque.Quis-
quis, Quidquid , cuiuscuius. *Quiconque d'antre*
tous , Omnium quicumque , quæcumque,quod-
cumque. Vniuersorum quicumque , quilibet,
quisquis , quiuis. *Quiconque des deux.* Duorum
quilibet , quiuis , vterlibet , vteruis. Ex duobus
quisquis,quicumque , vterlibet , quiuis,vteruis.
Quiconque des Heros l'eut antrepris , Heroum
quisquis suscepisset. *Quiconque des poëtes l'ait*
dit,il s'est equiuoqué , Quiuis poëtarum id pro-
nunciarit , est alucinatus. *Quiconque des Muses*
an ait le nom,Quęlibet Musarum eius rei nomē,
& famam obtineat. *Quiconque soit des monstres,*
ne fut iamais tant afreux , Quoduis tetrorum
monstrorum numquam fuit adeò horrificum.

QVOI.

1 QVoi, *nom interrogatif,* Vernaculum, *Quoi,* interrogandi nomen est. *Quoi,* Quid. Quidnam. Quid est. Quid rei est. Quidnam est. *Quoi? que i'aie gaigné les depoüilles au peril de mon sang, & qu'vn autre les amporte?* Quid? egóne meo sanguine spolia de hoste tulerim, & eis alius fruatur? *Quoi, on vous a paié auant la main, & vous ne randrés pas votre tasche?* Itáne verò, tu ante initam operam, eius plenam mercedem acceperis, & conductum opus non præstabis? *Hola, ie vous cite à comparoir an iugemant. Quoi?* Heus, in ius te voco. Quid vocas? Quem, cur, & quò vocas? Quid ais? Quid narras? Quæ istæc tua est vocatio? *Et quoi! n'obeïras-tu pas au commandemant du magistrat?* Quid contumaciæ istuc est? Numquid tu ausis committere, vti non obtemperes magistratui? *Quoi? que dis-tu? que veux-tu?* Quidnam istud rei est? Quid ais? Quid narras? Quid me vis?

2 *Quoi, mis deuant, Que, & certains verbes, represante toute chose indefinie, & indeterminée,* Vernaculum. *Quoi,* præmissum vernaculo, *Que,* ac certis quibusdam verbis, indefinitam quamque rem exponit. *Quoi que soit,* Quidquid, Quidlibet, Quiduis, Quodcumque. *Quoi que soit, que tu me demandes, ie te l'accorderai,* Concedam libentissimè, quidquid à me petieris. A me postulato quidlibet, quiduis, quodcumque optaueris, quidquid lubebit, nullo negotio impetrabis. *Quoi qu'on die contre, la verité est tousiours la plus forte,* In veritatem dicatur quidlibet, eius tamen infracta persistit

perſiſtit virtus,& omnium validiſſima.

3 *Quoi que*, *combienque*,*ancoresque*,*conionction
aduerſatiue*,Francicum,*Quoi que*,aduerſantis eſt
coniunctio. *Quoi que*, iaçoit que. Etiamſi. Etſi.
Licèt.Quamquàm,Quamuis,Tametſi. *Quoi que
le ſoleil nous ſamble petit , il eſt neantmoins fort
grand ,* Tametſi oculorum quodam iudicio, ac
ſenſu,exilis apparet ſol,tamen ingentis modi eſt
ipſius globus. *Quoi que tu fuſſes plus robuſte
qu'Atlas , qui ſoutenoit le monde ſur ſes epaules,
tu ne ſçaurois porter ce fardeau,où tu pretans ,* Vt
demus te,vel Atlante , mundum ipſum humeris
moliente, longè eſſe valentiorem,hocce tamen
onus,quò mente deſtinaſti,non ſubuexeris.

4 *Quoi,nom relatif*,Gallicum,*Quoi*,relatiui generis nomen eſt. *Quoi*,Qui. Quę,Qua,Quod,cu-
ius. *Quelques anciens Sophiſtes firent profeſſion,de
repondre ſur le champ,& pertinammant,à quoi,de
quoi,en quoi,ſur quoi , qu'on les interrogeaſt.* Veterum Sophiſtarum nonnulli ſunt profeſſi,qua-
libet de re poneretur quæſtio,ex tempore ſe , atque peritè reſponſuros. *Ce preſomtueux ne ſçait,
dequoi il s'agit,& ſi an donne-il ſes reſolutions cor-
nuës ,* Omnium mortalium homo hic arrogan-
tiſſimus,vt penitùs ſit ignarus quid in quæſtione
verſetur,de ea tamen abſurdiſſimum ſuum iudicium,ac decretum impudenter interponit. *On no
lui a dit de quoi il diſcourroit , ſinon an montant an
chaire,& ſi a-il fait merueilles,*Quam in rem diſ-
putatuius eſſet,admonitus non eſt , niſi dum in
concionem conſcenderet , nihilo tamen minùs
mirificè diſſeruit.

R ɛ z.

R E Z.

REz, Rés, *ioignant, tout ioignant, rien antre deux, tout contre,* Ad. Propter. Proximè. Quàm proximè. Iuxta. Secundùm. *Rez le pied de l'arbre,* Ad pedem arboris. Ad radicem arboris. Ad imum arboris truncum. Propter radicem arboris. Secundùm arboris pedem. *Arrache moi ces iettons pouſſans ſi fort rés ce figuier,* Tanta vi erumpentes ſecundùm hanc ſicum ſtolones mihi radicitùs exſtirpato. *Les capres croiſſent volontiers rés le pied de cete tour, regardant l'Eſt, & le Sud,* Propter imam hanc turrim, matutino, & meridiano obuerſam ſoli, facillimè propagantur cappares. *Rés le paué,* Ad ipſum pauimentum. Ad ſummum pauimentum. Ad ipſum pauimenti ſolum. Propter ſummi pauimenti ſuperficiem. *Son lit eſt rés terre.* Ei lectus eſt in ipſa nuda humo. Ei vice lecti modicè inſtrata eſt humus. Eius lectus eſt in arido ſolo. Nudo in ſolo decumbit. Nuda in humo decubat. *Les premiers ietons des bulbes arriuent rés terre, à fleur de terre,* Bulborum primigenia germina ad ſummam humum emergunt, ad ſummum ſoli emicant, accedunt, ſe emergunt, ſe exerunt, ſe attollunt. *Rés pied, rés terre,* Ad plani pedis ſuperficiem. Ad planam humum. Ad planum ſolum. Ad ſummum ſolum. Ad plana ſoli. Ad ſumma ſoli. *C'eſt le vant, qui a bouleuerſé ce grand roc rés pied, rés terre,* Ipſa eſt immanis venti vis, quæ ingentem illam rupem ſolo æquauit, funditùs excidit, planam ad humum euertit, ſolo tenùs ſtrauit.

2. Rés

2 *Rés de chauſsée , fleur de terre* , Plani pedis
ſolum. Plano pede ſolum. Summa ſoli ſuperſi-
cies. Humi ſolum. Terræ ſolum. Summum ſolum. Summæ humi ſolum. Summæ terræ ſuperficies. Soli ſumma ſuperficies. *Nous batiſſons le
bas etage de nos maiſons au rés de chauſsée de la
rüe. Le rés de chauſſée de nos maiſons , & celui de
la rüe,ſont au niueau,*Hac regione,ima domorum
ædificamus ad propinqui vici planum pedem,ad
publici vici libellam , ad publici ſoli libramen-
tum. Noſtrarum ædium , & publici vici vtrumque ſolum eſt ad libellam,eſt plani pedis,eſt plano pede,ad normam quadrat,viciſſim ad libellam
reſpondet,eiuſdem eſt libramenti , pari libratum
eſt ſuperficie. *Ce ſueil de porte , à rés de chauſſée,
donnera antrée à ce ruiſſeau* , Plani pedis hoc ia-
nuæ limen,propinquo riuulo aditum præbebit.

❀❀❀❀❀❀❀❀❀❀❀

S A.

1 **S**A, *Pronom poſſeſſif , femenin an François,qui ſe rand Latin an tous geanres,*
Gallicum, *Sa* , poſſeſſionis Pronomen
eſt vernaculè, ſed quod genere quouis Latinè
redditur.*Sa* , Sua,æ. Eius.Illius. Ipſius. *Sa patrie,*
Eius patria.Illius natale ſolum. Ipſius patrium
ſolum.*Sa patrie eſt la Gaulle,le lieu de ſa naiſſance eſt Paris,*Eius patria eſt Gallia , ipſius verò natalis vrbs eſt Lutetia. *Sa doctrine,& probité l'ont
eleué aux principales charges,* Ad primariorum
munerum faſtigia eum ſua eruditio , & probitas
euexit,eum ipſius doctrina,& integritas extulit.
Sa pudeur ne lui permet pas tele compagnie. Suus
cum

eum pudor huiufmodi confuetudine prohibet.
Sa commodité ne lui commande pas tant, que cela,
Non vſque eò ſua eum adigunt commoda. Hominem hunc non eò impellit, & vrget ſuorum
commodorum ſtudium. *Sa force l'a conuié à vn*
deſſein temeraire, Ad conſilium, facinúſque teme-
rarium ſuæ ipſum vires inuitarunt, ſuum robur
eum prouocauit.

   2 *Sa, ſe met deuant, & ioignant les mots feme-*
nins, commançans par conſonante, & deuant, & ioi-
gnant, ou non ioignant ceux, qui ont an tete, vne
aſpiration viue, & ſanſible, Celticum, *Sa,* proximè
præfigitur muliebribus vocabulis, ab conſonante
inchoatis, & proximè item, ſeu quapiam interiecta vocula, præponitur vocabulis denſum, aſ-
perúmque halitum præferentibus. *Berger aſſor-*
ti de ſa chamarre, & de ſa houlete, Suo rhenone,
ac pedo inſtructus paſtor. *C'eſt ſa faute, & ce*
ſera ancores ſa perte, & ſa honte, Ipſius eſt noxa,
quæ eiuſdem futura quoque eſt, tum iactura, tum
ignominia. *Sa grande temerité l'a fait rebuter*
auec ſa courte honte, Sua eum inſignis temeritas
eò adegit, vt multo cum ſuo pudore repulſam
ferret.

   3 *Sa, ne ſe met pas deuant, & ioignant les mots*
femenins, commançans par voiele, ou par aſpi-
ration morte, & inſanſible, mais, Son, *antre lors an*
ſa place, Vocabulis muliebribus ab vocali, aut
leniore aſpiratione initium ducentibus, non præponitur proximè vernaculum, *Sa,* ſed eius loco,
Son, adhibetur. *Son arrogance, & ſon opiniatriſe, lui*
alienent l'affection de ceux, qu'il hante, Eorum, qui
cũ eo familiariter verſantur, abalienant animos,
ipſius & arrogantia, & peruicacia. *Son hoſpitalité*
lui

*lui acquiert force amis etrangers , son honneteté lui
oblige tous ses concitoiens,* Peregrinorum plurimos
ei amicos facit sua hospitalitas , ciues verò vniuersos ei conciliat iacunda comitas.

4 *Son , ne se pratique pas , quelque mot antre
deux , deuant les mots François commançans par
voiele , ou par aspiration morte,& insansible , car
alors,Sa,demeure an sa force,& an son rang ,* Media intercedente quapiam vocula , Francicum,
Son , non præmittitur vocabulis , vocalem , aut
mutum halitum præferentibus , tum enim , *Sa,*
vim suam,atque sedem iure suo obtinet.*Sa grande audace l'a precipité au malheur,auquel l'antretient sa fole & brutale obstination .* In calamitatem sua eum præcipitauit ingens audacia,in qua
mersum distinet stolida , & vecors obstinatio.
Voiés Son,ci aprés,

S A N S.

1 **S**Ans,*Prepofition exclusiue de quoi que ce soit,*
Francicum,*Sans,*Præpositio est , cuiuscumque rei exceptionem exprimens. *Sans ,* Absque.
Sine.*Sans cheuaux,& sans armes ,* Sine equis , &
sine armis.Sine armatura,& iumentis. *La caualerie a eté ranuoiée , sans cheuaux , & sans armes,*
Absque armis,& equis,nudus,& pedester dimis-
sus est equitatus. *Comme faire vn long chemin,&
inconnu , sans argeant , & sans guide ,* Quî obiri
commodè possit longa,& ignota via,nullo duce,
nullísque pecuniis ? Qua ratione diuturnam,ac
difficilem peregrinationem conficere valuero,
ab itineris duce, & nummis, planè imparatus?

Sans

Sans force, & sans adresse, ofes-tu antreprandre vn perilleux combat ? Omni bellica disciplina, & robore destitutus, ausisne in periculorum dimicationem te coniicere?

2 *Sans contester, sans conteste,* Absque contentione verborum. Sine altercatione. Nulla interposita altercatione. *Sans parler, sans mot dire, sans sonner mot,* Silentio. Cum silentio. Tacitè. Nullo edito verbo. *Il s'est leué, & s'an est allé, sans parler,* Consurrexit, & excessit tacitus, silens, silentio, cum silentio, nihil elocutus, tacitò, nullum verbum prolocutus. *Sans bruire, sans bruit,* Absque strepitu. Sine tumultu. Citra strepitum. Extra tumultum. Nullo intercedente tumultu. *Nos troupes ont gagné le fossé, & la muraille, sans bruire, & ont surpris la ville,* Nostræ copiæ, traiecta fossa, muros, nullo edito strepitu, inscenderunt, oppidóque potiti sunt. *Sans delaier, sans delai,* Absque mora. Sine dilatione. Absque cunctatione. *Sans delaier, il est parti soudain, & a pris l'annemi au depourueu,* Nihil cunctatus, ablegata omni cunctatione, nihil moratus, nulla interposita mora, euestigiò profectus est, & imparatū hostem occupauit. *Sans s'etonner, sans etonnemant, il a ecouté toutes ces rudes menaces, & a repondu fort sagemant, & hardimant,* Impauidus, imperterritus, imperturbatus, interritus, intrepidus, atroces illas minas excepit auribus, & ad eas cautè, ac fortiter respondit. *Sans rien promettre, sans aucune promesse, ie ferai tout ce, que doit faire vn galant homme,* Nihil pollicitus, sine vlla pollicitatione, nullo interposito promisso, tamen præstabo, quidquid integrum, & honestum virum deceat. *Suiuant les examples precedans, les apprantis re-*

duiront

duiront an subſtantif,le verbe infinitif,mis aprés la Prepoſition,& à faute de ſubſtantif , ils recourront aux Participes de l'infinitif, comme ci deuant leur eſt montré , Iuxta priùs allata exempla , tirones ſubſtitutum voculæ,*Sans,*Infinitiuum,ſubſtantiuo ei cognato commutabunt,præpoſitioni copulandum , ſin nullum cognatum verbo exſtabit ſubſtantiuum , tum ad Infinitiui participia ſe conuertent,cuiuſmodi ſuprà oſtendimus.

3 *Sans que,Sans ce que,*Vt ne.Vt non.Vti non. Vt minimè.Vt nequaquam. *Sans que ie le die,fai ton deuoir,*Vt ne te eius admoneam , tuo defungere munere. Vt minimè ſit opus te admonito, exſequere ſponte tuum officium. *Sans que tu le piques,ce cheual ira touſiours vn grand pas,*Vt calcaria non admoueas,tametſi calcaribus nihil vrgeas , tamen hic equus pleniore gradu ſemper inuehetur.

4 *Sans,de plus,outre ce,*Præter.Prætereà.Super. Suprà.*Sans le harnois,ce cheual lui coute cinq çans ecus,*Præter ſtratum,& ornamenta,hic equus ipſi emtus eſt quingentis aureis. *Sans les meubles, cete maiſonete me reuient à dix mille ecus ,* Supra ſupellectilem,& inſtrumentum familiare,modica hæc domus denis aureorum millibus mihi in rationes inducitur.

S E.

1 *S E,ſoi,Pronom primitif,relatif, reciproque , de tous cas,g̃anres,& nombres ,* Vernaculum,Se, Pronomen eſt primigenium,relatiuum,reciprocum,cuiuſcumque caſus,generis , ac numeri. *Se,*

eſt

eſt randu an Latin indifferammant, ou par, Sui, ou par, Sibi, ou par, Se, & , Seſe, ſelõ la nature du verbe, qu'il accompagne, & ne ſe rand, hors de diſcours, par vn cas determiné, Francicum, Se, extra ſtructuram orationis, certo aliquo caſu Latinè non redditur propriè, ſed pro verbi natura, cui copulatur, nunc Sui, nunc Sibi, nunc Se, aut Seſe, cognatis voculis exprimitur. *Perſonne ne ſe met aiſémant an oubli,* Sui nemo facilè obliuiſcitur. *Qui fait mal, ſe fait plus de tort, qu'il ne croit,* Qui noxam admittit, ſibi plus nocet, ſibi acerbiorem infert iniuriam, quàm exiſtimet. *Le feu ne ſe conſerue pas ſans alimant,* Sine pabulo ignis ſeſe non tuetur. *La terre ne ſe bouge point, le ciel ſe remuë inceſſam-mant,* Terra omninò ſe non commouet, cælum numquam intermiſſo motu ſeſe agit, & con-uoluit.

2 *Se, accouplé à pluſieurs verbes neutres, depo-nans paſſifs, communs, imperſonels, & autres, qui an Latin ne reçoiuent aucũ cas apres eux, ne s'exprime point an la locution Latine, mais demeure ſuſpãdu, comme non neceſſaire an cete langue,* Francicum, Se, pleriſque verbis neutris, deponentibus, paſſi-uis, communibus, certo genere perſonæ deſtitu-tis, & aliis copulatum, nullum ponè ſe caſum ad-mittentibus, in Latina locutionè, Gallicam red-dente, non exprimitur, ſed, vti ab vſu linguæ tunc alienum, ſuſpenditur. *Quand ce boufon a bien chanté, & balé, il ſe tait, il s'aſſied, il ſe repoſe,* Cùm hic ludio ad ſatietatem cecinit, ſaltauitque, tum demum ſilet, conticeſcit, tacet, ac ſeſſum abit, ſe-det, conſidet, & quieſcit, quietem capit, conquieſ-cit. *Ce fainéant ſe couche de plein iour, ne ſe leue qu'à bien haute heure, ne s'etudie qu'à bien boire,*

manger, & dormir. Ignauus iſte multo adhuc die
cubitum it, lectum adit, ſtratum petit, decumbit,
dormitum concedit, nec niſi excelſo iam ſole
ſurgit, exſurgit, lecto egreditur, ſtrato exit, nihílque prætereà curat, ſatagit, ſtudet, quàm vt largiter bibat, copiosè edat, atque in vtramque aurem cibo ſuffertus dormiat. *Qui ſe plaint, ſe la-*
mante, s'annuie, ſe colere ſans ſuiet, merite la peine
qu'il ſe donne à credit, Quiſquis abs re queritur,
lamentatur, tædio afficitur, iraſcitur, eo ſupplicio
digniſſimus eſt, quod vltrò ipſe ſibi accerſit, ac in-
fligit. *Tout ce, qui ſe forme de matiere, an fin s'an-*
uieillit, ſe corromp, ſe diſſout, Quidquid ex materia
conflatur, coaleſcit, conſtat, compingitur, ſucce-
dente tempore, denique inueteraſcit, ſeneſcit,
ſenio contabeſcit, corrumpitur, atque diſſolui-
tur.

3 *Se, accompagne ſouuant le mot François,* On,
& les verbes, qui ſe randent an Latin par des Im-
perſonnels, & lors, Se, *ne s'exprime pas an Latin,*
Celticum Se, frequenter voculam Francicam, On,
& ſimul Gallica verba comitatur, quæ Latinis
verbis, certo perſonarum numero carentibus
reddũtur, rúmque Latinum, Se, ſupprimitur. *Dans*
les attraits de ce beau tans, on s'egaie à la maiſon,
on s'ebat aux chans, on ſe peurmene, on ſe viſite, on
ſe banquete, on ſe pouruoit de moiens à conſeruer la
ſanté, Per iſtas amœniſſimæ tempeſtatis illece-
bras, domi luditur hilariter, in agro iucundæ
aguntur feriæ, ambulatur, lætæ ambulationes ce-
lebrantur, viciſſim amici viſuntur, mutuæ agitantur epulæ, tuendæ valetudini omnia præſidia
comparantur. *L'hiuer etant facheux, on ſe tient au*
logis, on s'occupe, on s'annuie, on ſe chaufe, on ſe rotit,

on ſe

on se brule , on se plaint du froid,on se loüe de l'eté,
Cùm se moleftam,& importunam præbet hiems,
domi,& in hypocauftis , aut heliocaminis , ma-
netur,confidetur,agitur,refidetur,fallendo tempori occupationibus incumbitur , tædio laboratur,tempeftatis tædium vtcumque deuoratur,fo-
co affidetur,caminus celebratur , luculento foco
algor oppugnatur, antica, pofticáque corporis
amburuntur,torrentur , in brumam conuicia ia-
ctantur,querimoniæ intentantur,ingeruntur ma-
ledicta,commoda æftatis aura prædicatur,dilau-
datur,æftiuis teporibus benedicitur,præconia in-
fcribuntur,confecrantur panegyrici.

    4 *Se,ioint au mot François,Il,& à certains ver-*
bes Imperfonnels,ne s'exprime point an la locution
Latine , qui se rand quafi d'ordinaire,par des ver-
*bes paffifs,*Francicum , *Se,* adiunctum particulæ
vernaculę,*Il,*& quibufdā verbis imperfonalibus,
in Latina locutione fubticetur,ea autem locutio
ferè patiendi verbis redditur. *Il se dit,*Fertur,dici-
tur,narratur , rumor eft,fermo eft,rumore iactatur,fermone fertur,aiunt , ferunt , narrant. *Il se*
*croit,*Creditur,exiftimatur,putatur, vulgò cenfe-
tur,opinio eft,communis exiftimatio eft,homi-
num ea eft fententia.*Il se bruit,que nous serons af-*
*fiegés,*Nos obfeffum iri rumore fpargitur,fertur,
iactatur,fermone nunciatur,vulgatur,rumor eft,
diffipatur,feritur,iactatur,fertur,fpargitur,vulga-
tur. *Il se peut faire ,* Procliue eft,vt fiat , pronum
eft,vti accidat,contingat,eueniat.Id quidem facilè poffit accidere,contingere,fieri,euenire.

    5 *Se , accouplé aux verbes , qui requierent au-*
cun cas apres eux , s'exprime an la locution Lati-
ne , selon la nature du verbe, qu'il accompagne.

 Galli

Gallicum , *Se* , copulatum verbis,certum cafum
ponè fe adfciſcentibus,in ipſa oratione , pro natura cohærentis verbi , diſerté enunciatur. *Cet*
homme s’oublie de tout autre , que de ſoi , ſe porte
grande compaſsion , ſe pouruoit de toutes commodi-
tés , & ſe traite ſomtueuſemant , Extrà quàm ſui,
omnium alta obliuione hic homo tenetur , ſui
miſeretur magnoperè , ſeipſum miſeratur egregiè,ſibi commoda quæque prouidet,& comparat
ſtudioſiſſimè,ſeſe autem procurat quàm ſumtuo-
ſiſſimè. *Ce miſerable ſe hontoie , & ſe deplait tant*
de ſa faute,& de ſoi , qu’il ſe fera outrage , s’il ſe
treuue ſeul,& de commodité , Hunc miſerum ſui,
& noxæ tam pudet,tædétque , vt ſibi vim allatu-
rus,ſibi mali quid conſciturus videatur,ſi ſolita-
rium ſe,ac ſine arbitro eſſe animaduerterit.

S E S.

1 SEs,*Pronom poſſeſſif,& reciproque , de tous cas,*
& geanres,le pluriel des poſſeſsifs,Son , & Sa,
qui ſe dit des choſes,qui ſont d’vn,ou d’vne,comme,
Leur,&,Leurs ſe diĕt de celles,qui ſont de pluſieurs,
Vernaculum,*Ses*,Pronomen eſt poſſeſſionis,& reciproci reſpectus,cuiuſcumque caſus,ac generis,
Pronominum Francicorum,*Son*,& ,*Sa* , pluralis
numerus , quod iis de rebus vſurpatur,quæ vnius
ſunt,ſicut,*Leur*,& , *Leurs*,vernacula Pronomina,
de iis dicuntur,quæ ſunt plurium.

2 *ſes,pris à part,& hors de diſcours , ne ſe rand*
naïuemant an Latin,tant pour etre de tous cas , &
geanres , que pour auoir diuers reſpets , les vns deſ-
quels requierent vn certain mot Latin , les autres

vn autre, Francicum, *Ses,* folitarium, & extra ſtructuram orationis, propriè non redditur Latinis
verbis, tum quòd ſit omnis, & caſus, & generis,
tum maximé, quia varios reſpectus habet, quorum alij certum vocabulum Latinum, alij diuer-
ſum exigant. *Ses,* Sui, Suæ, Sua. *Ses,* Eius, Illius,
Ipſius.

℥ *Ses, eſt amploié an l'oraiſon, ou comme agiſſant, ou comme patiſſant, & ſujet de l'action d'autrui,* Celticum, *Ses,* in oratione adhibetur, ſeu vt
agens, ſeu vt patiens, & alienæ actioni ſubſtratum. *Ses agiſſant ſur ſoi-meme, etant referé, & re-
torqué vers ſoi-meme, ſoit an ſupprimant, ſoit an
exprimant la mantion du poſſeſſeur, ſe rand an Latin par les demonſtratifs, & relatifs,* Eius, Illius,
Ipſius. Gallicum, ſes, cùm in ſeipſum agit, ac re-
flectitur, ſeu ſuppreſſa, ſeu expreſſa poſſeſſoris
mentione, Latinè redditur per hæc Pronomina,
Eius, Illius, Ipſius. *Ses dans s'agtiiſent, an ce frotant
les vnes aux autres,* Eius dentes, mutuo attrictu,
ſeſe exacuunt. Ipſius dentes, vt ſe viciſsim fri-
cant, ita & ſeſe acuunt. *Tandis qu'il ſe repoſe, ſes
armes s'anroüillent,* Dum vacat à militari munere, illius arma rubiginem contrahunt. *De trois
iours de maladie, ſes ioües ſe terniſſent, ſes ieux
s'obſourciſſent, ſes forces s'abatent fort,* Vel tertio
ægrotationis die, ipſius malæ vehementiùs mar-
ceſcunt, obſcurantur lumina, debilitantur vires.
*Et n'an deplaiſe à meſſieurs les Grammairiens, an
ces locutions, & ſamblables, les plus braues Latins
ſe ſeruent ancores des reciproques,* Sui, Suæ, Sua.
Quod autem Principum Grammaticorum pace
dictum volumus Latinorum elegantiſsimi, etiam
in hiſce locutionibus, reciproca, *Sui, Suæ, Sua,* non

I 4

grauaté

grauatè adhibent,ad hunc modum:Dum se comparat ad certamen aper, sui dentes mutua sese
frictione acuunt:inter militis vacationem sua
arma obducuntur ærugine:etiam triduum dumtaxat decumbente ægro, suæ franguntur vires,
contabescunt malæ.

4 *Ses , agissant anuers le possesseur . se tourne an
Latin par,Sui,Suæ,Sua , & par,Eius,Illius , ipsius,*
Francicum,*Ses* , quoties,agentis instar , refertur
in ipsum possessorem , vel reciprocis , vel de-
monstratiuis Pronominibus Latinè traducitur.
*Ses forces l'ont randu temeraire , & ses richesses
orgueilleux , & faineant* ,Suæ illum vires teme-
rarium , & copiæ superbum , ac ignauum reddi-
dêre. Hominem temerè audacem ipsius robur
effecit, & arrogantem , ac inertem copiæ. *Ses
armes l'ont randu glorieux vers tout le monde , &
bien venu , & honnoré vers les Princes* , Sua ipsi
bellica facinora gloriam apud omnes peperêre,
gratiam, & honorem apud Principes. Gesta
eius militaria gloriosum ipsum fecêre in omne
vulgus , gratiosum in aulis Principum. *Le cerf
etant tenu de prés par la meute , ses ruses ne lui
ont de rien serui* , Veteranum ceruum suæ stro-
phæ , acriter circumsistentibus secutoribus canibus , periculo eximere nequierunt. Ceruo suæ
fraudes , aduersùs vndique prementes secutores
Lyciscas, nihil profuerunt. Ceruum eius sol-
lemnes artes,ac doli,acerbè vrgentibus Molossis
non eripuêre.

5 *Ses,etant suiet de l'action du possesseur, se traduit an Latin par le reciproque,*Sui,Suæ Sua,Galli-
cum , *Ses* , cùm possessoris actioni,vti materia,
substernitur,Latinè reciprocis,Sui,Suæ Sua,expo-
nitur.

nitur. *Ce poëte honnore fort ſes amis de ſes riches,
& gaillardes inuantions ,* Luculentis, ac lepidis
ſuis inuentis hic poëta vehementer amicos ſuos
cohoneſtat. *Il merite le nom , & le fait de riche,
veu qu'il vſe ſi liberalemant de ſes richeſſes ,* Et
nomen , & diuitis copias iure eſt meritus , qui
tam liberaliter ſuis diuitiis vtitur. *Ce coup de
trompe aduertit, que chacun tienne ſes cheuaux,&
ſes armes pretes ,* Sollemnis hic tubæ cantus ad-
monet , vt ſuos quiſque equos , & arma expedita habeat. *Le General ordonne,que l'armée quite
ſes hardes , pour marcher plus promtemant ,* Iubet
exercitus Prætor , vti miles impedimenta ſua
ponat , & omittat , accelerandi itineris gratia.
*La caualerie deuance , & laiſſe les valets , & les
ſommiers , qui lui portent aprés ſes armes ,* Reliquum exercitus agmen anteceſſit expeditus equitatus , agaſonéſque,ac doſſuaria iumenta poſt
tergum reliquit , ſua ad ſe arma qui deuehant.
Præcurrunt equites , & famulos , equóſque ve-
ctarios ab tergo ſinunt , qui relicta ſua arma
ſubſequentes ad ſe ſubuehant.

6 *Ses, mis pour ſuiet de l'action d'vn tiers , autre que le poſſeſſeur , & ce , an premiere, ſiconde,ou
troiſieme perſonne, s'exprime an Latin plus communemant par les demonſtratifs ,* Eius , Illius,Ipſius,
*& neantmoins ancores par le reciproque,*Sui,Suæ,
Sua , Celticum, Ses , poſitum vti ſubſtrata materia actionis diuerſi à poſſeſſore cuiuſpiam , Latinis effertur hiſce voculis, Eius, Illius, Ipſius,
& quidem vſitatiùs , ſed reciproco tamen, Sui,
Suæ , Sua , ex vſu linguæ Romanæ exprimitur.
*Ie vous ai adreſé quatre , ou cinq de ſes lettres,
ſans aucune votre reponſe ,* Quaternas , quináſve

 ipſius

ipſius ad te litteras deſtinaui , nullo tuo ad eas reſponſo. *Tu as receu force de ſes preſans , tant pour moi , que pour toi , & tu me les a celés* , Eius frequentia , æquè ad me,atque ad te,munera ac- cepiſti , quæ mihi celaſti ad hunc diem. *On ne t'a rien dit de ſes miſeres , pour ne te plonger tout à fait au deſeſpoir* , De illius calamitatibus renun- ciatum tibi nihil eſt , vt ne in barathrum deſpe- rationis demergerêre. *Ton pere ne t'anuoie plus d'argeant , à ce que tu apprenes à te paſſer de ſes facultés,& an acquerir , qui ſoient tiennes* , Tuus parens nihil pecuniæ prætereà tibi ſummittit, vti condiſcas eius carere facultatibus , & eas quærere copias , quæ tuæ ipſius ſint : vti doceâ- re,ſuis aliquando parcere copiolis , &, proprium tibip,eculium comparare. Sic enim non rarò lo- quuntur *Tullius,Cæſar,Liuius,Terentius, Plautus,* ac cæteri Latinitatis proceres,inuitis licèt Gram- maticis. Nolo omnia , quæ cadunt in oratorem tractare , quaſi nihil poſſit dici ſine præceptis ſuis. *Tullius* , ſecundo de Oratore , ſectione quadrageſima ſeptima. Quod autem præſidium veſtræ ſalutis erat , ſi Caij Cæſaris, ſi fortiſſimo- rum ſui patris militum exercitus non fuiſſet. *Tullius,*quarta Philippica,ſectione quarta,& ali- bi ſatis frequenter.

S I N O N.

1 *S*Inon *, que, conionction excluſiue , ou portant* excluſion *, & exception de certaine choſe,* Extrà. Extrà quàm. Ni. Niſi. Præter. Præter- quàm. *Ie ne te demande,ſinon ton amitié* , Extra tuam

tuam beneuolentiam, præter tuum amorem, ex‑
trà quàm , vt me ames , abs te aliud nihil po‑
ſtulo. *Il ne faut ſinon votre conſantemant , & la
paix eſt concluë*, Vti de pace decidatur , aliud re‑
quiritur nihil, extrà quàm , vt aſſentiare , extra
tuum aſſenſum , præterquàm tuus aſſenſus, præ‑
ter aſſenſionem tuam.

2 *Sinon* , *mis antre le verbe,*Fait, *ou ſes freres,
& vn infinitif* , *ſe rand an Latin auec ſa formule,
comme celle compoſée de* , Que,*& des memes ver‑
bes* , *ci-deuant* , *an la ſection vintvnieme* , Vocu‑
la , *Sinon* , vernacula, Francico verbo, *Fait* , aut
eius cognatis , & infinitiuo interiecta, tum ipſa,
tum inde conflata formula , Latinè redditur,
vti vocula , *Que* , & ex ea conflatæ formulæ,
ſicut eiuſdem particulæ , *Que*,ſectione viceſima
prima , oſtendimus. *Ie ne fai ſinon chauſſer les
eperons* , *& monter à cheual* , Nihil aliud, quàm
calcaria induo , & equum inſcendo. *Tu ne feras,
ſinon lui faire ſigne* , *& il te ſuiura* , Nihil niſi
eum ſigno admonueris , & ipſe mox te ſubſe‑
quetur. *Le meſſager n'a fait ſinon randre ſes let‑
tres* , *& s'an eſt retourné* , Nihil niſi litteras red‑
didit tabellarius , & eueſtigiò abiit. Non diu‑
tiùs eſt moratus , quàm vt litteras redderet nun‑
cius , ac ſubitò diſceſſit. Egit aliud nihil tabel‑
larius , quàm litteras tradidit,& vnde aduenerat,
mox rediit. *Il n'a fait tout le iour* , *ſinon tonner,
& greler* , Solidum planè diem nihil aliud,quàm
vehementer tonuit,& grandinauit.

3 *Sinon,à faute de,autremant* , Aliàs. Alioqui.
Alioquin. Sin. Sinautem. Si non. *Vous gardere̋s
la loi,ſinon,vous ſubire̋s la peine*, Legis præſcripto
obtemperabis , alioqui multam lues , ſinautem

ex legis sanctione plecteris. *Cultiue tes possessions,
sinon elles te produiront des chardons , orties , &
ronces ,* Tuos fundos diligentiùs excolito , alioquin pro frugibus meros tibi carduos , vrticas,
& rubos profundent.

4 *Sinon que , forsque , horsque ,* Extrà quàm.
Præter. Præterquàm. *Ie ne te demande, sinon que
la raison ,* Abs te nihil extrà quàm æquum sit,
postulo. Ex te aliud nihil , præter æquum , extra æquitatem, supra ius flagito.

5 *Sinon que , si ce n'est que ,* Ni. Nisi. Ni
fortè. Nisi si. Nisi fortè. Ni forsitan. *Ie vai partir , sinon que votre seruice m'arrete ,* Iam pro-
fecturus sum, ad subitam profectionem sum ac-
cinctus, nisi pro tuo iure, quid me vis, nisi si tu me
iubes subsistere.

S O I.

1 **S**Oi *, Pronom primitif, & relatif ,* Francicum,
Soi , Pronomen est primigenium , ac relatiuum. *Soi, se dit d'vn seul , Eux, se dit de plusieurs ,* Gallicum, Soi , de vno , & singulo vsurpatur , *Eux,* verò de pluribus. *Soi,* Sui, Sibi, Se. *Nature a imprimé à chacun le soin necessaire de soi,
& des siens ,* Necessariam sui, ac suorum curam,
& sollicitudinem natura cuique indidit. *Si ce
pauure homme n'a soin de soi, ses domestiques , &
proches parans ne l'auront pas ,* Nisi sui solici-
tam curam gesserit desertus hic homo, eius do-
mestici, & propinqui nullam suscipient. *Ce soldat ne fait non plus d'etat de soi, & de sa vie , que
d'vn poullet ,* Hic miles sui, vitæque tuendæ rationem

tionem eamdem prorſus habet , atque pulli gal-
linacei. *Il n'accorde cete faueur à ſoi meme, com-*
me donc te l'otroiera-t'il, Hanc indulgentiam ipſe
ſibi non adhibet , quid igitur ſpei eſſe poteſt , vt
ea aduersùm te vtatur. *Lycurgus pour etre rigide,*
& ſeuere à ſoi-meme, perſuada plus aisémãt ſes lois
aux Lacedemoniens , Quòd rigidæ, ſeucréque di-
ſciplinæ omnem aſperitatem ipſe ſibi primùm
Lycurgus infligeret, eo exemplo facilè ſuas leges perſuaſit Lacedæmoniis. *Cet harangueur, qui*
flate ſi fort ſon auditoire, preche pour ſoi , & pour
ſa bourſe , non pour les ecoutans , Concionator
ille, tam manifeſta aſſentatione auditorum auribus, animíſque blandiens, ſibi, ac loculis ſuis, non
audientium commodis, accuratæ dictionis ope-
ras deſtinat. *Ce diſcoureur panſant me contredire,*
parle contre ſoi-meme, Argutus ille , vt ſibi quidem videtur, diſputator , in ſemetipſum dicit,
quæ contra me ab ſe dicta autumat. *Le ciel, ſelon*
Ariſtote , ſe meut , & agite de ſoi , ſans aucune
aide exterieure , Cælum , ex Ariſtotele , aduenti-
tia nulla impulſum ope , ab ſeſe , ex ſe , ex ſeſe,
ex ſeipſo , per ſe, per ſeſe , per ſeipſum , per ſemetipſum mouetur, & agitur, ſe mouet , & agi-
tat. *Ce Prince ne decide aucune choſe de ſoi , mais*
tout par ſon conſeil, Princeps ille nullam omninò rem decernit, & decidit ex ſe , ex ſeſe , per
ſe , per ſeſe, per ſe vnum, ſuo vnius arbitrio,
ſed vniuerſa ſtatuit , de conſilij ſententia. *Chés*
ſoi, & an ſon priué, il eſt epargnant, mais fort li-
beral anuers ſes hotes, Apud ſe priuatus, frugi , &
parcus eſt , ſed erga hoſpites egregiè liberalis.
Domi, ac priuatim inter ſuos frugaliter ſe accipit, ac modicè , ſed aduersùm hoſpites lauta
omninò

omninò vtitur mensa. *Il n'etoit pas chés soi, à
soi, s'il t'a parlé, & traité de la sorte,* Si te tam
acerbè affatus est,& accepit,tum quidem apud se
non erat, in potestate sua non erat, impos sui
erat. *La chose an soi, de soi, est equitable, mais la
procedure an est vn peu messeante,* Res ipsa quidem ex sese, in sese, per se,cum æquo est con-
iuncta, eius tamen gerendæ ratio paullò est alie-
nior,& satis indecora.*Ce Capitaine ne se reserue
rien pour soi du butin,contant de la gloire de sa bonne conduite,* De hostili præda nihil sibi seruat,&
sumit Dux ille,vna præclarè gesti belli contentus
gloria. *Il paie l'ecot pour soi,& pour sa suite,*Pro se,
& suo comitatu,collectam dinumerat.Suo,& co-
mitum nomine,dissoluit symbolam. *Il prenoit sur
soi tout le danger de l'afaire,* Suo periculo susci-
piebat omnem negotij aleam. Eius rei gerendæ
suum omne volebat esse periculum. *On le tenoit
pour pecunieux, & si n'auoit-il riere soi,ni ailleurs,
aucune notable somme d'argeant,* Habebatur pe-
cuniosus, tamen nec penes se, nec apud alios,
momenti vllius nummos habuit. *Soi meme, de
soi meme, de ce qui le touche,* Sui ipsius. Suimet.
Suimetipsius. *Il ne fut amateur de soi-meme,*
Amans sui minimè vmquam fuit. Sui ipsius
amantior haud vmquam exstitit. *De soi meme,
de son mouuemant propre,* Ex seipso. Ex sese. Sua
sponte. Vltrò. *De soi-meme il se porte à tout bien,*
Sua sponte fertur ad honesta quæque. Natura
ipsa duce, naturæ ipsius ductu honestatem omnem amplectitur. *Ce frere, lui est vn autre soi-
meme,* Ipsius ille frater ei est alter ipse. Illum
suum habet germanum, vti seipsum alterum. *Il
ne te feroit pas pis, qu'à soi-meme, si tu traitois
auec*

auec lui , Si verſarêre,ac ageres cum iſtoc homine , non ſecùs tibi,ac ſemetipſi planè ſe adhibe-
ret, te perinde,ac ſeipſum,omninò acciperet.

S O N.

I *S*On , *Pronom poſſeſſif , reciproque , de geanre*
maſculin,mais qui ſe răd Latin an tous gean-
res, de nombre ſingulier , le femenin duquel eſt,*Sa,*
& le pluriel,Ses, Francicum, *Son,* poſſeſſionis, re-
ciprocíque reſpectus,Pronomē eſt,virile,quod tamen quouis genere redditur Latinè , numeri ſingularis, cuius pluralis eſt ,*Ses,*muliebre genus,*Sa,*
de quo ſuprà dictum eſt. *Son, ſelon diuers reſpets*
*ſe rand an Latin diuerſement , ou par,*Eius, Illius,
Ipſius , *ou par* , Suus, Sua, Suum. Vernaculum,
Son, pro eius vario reſpectu, nunc his vocibus,
Eius, Illius. Ipſius , nunc iſtis, Suus, Sua, Suum,
Latinè explicatur. *Son,ſe pratique an diſcours , ou*
comme ſuppoſt de ſon action propre , ou comme ſu-
*iet de l'action d'autrui,*Gallicum,*Son,*vel ſuę ipſius
velut actioni præeſſe in oratione fingitur , vel
alienæ ſubeſſe. *Son,amploié ,an ſuite de diſcours,*
comme agiſſant à l'androit de ſoi-meme , ſe tourne
*an Latin communemant par,*Eius,Illius, Ipſius,&
*neantmoins ancores par,*Suus, Sua, Suum , Celticum , *Son ,* vſurpatum in oratione, quaſi aduersùm ſe quid agens, genitiuis,Eius, Illius,Ipſius,
vulgò,ac frequentiùs traducitur Latinè , rectè tamen etiam reciprocis,Suus, Sua,Suum, transfer-
tur. *Son epée s'emouſſa fort an la melée ,tant il*
combatit rudemant, Tam acriter eo depugnauit
prœlio,vt ab incuſſis ictibus eius enſis vehementer

ter ſeſe obtunderet, hebetaret, retunderet,aciem
impensè obtunderet, hebetaret, enſis ipſius magnoperè obtunderetur, hebetaretur, retunde-
retur. *An vne courſe ſon cheual s'abatit trois fois ſous
lui*, Vna ſtadij decurſione, ſubter ipſum agitan-
tem, equus eius ter ſe abiecit, deiecit, ter offendit,ac cecidit, corruit, collapſus eſt, procubuit,
prolapſus eſt. *Cete couleur eſt riche, mais ſon luſtre
ſe ternit aiſémant*, Planè luculentus is color eſt,
at eius ſplendor ſeſe facilè exſtinguit, obſcurat,
offuſcat, delet, diluit, eluit, ipſius nitor breui
marceſcit, exſtinguitur,tabeſcit,obſcuratur,con-
tabeſcit, offuſcatur. Latinæ quoque in hoc genere ſunt hæ locutiones, ac Latinitatis antiſti-
tum familiares : Suus eſt prolapſus equus:Se ſuus
enſis valdè obtudit : Suus ſe ſplendor exſtinguit,
hebetat,marceſcit.

2 *Son , aiant le poſſeſſeur pour ſuiet de ſon
action,ſe rand an Latin par*,Eius,Illius,Ipſius , *&
bien mieux par* Suus, Sua,Suum: Gallicum , *Son*,
quando ipſum ſibi ſubſternit poſſeſſorem , velut
ſuæ actionis materiam, hiſce vocibus , *Eius,
Illius,Ipſius*,& eò meliùs iſtis , *Suus , Sua, Suum*,
Latinè exponitur. *Son auditoire l'a ſiſlé , & puis
abandonné*, Sua eum concio exſibilauit,ac ſolum
deſtituit. Suus ipſum omnis auditor exploſit , ac
dicentem deſeruit. Eum ipſius auditores concio-
nantem ſibilis acceptum deſtituêre. *Son orgueil
lui ote tout antandemant* , Sua ipſum arrogantia
prorſus omni ſpoliauit mente , atque conſilio.
Ipſum iudicio penitùs exuit eius immodica ſu-
perbia. *Son valet lui a paſſé la plume par le bec*,
Ipſi,vt fatuo hero,ſuus famulus egregiè os ſuble-
uit.Ipſi,vt ſtolidę gallinæ,pinnam per nares aſtu-
tus

tus famulus traiecit,& egregiè impofuit. Ei , vt
ftupido , fuus famulus pinnæ velut frenos per
nares traduxit, ac lupos indidit. Eum fuus familiaris minifter, vt hebetem , verfuta fraude circumuenit. *Son cheual l'a aterré fous foi, & l'a
tout moulu* , Eum fuus equus fubter fe ftrauit , ac
planè commoluit,& obtriuit.

   3 *Son , mis an difcours , comme agiffant anuers
vn tiers,autre que le poffeffeur, fe dit an Latin par,*
Eius,Illius,Ipfius, & *ancore par,*Suus , Sua,Suum,
Celticum , *Son* , vt obiens vicem aliquid agentis
in quempiam à poffeffore diuerfum, demonftra-
tiuis,Eius,Illius , Ipfius , & reciprocis,Suus , Sua,
Suum,Latinè effertur.*Son armée a choifi vn autre
chef , lui abfant* , Eius abfentis exercitus alium
fibi legit ducem. Alium ab eo ductorem fuus
exercitus fibi,per eius abfentiam,impofuit.Ipfum
abfentem fuus deferuit exercitus , Prætorémque
fibi alium creauit. *Son succeffeur s'eft faifi du gou-
uernemant,auant le tans* , Eius fuccffor, ante legitimum tempus , prouinciam iniuit , prouinciæ adminiftrationem ingreffus eft. Eum fuus
fucceffor in accipienda præmaturè prouincia occupauit.

   4 *Son,mis an l'oraifon pour fuiet de l'action du
poffeffeur , s'exprime an Latin par le reciproque,*
Suus,Sua,Suum:Vernaculum,*Son*, vt eft fubftra-
ta materia poffefforis in ipfum agentis , reciproco, *Suus , Sua , Suum* , Latinè enunciatur.
*Il plie , & contourne fon cors de tous côtés, comme
vne anguille,* Mollis anguillæ inftar,agile corpus
fuũ quamuis in partem facillimè ducit , & infle-
ctit. *Il fait plaifir de fon bien , & de fon credit , à
qui an veut vfer* , Suam gratiam , & fuas copias
                                              libe

liberaliter commodat , & impendit quibuſque
vti volentibus.

5 *Son, amploié pour ſuiet de l'action d'vn tiers,*
autre que le poſſeſſeur, & icele action an premiere,
ſeconde, ou troiſieme perſonne , ſe rand preſque or-
dinairement par, Eius, Illius, Ipſius, & neantmoins
auſſi par, Suus, Sua, Suum, Francicum, Son, orationi
adhibitum, vti ſubiecta materia eius actionis, quæ
ſit alterius, quàm poſſeſſoris, prima, ſecunda , vel
tertia perſona quidpiam gerentis, explicatur frequentiùs demonſtratiuis, Eius, Illius , Ipſius , ſed
interdum reciprocis, Suus, Sua, Suum. *Ie n'ai peü*
vous aduertir de ſon inopiné depart , De ipſius in-
opinata profectione haud potui , ante eam initam, te admonere. *Tu auois nouueles de ſon reta-*
bliſſemant, & tu n'an diſois mot , Acceperas de illius reſtitutione nuncios , nemini tamen indica-
bas. *Perſonne ne ſçauoit rien de ſon decés , ſi tu ne*
l'euſſes dit , Niſi tu renunciaſſes, illius de obitu
nemo quidquam audierat. Sunt autem Latinæ
huiuſmodi etiam formulæ : De ſuo diſceſſu , de
ſua reſtitutione, de ſuo obitu antè audiueramus,
quàm tu nunciares. *D'vn coup de trait il a tué, &*
la biche, & ſon fruit dans ſon vantre, Vno eodém-
que telo, & ceruam , & eius in aluo fetum confecit. Ictu eiuſdem teli, & ceruam , & ceruæ catulum in aluo interemit.

6 *Son , couché au diſcours pour acceſſoire, ou ap-*
pandice du ſuppoſt de la propoſition , ſe rand an
Latin , comme s'il etoit le ſuppoſt meme, ſelon les
formules ſus mantionnées, Gallicum , Son , in oratione poſitum, velut acceſſio, & appendix principis membri propoſitionis, Latinè iiſdem vocibus
redditur , ac ſi eſſet ipſum primarium propoſitionis

tionis membrum. *La crete de son morrion s'est
acrasée du coup,* Ipfa caſlidis eius criſta, iˑus grauitate ceſſit, oppreſsáque eſt. Summa eius galeæ
criſta, iˑu tam graui obtrita, & complanata eſt.
*La fatigue de son long voiage lui a causé cete ma-
ladie ,* Ei ſua tam diuturna peregrinatio hunc
morbum peperit. *Les caufes de son mecontantemant procedent d'ailleurs, que de moi ,* Eius offenſionis cauſæ, offenſionis ab eo ſuſceptæ argumenta, aliunde, quàm à me, ducuntur. *Les seruices,
que tu as tirés de son cheual, meritent bien plus de
gré, que cela,* Inſignia tua ex ipſius equo commoda , longè plùs abs te gratiæ merentur, & exi-
gunt. Ipſius ex iumento , ſuo ex iumento profe-
ˑa in te emolumenta ampliorem in eum gratiam abs te repetunt, & iure quidem.

7 *Son , pratiqué pour acceſſoire du second terme
de la propoſition, ou du ſuiet, & matiere de l'action,
ſe tourne an Latin par,* Eius, Illius, Ipſius, *& ancore
par,* Suus, Sua, Suum , Francicum , *Son,* vt in oratione eſt poſterioris membri propoſitionis quædam acceſſio, hiſce voculis , *Eius , Illius , Ipſius,*
aut iſtis, *Suus, Sua, Suum,* Latinè explicatur. *Ie n'ai
ſceu le iour de son trepas , que dix iours aprés icelui,*
Eius obitus diem neſciui priùs , quàm eius diei
die decimo. Sui deceſſus diem , non niſi poſt de-
cimam ab eo lucem cognoui. *Tant qu'il cheuauche , il laiſſe touſiours aller à l'abandon la bride de
son cheual,* Quamdiu equitat , ſui equi habenas
liberas ferri perpetuò ſinit. *On lui fait tort de lui
detenir le ſalaire de son trauail,* Iniuria, nec leuis,
ei infertur , quòd eius operæ, quòd ſuæ operæ
merces ei detinetur. *D'vn coup de trait il a bleſſé
l'ourſe , & tué son fruit dans le vantre , la mere
ſauue,*

ſauue, Vnius teli petitione vna vrſam conuul-
nerauit, & eius fetum in aluo peremit, ſalua eo
ex ictu matre. Et vrſam affecit vulnere, & ſuum
vrſæ catulum in aluo confecit, matre illo ex caſu
ſuperſtite.

8 *Son, ioint aux verbes intranſitifs, & aiſolus,
& auec eux exprimant vne action, qui ſe termine
à elle meſme, ne paſſant ailleurs, ſe rand an Latin,
& par, Eius, Illius, Ipſius, & par, Suus, Sua, Suum,*
Vernaculum, *Son*, Intranſitiuis & Abſolutis copulatum verbis, & vnà cum eis actionem exprimens, deſinentem in ſeipſa, Pronominibus Eius,
Illius, Ipſius, item, Suus Sua, Suum, Latinè enunciatur. *Son epée plie, ſon heaume chancele, ſon cui-
race s'ouure, ſon cheual cloche, & bronche, ce qui l'incommode fort au combat*, Ipſius inflectitur enſis,
vacillat galea, lorica aperitur, claudicat, & paſſim, offendit equus, quæ omnia ipſi depugnanti
vehementer incommodant. *Son aieul eſt Aleman,
ſon pere Eſpagnol, ſon langage Anglois, ſon ſeiour
Italie, ſon exercice les armes*, Teutonus eſt
ipſius auus, Hiſpanus parens, ſermo Britanni-
cus, domicilium Italia, profeſſio autem militaris.

9 *Son, prand la place de, Sa, & deuient femenin,
quand on le met deuant les mots femenins, ou deuant autres mots ſeruans aux ſuſdits, & ce iceux
tous commançans par voicle, ou par aſpiration
muëte, & inſanſible*, Francicũ, Sòn, cedit in locum
Gallicæ voculæ, Sa, induítque muliebre genus,
quoties præfigitur femininis vocabulis aut nullius
generis aliis, ad illa feminina ſpectantibus, & iis
quidé omnibus ab vocali, tenuíve, ac muta aſpiratione inchoatis. *Son audace, ſon effronterie, ſon*
arro

arrogance, *son opiniatriſe*, *le randent intolerable*
à chacun, Eum mortalium ſingulis intolerabi-
lem facit ſua inſignis audacia,impudentia , arrogantia,& peruicacia. *Son extreme ignorance*,& *ſon*
incroiable preſomption l'ont comblé de honte, Eum
ſingularis ſua inſcitia , incredibiliſque temeritas
omni cumularūt infamia. *Son autant honnorable*,
que aſſiduë ambition , *l'a eleué aux charges* , *où il*
ſert grandemant le public, Ipſum ſua æquè honorifica,atque aſſidua ambitio, in eos extulit munerum gradus , quibus gerendis vehementer benè
de publico meretur. *Son auſſi ingenieuſe*, *que am-*
ple oraiſon lui a acquis vn los immortel auprez
des bien antandus, Ei ſua non ingenioſa minùs,
quàm ampla oratio, apud intelligentes viros im-
mortale decus peperit.*Son honneteté* , *ſon humili-*
té , *ſon ordinaire oraiſon* , *lui ont donné le bruit de*
grande vertu antre les vierges , Ipſius pudor ,de-
miſſio animi , continentes preces , in virginum
cœtu , eximiæ virtutis nomen ei quæſierunt. *Son*
heroïque valeur , *ſon infatigable perſeuerance à*
defandre la patrie , *ne ſe peuuent aſſez loüer*, He-
roïca eius fortitudo, & propugnandæ patriæ in-
uicta perſeuerantia , nullo ſatis idoneo præconio
poſſunt exaggerari.

   10 *Son*, *deu aux mots femenins ſuſdits* , & *à*
autres mots leur appartenans , *de la condition ſus*
mantionnée , *ſe change an*, *Sa* , *quand aucun mot*
commançant par conſonante , *ſe treuue antre-deux*,
Gallicum , *Son* , ſuprà indicatis muliebribus vocabulis , & aliis ad ea pertinentibus præfigi ſoli-
tum,tranſit in,*Sa*, vernaculum , quoties medium
interuenit vocabulum ab conſonante inchoa-
tum. *Sa trop arrogante mine* , *ſa peu auiſée façon*
de

de parler, ſa moins honnete vie, le randent me-
*priſable,*Eum contemtiorem faciunt, vultus arro-
gantior,imprudentior ſermo , & minùs honeſta
vitæ ratio.*Sa plus honnorable action publique , fut*
ſa mal agreable reprimande faite à la populace,
Omnium honoratiſſima ipſius publica actio fuit
inuiſa illa in plebeculam obiurgatio.

11　*Son,n'a pas lieu,ſoit tout ioignant, ſoit quel-*
que mot commancé par conſonante,antre-deux, de-
uant les mots femenins, commançans par aſpira-
tion forte,& ſanſible,mais , Sa , an prand la place,
*à lui deüe,*Celticum , *Son*, nec proximè, nec interiecta media voce alia , cui ſit ab conſonante
initium,ante muliebria nomina, ab denſiore halitu inchoata,præfigitur,ſed Gallicum , *Sa* , eam
ſedem ſibi iure vindicat. *Sa hardieſſe l'a ieté an*
vn grand hazard,mais la meme , auec l'aide de ſa
halebarde,l'an a retiré , auec dommage de l'anne-
mi , Sua eum magnanimitas in grauiſſimum
præcipitauit periculum , eadem tamen , caſtrenſis ſecuris ope , ipſum inde , cum hoſtium clade,
eripuit.

12　*Son,ioint auec ces mots,Santir, Reſſantir , &*
ſamblables,exprime vne habitude, naturele , ou ac-
*quiſe,*Francicum,*Son,*hiſce verbis, *Santir* , *Reſſan-*
tir,& huiuſmodi,copulatum, aut inſitam natura,
aut vſu quæſitam affectionem quamdam exprimit.*Ce ieune homme ſant ſon bien, & ſon honneur,*
Hic adoleſcens ingenuam, & honeſtam prorsùs
indolem præfert. Puer iſte , & egregiè natus , &
educatus liberaliter videtur.Hunc adoleſcentem,
tum domi honeſtè natum , tum præclarè inſtitutum,omnis ipſius & oratio,& actio iudicat. *Cete*
façon reſſant ſon taquin, & ſon ruſtre , Iſta omnis
agendi

agendi ratio tenax,illiberale,ac rufticanum plané
redolet ingenium.

1 3 *Ses,masculin,pluriel de* Son,*comme,*Ses , *femenin,eſt le pluriel de,*Sa,Vernaculum , Ses , virilis generis , eſt pluralis numerus virilis Pronominis,Son,ſicut, Ses,muliebre, eſt pluralis, *a,*muliebris Pronominis , *Ses chiens , ſes oiſeaux le de-
uancent pour le deduit de la chaſſe ,* Ipſum ſui canes,& accipitres antecedunt , venaticæ oblecta-
tionis creandæ gratia.

S O V S.

1 S*Ous , Prepoſition de ſituation locale , hors de
mouuemant , ſi ce n'eſt dans le meme lieu,*
Francicum, *Sous,*certæ in loco ſedis,ac extra, niſi
eodem in loco, motum præpoſitio eſt. *Sous, pris
an ce ſans, ſe rand indifferammant par l'accuſatif,
ou ablatif Latin,*Celticum, *Sous ,* hoc vſurpatum
ſenſu , Latino accuſatiuo,vel ablatiuo promiſcuè
redditur.*Sous,*Sub,Subter.*Sous le ciel,à l'air,au decouuert,*Sub dio,aut diuo. Sub dium , aut diuum.
Subter dio,vel diuo. Subter dium. Subter diuum.
Sub aperto cælo.Sub apertum cælum. Sub aperta
cæli.Subter patête cælo.Subter aperta cæli. *Quelques nations batiſſent leurs greniers à bled ſous terre ,* Nationes quædam frumentaria horrea ædifi-
cât ſub terra,ſub terram,ſubter humo,ſubter humum , ſub terræ ſolo , ſub terræ ſolum. *Certains
peuples ſauuages,és païs chauds, n'habitent , & ne
couchent iamais ſous le couuert ,* Agreſtes, ac feræ
gentes nonnullæ, calidis in regionibus , nec habitant , nec pernoctant vmquam ſub operto, ſub
oper

opertum, subter tecto , subter tectum. *Les ïeux
sont an echauguete sous le rampart du front, le nés,
& la bouche sont assis sous les ieux* , Lumina vigi-
lias agitant sub munimento frontis , nasus, & os
sedem habent sub oculos, sub oculis, subter lumina , subter luminibus. *Iusques à tant , que le soleil se couche , pourmenons nous sous ce portique,*
Quoad sese abdat sol , inambulemus sub hanc
porticum, sub hac porticu, subter hanc porticum,
subter hac porticu.

   2. *Sous, preposition locale, declare an l'accusatif
Latin, le mouuemant vers vn lieu,* Gallicum , Sous,
loci præpositio, motum versùs locum Latino ac-
cusatiuo exponit. *Le poussin, au siflet du milan , se
fourre sous l'aile de sa mere* , Ad inauditum mil-
uij sibilum, pullus mox se abdit sub matris alas,
mox se penetrat subter matris alas. *Ce braue caualier oiant sonner l'alarme, s'est ieté sous la creche
aux cheuaux,* Strenuus hic eques , vt audiit con-
clamari ad arma , velut ad certamen, se coniecit
sub equorum præsepia , subter equestria præsepia. *An tel cas il se lanceroit sous terre , plutot que
de subir le danger,* Sub terram , subter ipsam terram , vltrò se deiiceret potiùs , quàm vt subiret
periculum.

   3 *Sous, explique le mouuemant , & depart de
vers vn lieu, an l'ablatif Latin,* Vernaculum, Sous,
motionem, & decessum ex loco exponit, auferen-
di Latino casu. *On a veu des ombres sortir de sous
les marbres des sepulcres,* Visa sunt interdum vm-
bratilia defunctorum simulacra, sub sepulcrali-
bus marmoribus prodeuntia. *Tu verrois des mil-
liasses de scorpions sortir de sous cete pierre,* Subter
hoc lapide erumpentes videas scorpiorum millia.

Hors

*Hors d'ici, mauuais garnemant , qui comme vn
ver viens de sortir de sous terre,* Foras,foras , lum-
brice, qui sub terra erepsisti modò. *Plautus, Au-
lularia.*

4 *Sous , exprime la capacité , & anceinte de la
nature , essance , signification d'vne chose,* Francicum, *Sous,* exprimit ambitum , & captum naturæ,
essentiæ,ac significationis rei cuiuspiam. *Sous le
mot de Dieu est contenu tout ce qui est de plus
grand,& excellant ,* Quidquid maximi,& excel-
lentissimi, & fingi,& esse potest,hac voce, Deus,
continetur , sub hoc nomen , Deus, cadit, sub
hoc vocabulo,Deus , subiectum est. *Sous le nom
d'Antioche,sont antanduës maintes grandes villes,*
Pleræque amplæ vrbes appellatione Antiochiæ
intelliguntur,sub Antiochiæ nomenclatione subiectæ sunt , in Antiochiæ nomenclaturam
cadunt.

5 *Sous , explique ce qui tient place de couuerture , fausse apparance , ombre ,voile ,* Gallicum,
*Sous,*id omne exponit , quod inanis speciei , ob-
tentus,inuolucri, vmbræ , imaginis locum occupat.*Sous couuerture de protection , on nous tient an
dur seruage ,* Sub fucata clientelæ , ac patrocinij
specie,dura obruimur seruitute. *Sous ombre d'al-
liance , les Romains ont tyrannisé , & accablé
plusieurs peuples libres,* Liberæ conditionis gentes
plerasque,sub vmbra æqui fœderis, Romani ty-
rannicum in modum diuexarunt , & obtriue-
runt.*Sous pretexte de treues,l'annemi les a surpris,
& pillé ,* Sub legitimarum induciarum fœdo ob-
tentu , hostis eos circumuenit , ac depopulatus est.

6 *Sous , declare la maniere d'intandance sur*
K autrui,

autrui, Celticum, *Sous*, iurifdictionis, & poteſtatis
in alios rationem declarat. *Tous les etrangers du*
Roiaume ſont ſous la ſauuegarde du Roi , Omnes
in regno degentes aduenæ ſub regia ſunt tutela,
ſunt in regis tutela, & fide. *Les iles voiſines ſe ſont*
ietées ſous la protection du Prince , Vicinæ inſulæ vniuerſæ ſub Principis clientelam , & præſidium ſeſe ſubiecêre , in ditionem , ac fidem
Principis ſponte conceſsêre. *Ceſar n'auroit ia*
mais rangé les Gaulles ſous l'Ampire Romain , *s'il*
n'eut ſemé diuorce antre les Gaullois , Numquam
Gallias Cæſar ſub Imperij Romani ditionē ſubiugaſſet, niſi, notis Romanorum fraudibus, Gallos
inter materiam diuortiorum diſſeminaſſet. *Et*
tout le peuple, & *tous les Magiſtrats Romains etoïēt*
ſous la iuriſdiction du Dictateur , Et populus Romanus omnis, & ſummi etiam quique Magiſtratus , in Dictatoris erant ditione, atque poteſtate,
obnoxij erant Dictatoriæ iuriſdictioni. *Les biens*
des criminels ſe mettent ſous la main du Roi, Capitalium reorũ bona, ſub regiam manum, ſub Regis
poteſtatem , rediguntur. *Son credit eſt tel, qu'il a*
toute la prouince ſous la main , *comme ſa famille*
propre , Tanta eius eſt gratia , & auctoritas , vt,
velut domeſticam familiam , vniuerſæ prouinciæ incolas ſub manu habeat, ſub manus habeat,
in manu, ac poteſtate habeat. *Ie me range ſous l'ai*
le de votre faueur, & *defanſe, contre mes haineux*,
Sub fauoris, fidei, ac tutelæ tuæ alas concedo , vt
me aduersùs inimicos ſaluum , incolumémque
tueare.

    7 *Sous* , *ſe prand pour* , *auec telle choſe* , *moien*
nant ceci, ou cela, Vernaculũ, *Sous* , interdum idem
valet, atque, Cum hoc, aut illo , Intercedente hac,
vel

vel ea re. *On lui accorde sa requete, sous condition,*
qu'il ne demande rien plus. Eius libello, vti rogas,
rescribitur, ea conditione, ea lege, sub ea códitio-
ne, sub ea lege, vti nihil ampliùs postulet. *Le Prin-*
ce fait grace aux rebelles, sous leur serment d'obeïs-
sance, & fidelité perpetuele, Rebellibus noxæ gratiam facit Princeps, sub eorum iureiurando, sub
ipsorũ sacramento perpetui obsequij, ac fidei. Re-
bellantibus admissæ fraudis veniã indulget Princeps, interposito ipsorum iureiurando sinceræ
deinceps obsequentiæ, ac fidelitatis, noxam condonat Princeps, cum hoc, vt adiurent, obsequen-
tes, fidósque se fore in posterum.

<h2 style="text-align:center">S V R.</h2>

1 **S***Vr, sus, dessus, Prepsition d'assiete locale, hors*
de mouuemant, forsque dans l'anclos de la
meme situation, laquele on rand an Latin auec
l'accusatif, & l'ablatif indifferammant. Francicum, *Sur,* stati in loco situs est præpositio, expers
motus, nisi intra eiusdem situs ambitum. *On peut*
dresser des iardins, portiques, & pourmenoirs, sur le
toit des logis bien batis, Et horti, & porticus, ambu-
lationésque possunt cómodè excitari, super tectũ,
super tecto, supra tectum solidè structarũ ædiũ.
L'armée de l'annemi a campé sur la rase cãpagne,
à dessein de prandre toute occasion de combat, Ho-
stilis exercitus super patentes campos ea mente
consedit, vt quamuis prœliandi occasionem ca-
ptaret. *Il a marché tout le iour par ville sur vn ane,*
Per vrbem, toto die, ambulauit in asino, super asi-
num, vectus asino, vectus in asino. *Les vns dor-*

*ment sur la plume , les autres sur la paille freche,
les autres sur l'herbe ,* Hi quidem dormiunt super
plumam, supra plumam, in pluma, super pluma:
isti autem super recentem paleam , supra recentē
paleam, in recente palea , super recente palea : illi
verò super virentem herbam, supra virentem
herbam , in virente herba , super virente herba.
*Sur les murs de ce chateau deux caualiers courent
la bague de front ,* Super muros , supra muros,
in muris, super muris huiusce arcis, equestres cur-
sores duo , æquatis frontibus , certant de bullæ
præmio , certant ludicrum catadromi anulum,
certamen ineunt de anulari cursus mercede.

2 *Sur, preposition, auec mouuemant vers vn lieu,
qui se rād an Latin auec l'accusatif,* Celticum, *Sur,*
loci explicandi præpositio , certam versùs regionem exprimens motum, cui accusandi casus adiungitur. *Pour decouurir toute la campagne , mon-
tons sur ce cotau ,* Ad plana camporum vndequa-
que prospicienda, super hunc collem scandamus,
supra istū cliuum euadamus, conscendamus, subeamus, in sūma huius collis prouehamur, succe-
damus, subeamus, *Ce petit bout d'hōme ne sçauroit
monter ce grand coursier , sur ce haut coursier , sans
echele,* Non nisi adhibita scala hic pumilio gran-
diorem hunc equum ascenderit, conscenderit, in-
scenderit , super hunc celsiorem equum succes-
serit, subierit, se subiecerit , euexerit, prouexerit,
extulerit, intulerit, sustulerit.

3 *Sur, preposition locale, declarant auec la prepo-*
*tion, de, vn depart, ou mouuemant, ou autre action,
procedant de vers vn certain quartier , se rand di-
uersemant an Latin, cōme ci apres,* Gallicū, *Sur,* loci præpositio, vnà cū alia præpositione vernacula.

De,

De,explicans motionẽ,deceſſum,aliámve actionem certa ex regione proficiſcentem , variè redditur Latinè , vt ſubiecta exempla docent. *Nous
donnions l'eſcalade de toutes parts , mais l'annemi
nous accabloit de pierres de ſur la muraille,*Coro-
na oppugnaturi arcem , ſcalas omni regione ad-
moueramus,ſed muri defenſores deinſuper ‚ de-
ſuper,nos ſaxis obruebant,deſuper è pinnis nos
lapidibus obterebãt,ſuper ex ſummis mœnibus,
ſaxis nos opprimebant.*L'annemi de ſur ſes ram-
parts decouure tout le dedans de notre cãp , & nous
choiſit à plaiſir en tirant contre ,* Hoſtis ſuper ex
ſuo vallo,deſuper ſuo ex aggere deſpicit,& pro-
ſpectat intima , in intima caſtrorum noſtrorum,
próque arbitrio telum in quemlibet noſtrûm
adigit. Ab ſuis munitionibus,ex ſuis operibus , è
crepidine ſuarum munitionum,ex ſuggeſto ſuorum operum hoſtis deſpectat,proſpicit interiora
noſtra caſtra , & quem noſtrum collibuerit , ad
ictum deſignat oculis,ac deſtinat. *De ſur les murs
on paſſe de plain pied au chateau,*E ſummis mœnibus,ex ſummo murorum,ab ſuprema mœnium
regione , plano pede,plani pedis via,tranſitur in
arcem. *De ſur cete croupe de rochers , la biſe nous
anuoie ici quantité de nege glacée,* Illo vſque ex
rupium iugo,magnam vim glaciatæ niuis huc ad
nos Boreas ſummittit.

4 *Sur , explique l'eminance d'vne choſe ſur vne
autre,an ſuiet materiel,& non materiel,* Vernaculum,*Sur,*cuiuſque rei,ſeu materia conſtantis,ſeu
ea carentis , eminentiam ſupra rem aliam exponit. *Sur* , Super , Suprà. *Le mont Taurus rehauſſe
ſon coupeau fort auant ſur les autres,*Mons Taurus ſuper cæteros montes,ſupra reliquos montes,

K 3   trans

trans aliorum culmen, vltra cæterorum verticem in fublime fe effert magnoperè. *L'eſſrit de Ciceró a autant d'aſçandant ſur le plus des ecriuains, que le ſoleil ſur la lune*, Tanto interuallo plerorumque fcriptorum ingenia exſuperat ingenium Ciceronis, quantò lunam fol luminis copia, & claritate anteuertit.

5 *Sur, repreſante l'intandance*, ⁊ *ſuperiorité de quelcun, ſur quoi que ce ſoit* Francicum, *Sur*, cuiusquemodi præfecturæ, ac magiſterij rationem exprimit. *Sur*, in, Super, Supra. *Intandant ſur toutes, de toutes finances*, Præpoſitus ſuper vniuerſum ærarium, ſupra omne ærarium, in totum ærarium. Præpoſitus toti ærario, vniuerſæ rei ærariæ. Præpoſitus ærariis rationibus omnibus. Impoſitus præfes in rem vniuerfam nummariam, vniuerfæ rei nummariæ. Præfectus Principis fifco, ærarióque. Prefectus Regij fifci, ac ærarij. *Offi cier commis ſur le manger, boire*, ⁊ *ſommeil du Prince*, Super cibum, potum, ac fomnum Principis miniſter. Principi ab cibo, potu, fomnóque miniſter. *Commis ſur les viures de l'armée*, Super caſtrenſes commeatus curator. Supra militarem annonam præfectus. Caſtrenſis annonæ curator. Militaris cómeatus præfectus, procurator, preſes.

6 *Sur, auãt toutes choſes, principalemãt*, Maximè. In primis. Ante omnia. Præcipuè. Super omnia, Supra omnia. Præter, ac fupra alia omnia. *Sur tout autre deuoir, tu garderas la foi au Prince*, Ante, ac fupra quæuis alia officia, muneráque clientelaria, integram, fincerámque fidem principi præſtabis. Sic te, tuáque omnia principi femper adhibebis, vti, præ cæteris omnibus, fidem ei ſerues quàm religioſiſſimè.

7 *Sur , outre, pardeſſus ce´, & ancores* , Præter.
Prætereà. Vltrà. *Et ſur le principal de la dete , il
demande ſes dommages, & interets* , Præter pecuniæ ipſum caput , vltra æris ſui ſortem , poſtulat
inſuper , quanti ſua interſit , ad dictam pecuniæ
diem non eſſe diſſolutum nomen.

8 *Sur,terme de condition chargeante,*Celticum,
*Sur,*obſtringentis conditionis adhibetur formulæ. *Ie prans ce depot ſur ma foi* , Depoſitum hoc
ſartum , tectúmque tuendum mea fide accipio.
Ie te remets ce priſonnier ſur ta foi , Captiuum
hunc tua fidę cuſtodiendum trado , tuæ fidei
committo. *Prandras-tu ſur ta conſciance le mal,
qui an reüſſira ?* Quidquid inde oborietur culpæ,
vin' tu animi tui præſtare pericu'o?

9 *Sur,ſe prand ſonuant pour De, Pour le regard
de , Touchant'ce* , Gallicum ,*Sur,*frequenter vſurpatur pro,De,Quod attinet ad,& huiuſmodi formulis. *Sur ce point qu'aués-vous à opiner*Hoc de
capite , Super hoc capite , Quod ad hocce caput
attinet,quę tua eſt ſententia?*On ecrit diuerſemant
ſur le fait de guerre* , De bello , Super bello,
Quod ad rem bellicam ſpectat , variè ſcribitur,
varia ſcribuntur.

1o *Sur, precede,tant les voieles , que les conſon-
nantes : Sus , plus doucemant, & frequammant deuance les voieles* , Celticum , *Sur,*tam vocalibus,
quàm conſonantibus , ſine diſcrimine , præfigitur : at,*Sus* , Francicum ſuauiùs , ac frequentiùs
præmittitur vocalibus. *Voiés,Sus , tout ioignant
aprés.*

K 4   S v s.

S v s.

1 *S* Vs, *Aduerbe local*, *propre d'aſſiete locale*, *mis* abſolumant, & *ſans ſuite*, Francicum, Sus, ſedis in loco Aduerbium eſt, abſolutè, ac ſine ad uncto poſitum. Sus, Suprà. *Là ſus*, *là haut*. Suprà. *Les etoilles ſont là ſus*, *où nous ne ſçaurions ateindre*, *pour les veoir de prés*, Stellæ ſunt ſuprà, & procul, in ſublimi, loco ſublimi, loco excelſo, in præcelſa regione, ac ſede, quò nequeamus attingere, vt è propinquo ſpectemus. *Dieu tŏne*, *eclaire*, *grele*, *tampete*, *foudroie de là ſus*, *quand bon lui ſamble*, Deus tonat, fulgurat, grandinat, tempeſtate ſæuit, fulminat, quoties lubet, è ſublimi, ex alto, è ſupero loco, è ſupera arce, è ſublimi ſede, ex regione ſuperiore.

2 *Sus*, *Prepoſition d'aſſiete locale*, *ſans mouuemant*, *fsrſque dans l'anclos de l'aſſiete meme*, *laquele precede plus frequammant les voieles*, *que les conſonantes*, *mais antre les conſonantes deuance plus ordinairemant les molles*, *comme*, *C*, & *S*, *que les rudes*, & *ſe ioint à l'accuſatif*, & *ablatif au Latin*, Celticum, Sus, ſtati in loco ſitus Præpoſitio eſt, ſine motu, præterquàm intra ipſius ſitus ambitū, quæ vocales frequentiùs, quàm conſonátes anteit, ſed, inter conſonátes, earū mollioribus, vti, C, & S, & eiuſmodi, quàm aſperis vſitatiùs præfigitur, cuíque accuſatiuus, ſeu ablatiuus promiſcuè adiungitur. *Sus Olympe*, *mont d'Elide*, *furent iadis des autels*, *la çandre deſquels n'etoit aucunemant remuée par*

les

les vans , Super Olympum , Elidis montem , fuêre quondam facrificiorum aræ, quarum
cinerem nulla ventorum aura commouebat.
Les vans ne s'egaient , & ne fe pourmenent point
fus Olympe, fus le coupeau d'Olympe, d'autant qu'il
furpaffe la hauteur de la moienne region de l air.
In Olympi fummo cacumine , fuper Olympi
fupremo vertice, ïdeò nulli oberrant, aut fpatian-
tur venti, quòd is vertex mediam aëris regionem
altitudine tranfcendit. *L'oifeau de haute volerie*
etant fus les nuës , pour fon plus grand contente-
mant , fe foutient longuemant fus aile , eft long tans
fus aile , Sublimis aucupij accipiter , dum fuper
nubes verfatur, volatus celfioris captus dulcedine,
fefe velut nutantibus alis diutiùs librare confue-
uit , alarum libramento fufpenfum fefe longiore
tempore folet permittere.

3 *Sus*, Prepofition locale, *declarant le mouuemant*
vers vn lieu, Gallicum , *Sus* , loci Præpofitio motum versùs regionem aliquam declarat. *Tu ferois*
arriué fus Oeta, ce haut mont de Macedoine , dés
que tu commances à monter dix efcaliers, In ipfum
fummum Oetam, fuper Oetæ verticem euafiffes,
ex quo denos modò gradus cœpifti fcandere.
Puifque il monte fus fon moreau , c'eft figne , qu'il
veut faire du chemin, Quandoquidem furuum illum fuum infcendit equum , argumentum certum eft, de longinquiore via eum cogitare.

4 *Sus*, Prepofition locale, *expofant le mouuemant,*
ou autre action procedant de vers quelque lieu,
Vernaculum , *Sus* , explicandi loci Præpofitio,
motionem, alterámve actionem, è certo loco exorientem, defcribit. *A tel iour de fete tu ne le fe-*
rois defçandre de fus fon ane , pour mille ecus con-

*tans,*Eiufmodi feſto die,vel millenis præſentibus
aureis ab eo non expreſſeris , vti ex ſuo exſcen-
dat aſino,ex ſuo exſcenſionem faciat aſello.　*De
ſus ce perron, on peut ſe guinder aux fenetres.* Ex
illo podio inſcendi poteſt , ſe ſubiicere quis poſſit in propinquas feneſtras. *Voiés , Sur, és quatre
premiers articles* , Conſule　voculam proximam,
*Sur,*quatuor primis eius capitibus.

　5 *Sus,exprime le ſurcroit,l'accroiſſemant d'vne
choſe* , Francicum , *Sus* , factam acceſſionem rei
cuiuſpiam exprimit. *Mettre ſus , mettre anchere,
ſurdire,faire miſe d'anquant ſur vn autre,*Adiicio,
ieci,iectum,adiicere.　Suprà adiicere.Suprà licere. Suprà liceri. Contrà licere. Contrà liceri.　In
auctione adiicere,ſuprà adiicere. Auctionis pretio addere,adiicere,apponere. Ad haſtam contrà
licere,contrà liceri,ſuprà licere,ſuprà liceri.*Tout
d'vn coup il m'a mis ſus,il a hauſsé ma miſe de cinq
çans ecus,*Vna licitatione ſupra me adiecit quingentos aureos. Meæ omni licitationi quingenos
aureos vna ſua licitatione adiecit.　Quingenis
ipſis aureis, vna profeſſione , contra me licitus
eſt,licuit,licitatus eſt,auctionis pretium promo-
uit.

　6 *Sus,expoſe vne accuſation,charge,delation,an
quelque mefait.*Celticum,*Sus,*accuſationem,cri-
minationem,delationem , in quouis noxæ genere deſignat. *Tu lui as mis ſus vn fait atroce , auec
peu d'apparance,*Atrocis fraudis eum inſimulaſti,
& leuibus quidem argumentis.*Il s'eſt honnorable-
mant iuſtifié de tous les cas , que ſes haineux lui
mettoient ſus ,* Honorifica purgatione omnibus
ſe abſoluit criminibus,quæ ipſi malignè impo-
ſuerant maleuoli.

7 Sus

7 *Sus, Aduerbe, declarant l'etat, posture, condi-*
tion d'vne chose, Gallicum, *Sus*, Aduerbium est,
statum, situm, conditionémque rei describens.
Mettre sus, dresser, mettre debout, an pied, sur pied,
Erigo, rexi, rectum, rigere, Statuo, tui, tutum, tue-
re. Erectum statuere, Rectum erigere. *Mettre sus*
vne colomne, la dresser, la mettre an pied, sur pied,
Columnam erigere, statuere. *Remettre sus vne*
muraille ruinée, Dirutum parietem instaurare,
restituere, denuò statuere, rursùs erigere. *Mettre*
sus vne armée, Exercitum comparare, conficere,
apparare, parare, conflare, instituere. *Mettre sus*
vn menage, Familiam instructam constituere, instituere, conficere, conflare.

8 *Sus, debout, leue toi, leués vous, qu'on se leue,*
qu'on se mette an pied, sur pied, Heus, surge, exsur-
ge, surgito, exsurgito. Age, surgito. Agedum, exsurgito. Heus, surgitote, exsurgitote. *Sus, hors du*
lit, Age, eiice te è lecto, exime te è cubili, exi è lecto. Agite dum, somnum excutite, vósque ex
strato eiicite. *Sus, debout, c'est assez arreté, & repo-*
sé. Heus, quieti est indultum satis, surge, atque
accingere. Agite iam, cessatum est abundè, erigi-
te vos in pedes, & accingimini ad opus, statuite
vos in pedes, insistite in pedes, atque ad viam
succingimini.

9 *Sus, allons, faisons, marchons, auançons, qu'on*
aille, qu'on face, qu'on auance, Eia, procedamus,
agamus, promoueamus, rem prouehamus, negotium promoueamus. Eia, agite, procedite, promouete, cœptam rem prouehite, institutum opus
promouete, in cœpto negotio pergite.

10 *Sus donc, or sus donques*, Ergo. Igitur. Itaque. *Or sus donc, la resolution an est prise*, De re

itaque deliberatum eſt , decretum eſt , ſtatutum
eſt.

❧❧❧❧❧❧❧❧❧❧❧

T A.

1 *T*A, *Pronom poſſeſſif, & femenin, mais qui ſe
rand an Latin au geanre de ſon ſubſtantif,* Francicum , *Ta* , poſſeſſionis expo-
nendæ Pronomen ſt, ac muliebre , ſed quod ſui
ſubſtantiui genere ab Latinis redditur. *Ta*, Tua,
tuæ. Tuus, Tua, Tuum, *Ta patrie t'oblige plus, que
tu ne lui ſçaurois randre,* Tua te patria longè am-
plioribus obſtringit beneficiis , quàm vt cum ea
poſſis facere paria , paribus certare benefactis.
Tuum te natale ſolum eius generis afficit gratia,
cui æqualem nequeas referre. *Ta vie te ſeroit
moins chere, que ton honneur , ſi tu connoiſſois l'excellance de cetui-ci au deſſus de celle là ,* Tua tibi
vita longè eſſet honore poſterior , ſi noſſes, quot
partibus hic eſt illa excellentior. *Ta mine temoigne du mecontantemant anuers nous,* Tuus vultus
aliquid aduersùm nos offenſionis arguit. *Ta pudeur impetrera plus de lui par ſon ſilance, que l'eloquance des plus diſerts,* Tuus iſte pudor ſuo ſilen-
tio longè plùs ab eo impetrauerit , quàm diſertiſſimorum eloquentia. *Ta taſche ne ſe fait pas
mieux an la precipitant ,* Tuum opus, tuum pen-
ſum, haudquaquam eo efficitur probiùs, quòd illud vrges præproperè. *Le defaut de ta beſogne ne
git pas an l'etofe , mais an la main, & an l'artifice,*
Operis tui vitium non eſt poſitum in improbita-
te materiæ, non eſt materiæ improbitas, ſed manus , & artificij negligentia. *Ie n'ai repondu à ta*
derniere

derniere lettre, à faute de meſſager , Inopia tabel-
larij, poſtremæ tuæ epiſtolæ non reſpondi. *On*
n'accuſe pas moins ta longueur à haranguer, qu'on
loüe ta diction nete, polie, & riche, Haud minùs tui
auditores coarguunt infinitam propè tuam in
concionando longitudinem , quàm laudibus celebrant puram , cultam , ornatam, ac luculentam
tuam dictionem.

   2 *Ta, ſe change an, Ton, deuant , & ioignant les*
mots femenins , & autres à iceux rapportés , com-
mançans par voiele , ou par aſpiration molle , &
muete, Gallicum , *Ta,* migrat in , *Ton,* ante, ac
proximè muliebria vocabula, & alia quædam illis comitantia, quorum eſt initium, vel ab vocali,
vel ab leni, & muta aſpiratione. *Ton abſance por-*
tera preiudice à ton autorité , ſi elle eſt longue,
Auctoritati tuæ tua incommodabit abſentia , ſi
erit diuturnior. *Ton alegreſſe au trauail , & ton*
adreſſe à conduire la beſogne, ancourage, & ſoulage
fort tes ouuriers, Tua in ſubeundo labore alacritas, & in adminiſtrando opere induſtria , opera-
rios tuos magnoperè animat, & ſolatur. *Ton elo-*
quance a beſoin d'autre aide , que de paroles , pour
perſuader , Alio, quàm inanium verborum ſubſi-
dio indiget ad perſuaſionem tua eloquentia. *Ton*
aſſez froide mine , & autant maigre table , a bien
degouté tes hotes de toi, Subtriſtis vultus tuus , &
parum lauta menſa , hoſpites tuos abaliena-
uit haud mediocriter. *Ton hiſtoire longue , & ton*
heſitation à la deueloper, a eté annuieuſe à l'aſſam-
blée , Productior tua narratio , & moroſior in ea
euoluenda hæſitatio, moleſtiam audientium co-
ronæ attulit.

   3 *Ta, reprand ſa place, au lieu de, Ton, deuant les*
                                                ſuſdits

susdits mots femenins , precedés de quelque autre mot,portant vne consonante an téte , Celticum, *Ta,* sedem, vernaculo, *Ton,* depulso, recipit, quoties ante illa vocabula, seu ab vocali , seu ab leni halitu inchoata, proximè anteit alia vox initio consonantem præferens. *Ta grande oisiueté te reduira à la besace,* Immodica te tua cessatio , & ignauia adiget ad manticam. *Ta pauure hotesse est bien greuée de la perte , que tu lui causes* , Parum felix tua hospita eo detrimento, cuius materiam creasti, non mediocriter premitur.

4 *Ta, & non,* Ton,*precede tousiours, soit ioignant, soit quelque mot antre-deux, les mots femenins, commançans par aspiration viue, & sansible,* Vernaculum , *Ta,* non verò , *Ton,* perpetuò antecedit , seu proximè, seu alio interiecto vocabulo, muliebria nomina, ab aspero, densóque halitu inchoata. *Ta hache,* Ta, *quoi que bien tranchante , hache est trop emoussée, pour mordre sur cet heaume,* Tua, tametsi peracris aciei, securis, hebetior tamen est , quàm vt hanc galeam etiam leuissimè delibet , vel tenuissimè perstringat, huic cassidæ labeculam vllam inurat, tenuiculam notam infligat, vllum petitionis vestigium insculpat.

5 *Ta , a pour son masculin , Ton , qui est neantmoins par fois femenin, comme a eté dit ci deuant,* Francicum, *Ta,* virile habet, *Ton ,* quod interdum tamen muliebre est, vti suprà ostensum est. *Voiés,* Ton , *an son rang. Tes , pluriel de ,* Ta. Tuæ, tuarum. *Tes dernieres lettres etoient sans date,* Postremæ tuæ litteræ erant sine die, ac Consule, sine die, anno, ac mense. Postremis epistolis tuis, nec dies, nec mensis , nec annus erat adscriptus. *Tes possessions, situées sur la riuiere , courént fortune an ces*
grandes

grandes inondations, Fundi tui, fecundùm flumen fiti, hifce inundationibus tam ingentibus pericli-tantur. *Accommode nous d'vne partie de tes ar-mes, pour nous garantir des picoureurs de campa-gne,* De inftructo tuo armamentario quidpiam nobis impertire, ad propulfandas prædonum in-curfiones.

*Te,cas oblique des nominatifs,Toi , &,Tu,*Fran-cicum,*Te,*nominatiuorum,*Toi , &,Tu ,* obliquus eft cafus. *On m'a dit , que tu te portois fort mal hier,mais vn peu mieux auiourd'hui ,* Nunciatum mihi,te habuiffe heri peffimè , hodiè autem tibi paullò meliùs factum effe. *Ie ne croi pas , qu'on te puiffe releuer de ce malheur , fi tu ne te veux aider de ton coté ,* Poffe te à quoquam ex hoc in-fortunio eximi haud reor,nifi tuum ad id omnem conatum contuleris.

*Tes,Pronom poffeffif , mafculin,& femenin,plu-riel de,Ton,& de,Ta,*Tui,Tuæ,Tua. *Voiés,Ta , & Ton.*

TANDIS.

TAndis,*pandant,cepandant,*Dum. Quamdiu. Intereà.Intereà dum. Interim.Interim dum. *Tandis,que tu deliberes , l'occafion fe perd,*Rei ge-rendę occafio fugit,labitur,elabitur,pręterit,euo-lat,intereà,dum tu deliberando cunctaris. *Tandis que nous perdons le tans,le foleil continuë , & ache-ue fa carriere ,* Quamdiu otiofi tempus conteri-mus,interim fol , nihil intermiffo gradu , curri-culum fuum emetitur.

TANT.

TANT.

1 *T Ant,tel nombre,tele multitude* , hi,hæ,hæc,
Tot,tot. Is numerus. Talis numerus. Huiufmodi numerus. Ea multitudo. *Ils font tant de
cheuaucheurs,que de cheuaux,* Quot funt equi,to-
tidem,nec plures,pauciorésve funt equites.

2 *Tant,ſi grand nombre,* Tot. Tam multi. Tantus numerus. *Et où ferrer tant de blé , & de vin,
que tu as recueilli?* At, vbi condas tantum numerum,tantam vim frumenti,ac vini , quantam
ex prædiis redegiſti? *Et qui mettroit à conuert , &
traiteroit tant d'hotes,que voici,* Ecquis , etiam in-
ſigniter opulentorum , ac beatorum , infinitam
hanc hofpitum gentem tecto,ac menfa,commo-
dè poſſit excipere?

3 *Tant,tele quantité,autant , pareille quantité,*
Tantumdem , tidem. Tantum quantum. *Tant,
que tu voudras ,* Tantumdem,quantum tibi collibuerit. *On lui offre de ce cheual , tant d'écus,
qu'il an demandera,* In huius equi pretium , tantumdem ei offertur aureorum , quanti eum indi-
cauerit. *Ie lui ai tant conté , & paié,qu'il eſt reſté
contant ,* Pecuniæ tantum ei pernumeraui , vt ei
abundè ſit factum fatis. *Tant,pour tant, à l'egal,
à proportion , à rate ,* Ex æquo. Ex proportione.
Æqua proportione. Ex mutua proportione. Mutua rerum proportione. Ex æquis rationibus. Per-
æquis vtrimque rationibus. *Dieu te paiera tant,
pour tant,& iuſtemant ,* Deus mercedem tibi re-
pendet, & fumma quidem fide , pro æqua meritorum portione , peræqua rectè factorum proportione,

portione , ex iufta operæ tuæ æftimatione. *Le
Roi te paie ta folde tant pour tant , à mefure du
tans , & de la qualité de ton feruice , dequoi te
plains tu ?* Quid habes, quod iuftè querare, cùm
Rex, pro ipfo tempore , & æqua ratione nauatæ
in caftris operæ , ftipendia tibi ad libellam de-
pendat?

4 *Tant, de tele façon, maniere, forte , fi fort , fi
grandemant* , Adeò. Adeò vehementer. Tam vehementer. Tantoperè. *Tant courtois , & liberal,*
Adeò comis , ac munificus. Tam humanus , ac
liberalis. *Ie n'ai pas connu homme tant accompli,
& tant modefte.* Non memini, me noffe hominem , tam eximiis fimul cumulatum dotibus,
támque fingulari fimul ornatum modeftia. *Ie
t'ai tant attandu , qu'vn fiecle antier a coulé cepandant , à mon aduis,* Tam diu tibi fum moranti
præftolatus,vt meo quidem iudicio, folidum fæ-
culum intereà fluxerit.

TANTOST, TANTOT.

1 T*Antot , bien-tot , d'ici à peu* , Poft paullò.
Poft paullulum. Paullò poft. Haud ita
multò pòft. Proximè. Quàm primùm. *Tantot ie
ferai chés toi,* Poft paullò apud te domi ero.

2 *Tantot,peu s'an faudra,peut-etre* , Fors. For-
fitan. Fortaffe. Fortaffis. Fortè. Parum aberit.
Haud multùm abfuerit. Propiùs fiet nihil. *Tantot me perfuaderas-tu,que ie fuis vn bœuf à grans
cornes,* Si fuperis placet,nihil abfuerit , quin per-
fuadeas,effe me infigniter cornutum bouem.

TARD.

TARD.

1 *T*Ard , *tardemant,* Serò. Seriùs. Tardè.Tar-
diùs. *Le meurier bourgeonne tard , & fletrit
tot ,* Morus ferò progerminat , ac maturè mar-
cefcit.

2 *Tard, arriere faifon , iffuë de certaine traite
de tans ,* hoc Serum, ri. Serum tempeſtatis. Serum temporis. *Il etoit tard,*Serum erat. Sera erat
tempeſtas. Serum erat tempeſtatis. *Sur le tard du
iour ,* Sub ſerum diei. Sub ſeram lucis tempeſtatem. Extrema diei tempeſtate. *C'etoit fur le tard
de la iournée ,* Serum erat diei. Diei tum erat
veſpera. *Sur le tard de l'automne ,* Sub exitum
autumni. Sub extremum autumnum. Exeunte
autumno. *Il eſt bien tard,pour bien germer, de fe-
mer an Deçambre ,* Ad idoneam germinationem
ferum eſt, Decembri menſe frumenta conferere.
Ad commodum frumenti germinatum , æquo
tardior eſt,Decembri menſe,procurata ſatio.

T E.

*T*E , *cas oblique des nominatifs , Toi , &,Tu,*
Francicum , *Te ,* nominatiuorum,*Toi,*& *Tu,*
obliquus eſt caſus. *On m'a dit,que tu te portois
hier fort mal , mais mieux auiourd'hui,*Mihi nunciatum eſt, te habuiſſe heri peſſimè , hodie autem tibi meliùs factum eſſe. *Ie ne croi pas,qu'on
te puiſſe releuer de ce malheur ,fi tu ne cooperes à
ce de ton coté ,* Poſſe te à quoquam ex hoc infor-
tunio

tunio eximi, haud equidem reor, nisi tuum ad id
omnem conatum contuleris.

T E S.

TEs, *Pronom possessif, masculin, & femenin, &*
le pluriel de, Ton, & de, Ta, Tui, Tuæ, Tua.
Voiés, Ta, Ton.

T O I.

TOi, *Pronom primitif , de tous genres, &*
cas, dont, Te, est vn oblique, Vous, est le plu-
riel, &, Tu, an est le synonyme, Gallicum, *Toi,* Pronomen primigenium est, omnis generis, & omnis obliqui casus, cuius etiam obliquus est, *Te,*
& synonymum est, *Tu,* Francicum verò , *Vous,*
eiusdem pluralis numerus. *Toi,* Tu, tui, tibi, te. *Toi,*
qui fais l'ignorant, & le dolant, es cause de tout
ce mal, Tu ipse, qui, & rei omnis ignarum , &
dolentem te simulas, huiusce omnis mali auctor
es, ac artifex. *Toi, sans autre ,* Tu ipse. Ipse, ipse
tu. Tumet, ac non alius. *Toi-meme ,* Tu ipse, Tu
ipsemet, Tumet. Tu omninò. Tu planè. Tu prorsùs. Ipse tu, & non alter. *On n'aura aucune pitié*
de toi , an ce cas, Hoc quidem in capite tui nemo
miserebitur, tui neminem capiet miseratio. *Si tu*
n'es soigneux de toi, nul autre ne le sera , Sollicitus
tui, de te, fuerit nemo alius, nisi tu ipse te curaue-
ris. *Le messager de Paris a diuers paquets de let-*
tres s'adressans à toi, Tibi inscriptos , tibi desti-
natos litterarum varios habet fasciculos Pari-
siensis

ſienſis cabellarius. *I'ai eté fort ſouuant chés toi,*
ſans trouuer,ni toi , ni les tiens , Frequentiſſimè
adij ad te,in tuas ædes,domum tuam : fui apud
te,tuis in ædibus , domi tuæ , cùm nec te , nec
tuorum quemquam reperi. *Si tu as riere toicete*
ecriture , conſerue me la , ie te prie , Si apud te , ſi
penes te,ſi in tua poteſtate habes ſcriptum illud,
quæſo te,vt mihi ſeruatum id velis.

T O N.

1 **T**On,*Pronom poſſeſſif,& maſculin,mais feme-*
nin à certains rancontres de noms , dont,Ta,
eſt le vrai femenin,& ſe rand,Ton,an Latin an tous
geanres , ſuinant ſon ſubſtantif, Francicum , *Ton,*
Pronomen poſſeſſionis declarandæ,virilis ſua natura generis , ſed muliebris interdum , ex certo-
rum nominum congreſſu , cuius natiuum muliebre eſt,*Ta,*Latinè verò redditur,*Ton,*quouis ſui
ſubſtantiui genere.*Ton,*Tuus,tui.Tuũ,tui. Tuus,
a,um , *Ton depart tant inopiné , & ſoudain,a trou-*
blé tes amis , Vniuerſos amicos tuos perturbauit
tuus adeò inopinatus, & ſubitus diſceſſus. *Ton*
meſſager eſt tant coartois , qu'il ne me rand tes let-
tres , que ſur le point de ſon retour' , Tam comis,
& humanus eſt tuus tabellarius , tuas vt litteras,
non niſi ſub ipſum reditum ſuum mihi reddat.
L'iſſuë de ton procés eſt bien douteuſe , Tuæ litis
exitus , cauſæ tuæ euentùs admodum eſt ambi-
guus. *Tu n'as pas fourni de bons memoires à ton*
Aduocat, Defendendæ litis idonea documenta,
& inſtrumenta tuo Aduocato non ſuggeſſiſti.*Tu*
te flates vn peu trop an ton iugemant , & aduis,
Paullò indulgentiùs tibi blandiris in tua ſententia.

tia. *Si la viande n'est ton à gout, elle ne laisse d'etre bonne, & bien assaisonnée,* Si tuo palato non sapit opsonium, nihilo tamen minùs probum est , ac rectè conditum.

2 *Ton, est femenin, & tient la place de Ta, deuant, & ioignant les noms femenins, & autres à eux appartenans , commançans par voiele , ou par aspiration molle, & muete,* Celticum , *Ton* , femininum est , & muliebris , *Ta,* locum occupat antè ac proximè muliebria nomina, & alias voces, ad illa pertinentes, quorū initium ab vocali, vel leni, & muta aspiratione ducitur. *Ton amitié, ton aide, ton autorité, m'est ores necessaire, si iamais elle le fut,* Tuū erga me studium, tua auctoritas, tuum subsidium, nunc planè mihi necessaria sunt , si vmquam fuerunt. *Ton honneteté à conuier, & traiter chés toi ces passans , t'a bien acquis de la reputation , & des amis an leur ville,* Comis illa tua humanitas, in inuitandis, domíque accipiendis illis hospitibus, egregiam tibi existimationem , & plerosque amicos in ipsorum oppido peperit. *Ton extreme colere te causera vn iour du malheur,* Summa tua iracundia infortunium tibi aliquando creabit. *Ton hotesse vandra ton equipage, si tu ne lui donnes argeant dans vn couple d'heures ,* Tua hospita supellectilem tuam mox distractura est, nisi binas intra horas pecuniam ei numeraueris.

3 *Ton, n'a pas lieu deuant, & ioignant, ou non ioignant les noms femenins comançans par aspiration viue, & sansible, ni deuant les nõs commançans par voiele, ou aspiration muete, deuā cés d'vn mot antredeux, portāt an tete vne consonāte, car alors, a, tiēt la place, comme à elle deüe,* Francicū, *Ton,* locū non sortitur , seu proximè, seu non proximè, ante muliebria

liebria nomina , denſo halitu inchoata , vt nec
ante feminina initium ab vocali ducentia , quibus proximè præmittitur vox alia,ab conſonante inchoata , *Ta,* enim Gallicum ſedem illam , vt
ſibi propriam , occupat. *Retire toi de moi , car ta*
hantiſe m'eſt preiudiciable,& infame , Procul fa-
ceſſe à me , nequam , tua enim conſuetudo per-
nicioſa mihi eſt, atque infamis. *Ta haine eſt plus*
que brutale , car elle ne s'accoiſe par aucune ſatiſ-
faction , Plus quàm ferinum tuum eſt odium,
quod nulla vmquam ſatisfactione lenitur. *Ta*
harangue peut auoir place antre les diſertes , mais
non antre les diſcretes , Poſſit tua concio locum
reperire inter diſertas quidem , minimè verò
inter conſideratas. *Ta grande arrogance, & ta ſote*
indiſcretion , à brocarder chacun , offanſe tout le
monde , Immodica tua arrogantia , imprudentiá-
que ſtolida , dicteriis figendi quemlibet , neminem non offendit.

4 *Tes,le pluriel de ton,*Tui, tuorum, Tua,tuo-
rum,*Tes ecus ne te ſçauroient tant randre de ſer-*
*uice,que tes amis,*Nummi tui,etiam infiniti,quàm
opportunam , quámque fidam operam tibi na-
uarint amici , nauare haudquaquam poſſint. *Tes*
prés ſont de bien moindre antretien , que tes autres
fonds,& ſont de plus grand reuenu, Impendij longè minoris tua ſunt prata,quàm cęteri tui fundi,
ſed multò maioris compendij. *Tes frais te ſont*
aſſeurés an la ſuite du Prince , & ſa faueur au
bout du voiage , pour tes afaires , In Principis comitatu , certi futuri ſunt tibi omnis vię ſumtus,
ac,poſt exactum iter,eiuſdem fauor,& gratia ad
expedienda tua negotia.

Tost.

TOST, TOT.

TOſt, *Tot*, *à bonne heure*, Citò , Maturè. Primo quoque tempore. *Aſſez tot*, Tempori. In tempore. Maturè. Satis maturè. *Bien tot*, Citò. Mox. Properè. Proximè. *L'armée partira bien tot*, Proficiſcetur exercitus properè , mox , proximè, pòſt paullò. *Noas ne t'attandions ſi tot*, Tuum aduentum adeò citum , tam maturum , eò vſque properum non ex ſpectabamus. *Plus tot*, Citiùs, Maturiùs, Temporiùs , Tempeſtiuiùs. *La charge a ſonné plus tot , qu'il ne falloit , l'armée n'etant pas rangée*, Necdum inſtructo exercitu, claſſicum ad conferendas manus cecinit æquo citiùs, iuſto maturiùs, quàm oportuit tempeſtiuiùs. *Plus tot, toute autre choſe extreme , auant celle-là* , Potiùs. Satiùs. Quidvis aliud potiùs. Duriſſima quæque, quàm illud , ſatiùs. *Plus tot mourir mille fois , que fuïr deuant l'annemi* , Acerbiſſima nece millies occumbere potiùs , quàm in prœlio terga dare. *Trop tot* , Æquo maturiùs , temporiùs. Iuſto citiùs, tempeſtiuiùs. *Les arbres ont flori trop tot , & à leurs depans* , Iuſto tempeſtiuiùs effloruêre arbores, & ingenti quidem ipſarum detrimento.

T V.

1 TV , *ſynonyme de, Toi , & de, Vous, ſingulier, Pronom primitif , de tous geanres, & ſimplemant nominatif , qui aucunesfois a pour oblique Toi , &, Te, bien ſouuant*, Francicum , *Tu*, cognatis vocibus,

vocibus , *Toi* , & fingulari , *Vous* , fynonymum,
Pronomen eſt primigenium , omnis generis , &
nominandi tantùm caſus , cuius obliqui ſunt,
Toi , interdum, &, *Te* , perpetuò. *Tu* , *Toi*, Tu ,tui,
tibi. *Tu* , *Te* , *Toi* , *s'expriment touſiours an François,
Tu, & Toi , s'omettent ſouuant an Latin , ſi la ſantance ne requiert le contraire* , In vernaculo ſermone ſemper, *Tu* , *Te* , *Toi* ,exprimuntur . in Latino
contrà, *Tu* , &, *Toi* , ſubticentur frequenter , niſi
aliud ſententiæ ratio poſtulet. *Tu garderas le bagage, & i'ataquerai l'annemi auec mes geans*, Impedimenta tu quidem ſeruabis , ego autem , cum
hac mea manu , hoſtem inuaſero. *Tu es fort ma-
lade , & nous ne nous portons gueres bien* Et vehementer tu ægrotas , & nos haud rectè valemus.
*Quand tu aurois eté preſant,ton afaire n'auroit eté
traitée plus ſoigneuſemant* , Nec ſi adfuiſſes ipſe,
negotium tuum poterat agi ſtudioſiùs, *Tu ne per-
dras rien du capital, ni des profits , pour donner vn
peu de terme à ce debiteur*,Nihil,nec de ſorte,nec
de vſuris tibi decedet,ſi quid moræ debitori huic
indulſeris.

　　2 *Tu,&,Toi* , ſont *vraimant ſynonymes , mais
ils n'ont vn meme vſage egalemant par tout , comme il paroitra aux examples ſuiuans* , Gallica , *Tu* ,
&, *Toi*, ſynonyma ſunt illa quidem , ſed non eſt
vbique idem eorum vſus , vti ſequentibus exemplis planum fiet.

　　3 *Tu,aiant,Toi,ſon ſynonyme,au diſcours,& deuant ſoi , & tout ioignant,an reçoit plus d'energie,
& donne plus d'amphaſe au diſcours*, Celticum,
Tu , proximè præfixum habens vernaculum, *Toi*,
inde plus efficacitatis accipit, maiorémque orationi emphaſin adhibet. *Toi , tu ne ſçaurois,
quand*

quand tu voudrois . tu n'oserois,quand tu pourrois.
Tu verò,nescieris,vt maximè velis,non ausis , vt
tamen queas. Tu , eius generis homo , vt vehementer contendas,idoneam rationem non inie-
ris,vt eam nanciscaris , at inire non audeas. *Pour*
toi , quant à toi , tu ne fus iamais que grand pol-
*tron,*Tu certè,numquam alius fuisti,quàm mera
effigies ignauiæ,aut ipsamet ignauia.

   4 *Tu,ne s'amploie iamais an discours,quand vn*
relatif est requis an suite , mais lors,Toi , prand la
*place de,Tu.*Francicum,*Tu,*numquã in orationis
cõtextu ponitur,si relatiuũ sit ei necessariò con-
sequens,tum enim , *Toi* , loco,*Tu,*vsurpatur. *Toi,*
qui es le plus ignorant de la troupe , donnes ici des
*resolutions de Pythagoras,*Tu,coronę totius igno-
rantissimus,nullius exspectata sententia , vt alter
aliquis Pythagoras , nescio quæ effata pronuncias. *Toi,lequel on ne vit iamais qu'an cuisine,tran-*
ches deuant les fames du grand capitaine , Tu etiam,quem extra culinæ munera , & opera nemo
vidit vmquam,hîc apud mulieres,inter pensa,&
colum , merum Epaminondam agis , multorum
exercituum ductorem.

   5 *Tu,an vn interrogat ,suit tousiours le verbe,*
*& Toi,le deuance par tout,*Gallicum , *Tu,*in formula interrogandi , verbo semper postponitur,
Toi , contrà perpetuò præponitur. *Es tu piquier,*
ou arbaletier : mais toi,es-tu goujat,ou palefrenier?
Num tu es sarissophorus , an sagittarius : immò
tu,ésne de calonum,an agasonum clara gente?

   6 *Tu , hors d'interrogat , deuance tousiours son*
verbe,& , Toi , ores le suit,ores le precede , Francicum,*Tu* , extra interrogationem , perpetuò verbum suum anteit,*Toi,*verò nunc illud præit,nunc
L   subit

ſubit. *Toi , tu conduiras l'auantgarde , & toi , tu
commanderas à l'arrieregarde ,* Tu anteſignanis
præeris,ac tu poſtſignanis præſidebis.

　7 *Tu,n'a que faire de,Toi,pour s'exprimer : Toi,
raremant ſe met an diſcours,ſinon auec , Tu,aprés,
& ioignant ſoi ,* Celticum , Tu , ſocium ſibi non
exigit,*Toi*,vti ſeſe exprimat:*Toi*,contrà raro adhibetur in ſermone,niſi,*Tu*,habeat poſtpoſitum.
*Tu n'auras rien du butin,gros faineant,mais , toi,
tu an receuras ta bonne part,comme bon ſoldat,*Tu,
omnium ignauiſſime,de præda nihil planè aufe-
res : tu contrà , vti fortis pugnator,opima illius
parte donabere.

　8 *Tu , pour plus grande energie de la ſantance,
reçoit an compagnie,Toi,ou aprés le verbe,ou aprés
le verbe , & le cas , à la fin du mambre d'oraiſon,*
Vernaculum,*Tu*,interdum ſocium,*Toi*,ſibi appo-
nit,ſeu poſt verbum ſuum , ſeu poſt verbum,&
caſum , in extremo orationis membro,amplioris
emphaſis gratia. *Tu ſeras , toi , le depanſier de la
bande , & tu an ſeras le fourrier,toi ,* Huic turmæ
tota via , tu quidem eris diſpenſator, tu verò eidem diuerſoriorum metator. *Voiés,Toi , an fait de
cas obliques ,* In ratione obliquorum caſuum,
conſule vocabulum,*Toi*,proprio ſuo loco.

　9 *Te , ſe pratique pour oblique de , Tu,& de,Toi,*
Francicum,*Te*,vti Pronominum Gallicorum,*Tu*,
&,*Toi*,obliquus caſus in oratione vſurpatur. *Ie ne
te veux point oublier aupres du Prince ,* Nolo tui
apud Principem obliuiſci.*Il ne ſe treuue perſonne
an vil'e,qui ne te porte compaſſion ,* Tota vrbe nemo vnus eſt,quin tui miſereatur,miſeratione tui
tangatur. *Nul ne te porte anuie , ains tous ſe con-
iouiſſent de ton bon-heur ,* Lætam fortunam tibi
nullus

nullus inuidet , quin etiam vniuerſam tibi eam gratulantur. *Il falloit , que tu te ſouuinſſes de tes afaires, an faiſant celles d'autrui ,* Cùm aliena curabas ſtudiosè negotia , te tuorum etiam meminiſſe oportuit.

⁂ ⁂ ⁂ ⁂ ⁂ ⁂ ⁂ ⁂ ⁂ ⁂ ⁂

V E V.

VEu que, *attandu que, cõſideré que,* Cùm, Quãdo, Quandoquidem , Quia , Quoniam. *Veu que nous ſommes au ſolſtice d'eté , c'eſt merueille, qu'il gele , & qu'il nege ,* Quandoquidem æſtiuo in ſolſtitio verſamur, mirum eſt, & gelu, & niue cælum ſæuire. *Veu que tu n'allegues aucun titre de proprieté , ni poſſeſſion , c'eſt contre l'equité , que tu t'ampares de cet heritage.* Quoniam nullius, nec dominij , nec poſſeſſionis auctoritatem vllam, vel profers , vel laudas , contra ius eſt, hunc fundum abs te mera vſurpatione vindicari.

L 2   M V T V E L

MVTVEL RAPPORT
DES RECIPROQVES
FRANCOIS, ET
LATINS,
ET
INDIFFERANCE
DES LATINS,

*Contre les rigides maximes des
Grammairiens.*

ELLE, ELLES.

LLE, *Elles, prenans la cŏdition, & nature de
Reciproque, & signifians le meme, que, Soi,
se randent an Latin indifferammant, ou par vn
Relatif, ou par vn Reciproque,* Vernaculæ voculæ,
Elle, & *Elles,* quoties Reciproci naturam induunt, & perinde valent, ac Francicum, *Soi,* seu
Relatiuo, seu Reciproco Latino promiscuè redduntur. *Ma maitresse 'm'a commandé, de vous
prier, de venir auec moi tout maintenant vers Elle,
à la maison, de vous porter vers elle, vers soi,* Mea
hera rogare iussit te, vt mecum simitu ires ad
sese nunc domum. *Plautus,* Sticho. Perinde fuerat dicere, *Ires ad ipsam. La Republique ainsi mal
habituée*

habituée te prieroit de tourner les ïeux, & la pan-
sée vers elle, vers soi, Perperam sic affecta Respu-
blica te rogaret, vti ad ipsam oculos, animúmque
conuerteres. *Tullius,* pro Cornelio. *La vertu, &*
la sciance, seroit souhaitable d'elle meme, de soi-
meme, par elle meme, par soi-meme. Per se esset
virtus, & cognitio rerum expetenda, *Tullius,* primo de Finibus. *Toute cete matiere de volupté, Epi-*
cure l'a ainsi comprise, conceüe, & imbibée an son
ame, qu'il estime, que la volupté d'elle meme, de soi
meme est tousiours souhaitable, pource qu'elle'est vo-
lupté, Totum hoc Epicurus de voluptate sic præ-
cepit, vt voluptatem, ipsam per se, quia voluptas
sit, semper optandam putet. *Tullius,* quinta Tuscu-
lana. Per se. Ex sese. Ex sua natura. Si eam ex
ipsamet spectes.

E V x.

2 *Eux, lers qu'il tient lieu, & place de Recipro-*
que, s'explique an Latin, autant par vn Pronom Re-
latif, que par vn Reciproque, Francicum, *Eux,* cùm
Reciproci locum, & vicem subit, tam Relatiuo
Pronomine Latino effertur, quàm Reciproco.
Les amis, & alliés de Neuius randent temoignage,
que Publius Quinctius n'a pas comparu an droit,
au iour assigné, oüi bien eux, mais que si ont fait
eux, Necessarij huius Næuii testificantur, Pu-
blium Quinctium non stitisse, se stitisse. *Tullius,*
pro Quinctio. Perinde fuit dicere, *Ipsos stitisse,* vt
ex consequente Cæsaris loco patet. *Les Suisses*
estimoient, de pouuoir aisémant persuader aux Sa-
uoisiens, de permettre, qu'eux passassent par leur
terroir, ou de les forcer à ce faire Allobrogibus

ſeſe vel perſuaſuros exiſtimabant Heluetij, vel
vi coacturos, vt, per ſuos fines, eos ire pateren-
tur. *Cæſar*, primo belli Gallici. *Eos ire*, *Se ire*, al-
terutrum dicere fuit liberum. *Cete tant affectueu-*
ſe alegreſſe des chiens, au trauail de la chaſſe, que
temoigne-elle autre, ſinon que eux ſont nés, & an
ont le ſantimant, pour ſeruir aux commodités de
l'homme, Tanta canum alacritas in venando, quid
aliud ſignificat, niſi ſe ad hominum commodita-
tes eſſe generatos. *Tullius*, primo de nat. Deorum,
Eos eſſe, *Se eſſe*, generatos, vtrumque licuit dicere eo loco.

ICELVI, ICELE.

3 *Icelui*, *Icele*, *prennent par fois qualité*, *&*
nature de Reciproque, *& lors ils ſe tournent an La-*
tin egalemant par vn Reciproque, ou par vn Rela-
tif, Gallica, *Icelui*, ac, *Icele*, conditionem, & naturam aliquando induunt Reciproci, túmque vtro-
libet Pronomine, vel Reciproco, vel Relatiuo
explicantur. *Ie ne veux pas traiter toutes les par-*
ties propres de l'Orateur, comme ſi on ne pouuoit diſ-
courir de choſe aucune, ſans l'aide, & antremiſe des
preceptes d'Icelui. Nolo omnia, quæ cadunt in
Oratorem tractare, quaſi nihil poſſit dici ſine præceptis ſuis. *Tullius*, ſecundo de oratore, ſect. quadrag. ſeptima. Vtrumlibet dicas, *Suis*, an *Eius*, *Il-*
lius, *Ipſius*, ſupple, oratoris, probum, ac Latinum
eſt. *Mais quele defanſe, & ſauuegarde de votre*
vie i auoit-il, an toute l'Italie, n'eut eté l'armée de
Ceſar, & les troupes des tres-vaillans ſoldats du
pere d'icelui? Quod autem præſidium veſtræ ſalutis erat, ſi Caij Cæſaris, ſi fortiſſimorum ſui patris militum exercitus non fuiſſet? *Tullius*, quarta
Philip

Philippica, fect. quarta. Deierarent omnes Grammaticorum Decuriæ , *Eius patris*, non, *Sui patris*,
dicendum, fed quid ad Tullium infinitus Grammaticorum exercitus ? Et, *Sui*, &, *Eius*, ex ratione,
ac vfu Latinæ linguæ, vtrumque rectum eft.

L E.

4 *Le, porte fouuant , quant & foi, vn fans inte-*
rieur , & caché, de Reciproque, & s'exprime indif-
ferammant par vn Reciproque , ou Relatif . atin,
Celticum, *Le*, Reciproci interiorem, & occultum
fenfum plerumque præfert, atque vel Reciproco,
vel Relatiuo Latino , ad arbitrium exprimitur.
Nous tenons donques ce parfait Eloquant, que nous
allons cherchant, mais nous ne le tenons qu'an idée,
& par imagination. Car fi ie l'auois vne fois appre-
handé à la main , auec fa finguliere eloquance, ia-
mais il ne m'auroit perfuadé, que ie le lachaffe, Tenemus igitur, qué quærimus, Eloquétem, fed animo. Nam, manu fi prehendiffé;ne ipfe quidé, tanta fua eloquentia , perfuafiffet, vt fe dimitterem.
Tullius, oratore, fect. centef. *Vt fe, Vt ipfum*, perinde valet, atque vfitatum eft, hoc loco. *Clodius les*
exhorte, de le fuiure, & Appius, & de defandre leur
liberté, Clodius hortatur, vt fe, & Appium fequan-
tur , & fuam libertatem **vt** defendant. *Tullius,*
quarto ad Atticum, fecunda. *Quinctus , le fils de*
mon frere, ecrit , qu'il a eu deffein, de s'an fuïr , &
retirer par deuers Brutus , d'autant que Antonius
lui donnant commiffion de le faire creer Dictateur,
il auroit refusé cete charge , Scribit Qu. filius, fe
idcircò ad Brutum profugere voluiffe, quòd, cùm
fibi negotium daret Antonius , vt eum Dictato-
rem efficeret, id recufaffet. *Tullius*, decimo quinto ad Atticum, quarta. Ex Grammaticorum pro-
L 4   nunciatis.

nunciatis,*Vt se,* dicendum fuerat,sed Tullius , ac cæteri omnes Scriptores,intercedunt tam rigidis axiomatis,ac illudunt. *Le bon pere se figurera , & iugera,que tous,& vn chacun de ses anfans, le touchent , lui attiennent egalemant , & lui appartiennent an pareil degré ,* Bonus pater intelliget, omnes æquè filios se attingere, ad séque pertinere.*Tullius ,* quinto de Finibus. *Que si ce gemissemant,dont on vse à dessein an haranguant , est lamantable,imbecille , rauallé , & accompagné des larmes de celui,qui l'aura ieté,ie n'oseroi aduoüer, que celui-là soit vn homme,*Si gemitus , ad confirmandũ in dolore animum,valebit,eo vtemur. Sin erit ille gemitus lamentabilis,si imbecillus,si abiectus,si flebilis ei,qui se dederit,vix eum virum dixero.*Tullius,*secunda Tusc.sect.quinquages.septima. Propiùs factum est nihil , quàm vt ex hoc loco Tullium barbariei damnarit vniuersa Grammaticorum natio.Seuerè autem admonere insistit Tironem Latinitatis,vt parcissimè,aut numquam imitetur Tullium,in hoc genere. At tu, Tiro, sùsque déque habe insulsissimam hominum gentem,& eius hæc monita.

Levr , Levrs.

§ *Leur , Leurs , se dient an Latin indifferammant , & par vn Reciproque possessif, & par vn nom seulemant Relatif,*Celtica nomina, *Leur,* & *Leurs ,* & possessiuo Reciproco, & nomine dumtaxat Relatiuo indiscriminatim Latinè redduntur. *Les Deçamvirs, commis pour l'alienation des fonds du public, auec leur extreme puissance tiendront assiegée toute l'Italie,& les memes , auec*
leurs

leurs nõbreuſes garniſons, & colonies, tiendront votre
liberté bloquée, & angagée, Decemviri agrarij totã
Italiam ſuis opibus obſidebunt:iidem veſtram libertatem ſuis præſidiis, & coloniis intercluſam
tenebunt. *Tullius*, ſecunda Agraria. *Les anfans fai-
ſoient cete inſtante requete à leurs peres, qu'on don-
nat de l'argẽat au bourreau, aux fins d'aleger leurs
tormans*, Id parentes ſuos liberi orabant, vt, le-
uandi cruciatus ſui cauſa, lictori pecunia dare-
tur. *Tullius*, ſeptima Verrina. *S'il ſamblera bon au
conſeil, que nos priſonniers ſoient rachetés des Car-
thaginois, an leur randant les leurs*, Placcátne ab
Carthaginenſibus captiuos noſtros, ſuis redditis,
recuperari. *Tullius*, tertio de Oratore. *Les Éduïens
anuoierent des deputés demander ſecours à* Ceſar,
auec cete plainte: Que de tous tans il s'etoient
portés ſi officieuſemant anuers les Romains, qu'ils ne
meritoient pas, que leurs anfans fuſſent ammenés
eſclaues, & leurs villes forcées, preſque an la pre-
ſance de l'armée Romaine, Ædui ad Cæſarem legatos mittunt rogatum auxilium: Ita ſe, omni
tempore, de populo Romano meritos eſſe, vt
pænè in conſpectu noſtri exercitus, liberi eorum
in ſeruitutem abduci, oppida expugnari non de-
buerint. *Cæſar*, primo belli Gallici. *Vne choſe in-
commodoit fort les Suiſſes à combatre aiſémant,
c'eſt que pluſieurs de leurs pauois etans fauſſez
d'vn meme coup de dard, & comme ambrochés
par anſamble, ils ne pouuoient les demeler, & arra-
cher, ni commodemant ſe manier au combat, leur
bras gauche demeurant angagé au pauois*, Helue-
tiis magno ad pugnam erat impedimento, quòd
pluribus eorum ſcutis, vno ictu pilorum transfi-
xis, & colligatis, neque ipſa euellere, neque, ſini-

L 5

ſtra

ſtra impedita,ſatis commodè pugnare poterant,
*Cæſar,primo belli Gallici. Les Eduïens auoir eté
contrains de bailler otages aux Sequanois , & d'aſ-
ſtraindre leur communauté par ſerment , de ne re-
peter iamais leurs otages,ne de refuſer de demeurer
à perpetuité ſous leur iuriſdiction , & domination,*
Coactos ab Ariouiſto Æduos, Sequanis dare obſides,& iureiurando ciuitatem obſtringere,neque
obſides repetituros , neque recuſaturos , quo minùs ſub illorum ditione,ac imperio eſſent. *Cæſar,*
primo belli Gallici,*Les ambaſſadeurs des Eduïens,
venoient faire plainte à Ceſar , que les Harudes
butinoient leur terroir ,* Ædui legati , veniebant
queſtum , quòd Harudes fines illorum popula-
rentur.*Cæſar,*primo belli Gallici.

LEVR.

6 *Leur,an qualité de ſimple Relatif , ſe tourne
an Latin , non ſeulemant par des Relatifs,mais ancore par des Reciproques,* Vernaculum , *Leur,* nu-
dum Relatiuum , non Relatiuis modò , Is , Ille,
Ipſe , ſed etiã Reciprocis Latinè redditur. *Tout de
meme,que les Geometriens ont coutume , de n'expliquer pas toutes choſes par le menu ; mais de reque-
rir,qu'on leur accorde, & concede certaines propoſi-
tions, à ce que moiennant cet otroi,ils expoſent plus
aiſémant ce,qu'ils pretandent ,* Vt Geometræ ſolent , non omnia docere , ſed poſtulare , vt quædam ſibi concedantur , quò faciliùs , quæ velint,
explicent.*Tullius,*tertio officiorum.

Relatiuo vernaculo , *Lui* , frequenter idem
quoque contingit. *Fannius n'aimoit pas ſon beau
pere Lelius,& nommémant pour ce ,qu'il lui auoit
preferé*

preferé Sceuola,plus icune, que lui, Fannius focerum Lælium non admodum diligebat, præfertim
cùm ille Q. Scæuolam fibi, minorem natu generum,prætuliffet. *Tullius*, de Claris oratoribus. In
hoc fermonis genere,frequentiffimè adhibentur
Relatiua Pronomina , *Ille , Ipfe, Is,*pro , *Leur , &*
Lui , fed non infrequenter etiam , Reciprocum
Sui.

L V I.

7 *Lui , de fa nature Relatif , fe met affez fou*
uant pour le Reciproque,Soi,& lors il fe change an
*Latin,non feulemant par les Relatifs,*Ille,Ipfe , Is,
*mais auffi par le Reciproque,*Sui,Sibi , Se , *fauf la*
reuerance des fieurs Grammairiens , qui le nient,
Vernaculum Relatiuum , *Lui,* vt fufcipit naturam,& viin Reciproci vernaculi,*Soi* , non modò
Relatiuis,*Ille,Ipfe,Is,* Latinè redditur, fed Reciproco etiam,Sui,Sibi,Se , quod pace Grammaticorum reclamantium dictum efto. *Lucius Cefar*
me prie , que ie me porte à lui , an fon bois de plai
fance , ou que ie lui ecriue , an quel lieu ie defire,
*qu'il vienne à moi,*Lucius Cæfar, vt veniam ad fe
in nemus, rogat : aut fcribam,quò fe venire velim.*Tullius*,decimoquinto Famil.quarta.Si dixiffet Tullius,*Ipfum venire* , vulgatiffimam Latinis
rationem loquendi vfurpaffet.*I'ai dit de moi me*
me ce, que deffus , à ce que Tubero me pardonnat,
*quand i'an diroi tout autant de lui.*Hæc proptereà
de me dixi , vt mihi Tubero , cùm eadem de fe
dicerem,ignofceret. *Tullius* , pro Ligario. *Corni*
cinus s'eft ieté aux pieds de Serranus , fon geandre,
& Serranus a requis , qu'on lui otroiat vne nuit

pour deliberer , les Senateurs ne la lui accordoient
pas:mais,auec mon confantemant, à peine lui a-on
otroié ce,qu'il demandoit, Cornicinus fe ad generi
pedes abiecit: ille noctem fibi poftulauit: non
concedebant : vix tamen fibi, de mea voluntate
conceffum eft. *Tullius,*quarto ad Atticum, fecunda. Hoc loco , vbi agitur de inftauranda diruta
Tullij domo,vix fe continet Valla, Grammaticæ
hærefeos vehementiffimus fectarius , quin Tullium redire in exfilium iubeat, vti reum violati
Grammatici Senatufconfulti.*Il n'a pas acheté de*
toi chofe aucune,qui fut tienne,mais ce , qu'il auoit
iuftemant poffedé,auant que tu lui vandiffes ce,qui
etoit à lui , Non abs te emit , fed , priùs quàm tu
fuum fibi venderes,ipfe poffedit. *Tullius ,* Philippica fecunda,fect.nonagef.fexta. *Veu que tu ecris*
à Anicius , que tu ne te refouuiens point de lui,tou-
chant ce,dont il te parle , Cùm ad Anicium fcri-
bas,nihil te recordari de fe.*Tullius,*tertio ad Qu.
Fratrem,prima.*Rofcius a tranfigé du droit,& des*
interefts de toute la compagnie , & non du fien à
part,lors qu'il a pris an paiemant vn fonds de Fla-
uius,& ce, d'autant qu'il n'a pas donné affeurance
à Flauius de le garantir, an cas qu'on lui deman-
dat conte de la dete ia aquitée , Societatis , non
fuas.lites redemit Rofcius, cùm fundum à Flauio
accepit.Quid ita ? Satis non dedit, ampliùs à fe
neminem petiturum.*Tullius,*pro Rofcio Comœ-
do,fect.tricef. quinta. Numquid eft, cur hîc ex-
clament tota theatra Grammaticorum, Tullij
extraordinariam dictionem inaudientium , cùm
ait,*A fe petiturum,*pro,*ab illo,ab ipfo ,* hoc eft, à
Flauio ? Si perget Tullius, quod facit,ita Latinè
loqui, adiget, credo, miferos Grammaticos ad
fufpen

suſpendium. *Mon neueu, Quinctus Ciceron , ecrit, qu'il a eu deſſein , de s'anfuïr , par deuers Brutus, d'autant que , lors qu' Antonius lui bailloit la com-miſſion, de le faire creer Dictateur , il lui auroit re-fusé de s'an charger ,* Scribit Quinctus filius , ſe idcircò ad Brutum voluiſſe profugere, quòd cùm ſibi negotium daret Antonius , vt eum Dictato-rem faceret, id recuſaſſet. *Tullius,* decimo quinto ad Atticum, quarta. *Sur ce, que ie t'auoi ecrit , de communiquer auec Camillus , le meme Camillus m'a ecrit , que tu an auois conferé auec lui ,* Quod ad te ſcripſeram , vt cum Camillo communica-res, de eo Camillus mihi ſcripſit, te cum eo locu-tum. *Tullius ,* vndecimo ad Atticum , viceſima. Mallent Grammatici, *Te ſecum locutum ,* ſcripſiſ-ſet Tullius. *Dionyſius, le tyran de Syracuſe , ordon-na, & mit an coutume, que ſes filles lui brulaſſent les cheueux , & la barbe auec des coques de noix ardantes,* Dionyſius, Syracuſarum tyrannus, inſti-tuit, vt filiæ adultæ, candentibus iuglandium pu-taminibus , barbam ſibi , & capillum adurerent. *Tullius,* quinta Tuſculana , ſect. quinquageſima octaua. *Fannius n'aimoit gueres ſon beau pere Le-lius, & principalemant à cauſe que icelui auoit pre-feré ſon autre geandre Sceuola, plus ieune, à lui, qui etoit plus âgé ,* Fannius ſocerum Lælium non ad-modum diligebat, præſertim cùm ille Quinctum Scæuolam ſibi, minorem natu generum , prætu-liſſet. *Tullius,* de Claris Oratoribus, ſect. centeſima prima. *Que les Eduïens , qui auoient fait preuue du hazard de guerre contre lui , par cete voie lui auroient eté randus tributaires,* Æduos ſibi , quo-niam belli fortunam tentaſſent , ſtipendiarios eſſe factos. *Caſar,* primo belli Gallici. *Que Ceſar*
lui

lui faisoit grand tort, lequel, par son arriuée an cete prouince, lui diminuoit fort l'etat de ses tributs, & rantes, Magnam Cæsarem facere iniuriam, qui suo aduentu vectigalia sibi deteriora faceret. *Cæsar, ibidem. Que à bon droit il lui etoit persuadé, qu'aprés auoir connu ses iustes demandes, il ne reieteroit, ni son amitié, ni celle du peuple Romain,* Sibi quidem persuaderi, cognitis suis postulatis, eum, neque suam, neque populi Romani gratiam repudiaturum. *Cæsar, ibidem. Que tous les mois les heritiers fournissent les frais, pour le banquet de ceux, qui professerĕt la Philosophie auec lui, à ce que par ce moien soit antretenuë, & celebrée la memoire, & de lui, & de Metrodorus,* Hæredes, omnibus mensibus, dent ad eorum epulas, qui secum philosophati sint, vt & sui, & Metrodori memoria colatur. *Tullius, secundo de* Finibus. *Nicias prand vn singulier contantemant au souuenir de lui, que tu vas antretenant,* Nicias vehementer tua sui memoria delectatur. *Tullius, decimo tertio ad* Atticum, *prima.* Sed hæc satis, in præsentia, ne indignantibus Grammaticis, stomachum penitûs conuellamus.

S A, S E S.

§ *Sa, Ses, quoi que de leur nature ils soient Reciproques, ce neătmoins on les met an Latin assez souuant auec les Relatifs,* Ille, Ipse, Is, *aussi bien qu'auec le Possessif, & Reciproque,* Suus, a, um, Sui, æ, a, *& ses composez.* Gallica Pronomina, *Sa,* Ses, tametsi naturæ conditione sunt Reciproca, nihilo tamen minùs Relatiuis, *Ille, Ipse, Is,* frequenter Latinè exponuntur, quemadmodum & Reciproco,

co, *Suus, a, um, Sui, æ, a*, & ex eo coniunctis. *Que Dumnorix pour son chef particulier haïssoit Cesar, & les Romains, d'autant que par leur venuë an la Gaulle, & au terroir des Eduïens, sa puissance auoit eté bien amoindrie,* Dumnorigem odisse suo nomine Cæsarem, & Romanos, quòd eorum aduentu potentia eius sit imminuta. *Cæsar, primo belli Gallici. Cesar anuoia des ambassadeurs à Ariouistus, auec commission de moienner vers lui, qu'il randit les otages, qu'il tenoit des Eduïens, & qu'auec sa permission il fut loisible aux Sequanois de ranuoier aussi aux Eduïens les otages, qu'ils detenoient de leur communauté,* Ad Ariouistum Cæsar legatos cum his mandatis mittit, vt, quos obsides ab Æduïs haberet, eos redderet, Sequanísque permitteret, vt, quos illi haberent, voluntate eius, reddere illis liceret. *Cæsar, primo belli Gallici. D'antre lesquels chefs, qui alleguant vne, qui vne autre cause de son depart, chacun le prioit, qu'auec sa permission, moiennant son bon plaisir, il pût se retirer de l'armée,* Quorum alius, alia causa illata petebat, vt eius voluntate discedere liceret. *Cæsar, primo belli Gallici Que peuuoit etre ce, qu'ils apprehandoient si fort, ou pourquoi ils se defioient eux-memes de leur valeur ordinaire, ou desesperoient de sa sollicitude, & de son soin accoutumé,* Quid tandem vererentur, aut cur de sua virtute, aut de ipsius diligentia desperarent. *Cæsar, primo belli Gallici. Qui aura eté purgé auec la susdite composition de chou sauuage, il se portera bien long tans durant, & aucune maladie ne lui arriuera, sinon par sa faute,* Qui sic brassica purgatus erit, diutina valetudine vtetur, neque vllus morbus ei eueniet, nisi culpa sua. *Cato, de*
Re

Re Ruſtica , capite centeſimo quinquageſimo
ſeptimo. *le hai cet homme, & hairai toute ma vie.*
A la mienne volonté,que ie peuſſe le punir,ſelon ſon
merite,mais ſon vice le punira ſuffiſammant, Odi
hominem,& odero. Vtinam vlciſci poſſem. Sed
illum vlciſcentur mores ſui. *Tullius* , ad Atticum
nono,epiſt. decima quarta. *Le meſſager m'a ap-*
porté des lettres,de la part de Brutus , eſquelcs il i
a vn chef, aliene,& indigne de ſa tres-grande pru-
dance , ſçauoir eſt , que ie me treuue à Rome pour
etre ſpectateur de ſes ieux , Tabellarius litteras à
Bruto ad me attulit,in quibus vnum alienum
ſumma ſua prudentia, vt ſpectem ludos ſuos.
Atque in hanc rem ſatis exemplorum eſto , ex
quibus conſtet, ſi non vniuerſas formulas, ex
vernaculis , *Sa,*& *Ses,* voculis conflatas,at earum
pleraſque Relatiuis, ac Reciprocis Latinis in-
diſcriminatim exponi , quod Grammatici negare ſolent.

S E.

9 *Se,eſt telemant reciproque de ſa nature,qu'il*
ne ſe traduit an Latin,que par ſoi-meme , c'eſt à
dire , par le reciproque , Se, *Latin,* Francicum,*Se,*
tum ipſa origine, tum perpetuo vſu , adeò merè
reciprocum eſt,vt non niſi cognato reciproco,ſe,
Latino , in Latinam linguam traducatur. *Et de*
cete façon le monde ſe nourriſſoit ſoi-meme , & ce
par la vieilleſſe, & par l'aneantiſſemant de ſoi-
meme,& de ſa ſubſtance , Ita ſeipſe mundus conſumtione,ac ſenio alebat ſui. *Tullius*, de Vniuerſit. ſect. decima ſexta. *Dés le commancemant cet*
inſtinc a eté naturelemant imprimé an chaque
eſpece

espece d'animal, que de se conseruer, & sa vie, & son cors, & de se diuertir de tout ce, qui lui peut nuire, *Principio generi animantium omni est à natura tributum, vt se, vitam, corpúsque tueatur, declinétque ea, quæ nocitura videantur.* Caton s'etant retiré pour dormir, porta secretemant quant & soi vn poignard dans sa chambre, & s'an transperça le cors, & à belles mains ouurit, & elargit fort cruelemant sa plaie, & d'vne ame resoluë, & determinée se defit soi-meme, *Cato, cùm dormitum isset, ferrum clam intrò in cubiculum tulit, atque ita se traiecit, ipse suis manibus vulnus crudelissimè diuellit, atque animo præsenti se interemit.* Hircius, *de Bello Africo.* Nous nous souuenons ancore, comme *Quinctus Catulus*, ne suppliant point, qu'on le laissat iouïr de sa prosperité, ains seulemant, qu'on ne le forçat pas d'aller an exil, & de s'an fuïr d'Italie, fut contraint par ses haineux, de se leuer la vie de ses propres mains, *Tenemus memoria, Quinctum Catulum, virum omni laude præstantem, cùm sibi non incolumem fortunam, sed exsilium, & fugam deprecaretur, esse coactum, vt vita seipse priuaret.* Tullius, *tertio de Oratore, nona.* Auec celle si grande indisposition il pouuoit plus probablemant se ruiner, & tuer tout à fait, que de m'apporter soulas, & secours, an demeurant au camp, *Quòd, illa valetudine, magis conficere se, quàm me tueri posset in castris.* Tullius, *decimo Famil. ep. decima septima.* Themistocles se procura la mort volontaire auec du venin. *Themistocles veneno mortem sibi consciuit.* Tullius, *De Claris Oratoribus, quadragesima tertia.* SES, Voiés, Sa, Sien, Son.

10 Sien, Siennes, Siens, sont vraiemant Reciproques,

ques, *& pource se tournent an Latin par les Reci-*
proques, Suus, a, um, Sui . æ, a , *mais, an certains*
*rancontres, on les rand ancore par les relatifs,*Eius,
Illius, Ipsius, Eorum, Illorum, Ipsorum. Suo
genere penitùs Reciproca sunt Francica hæc vocabula, *Sien, Siennes, Siens,* ideóque cognatis Reciprocis, Suus, a, um, Sui, æ, a , Latinè ver-
tuntur, certo tamen eorum quodam positu fit,
vt etiam Relatiuis, *Eius, Illius, Ipsius, Eorum, Illo-*
rum, Ipsorum, Latinè efferantur. *S'il reuient an*
santé, ie lui randrai le sien, Si saluus ille reueniet,
reddam suum sibi. *Plautus,* Trinummo, actu primo, scena secunda. *La Iustice est vne affection, &*
qualité de l'ame, departissant à chacun le sien, &
antretenant liberalemant , & equitablemant la
societé humaine, Iustitia est animi affectio, suum
cuique tribuens , & societatem coniunctionis
humanæ munificè, & æquè tuens. *Tullius,* quinto de Finibus, sexagesima sexta. *Lors , la coutume*
etoit vniuersele, que tous les hommes se portoient
de leur gré à distribuer iustemant à chacun le sien,
Erat omninò tum mos, vt in reliquis rebus me-
lior, sic in hoc ipso humanior, vt faciles essent
in suum cuique tribuendo. *Tullius,* de claris
oratoribus, octogesima quinta. *I'auoi composé, &*
ecrit vn edit , à ta requete , comme Brutus : mais
le sien lui plaisoit, & reuenoit plus, & à moi le
mien, Edictum scripseram , rogatu tuo. Meum
mihi placebat, illi suum. *Tullius,* decimo quarto ad Atticum, vicesima secunda. *Atticus desi-*
reux de conseruer la communauté des Buthrotiens,
paia du sien la somme qu'ils deuoient à Cesar, Atticus Buthrotiorum ciuitatem conseruatam cu-
piens, pecuniam Cæsari numerauit de suo. *Tul-*
lius

lius, decimo sexto ad Atticum, decima sexta. *Tu*
ſçais, que i'auoi reſolu de paier vint-deux mille
feſterces pour Montanus. Laquele ſomme mon fils
Ciceron auoit fort modeſtemant requis etre paiée
du ſien, de l'antretien annuel, que ie lui fournis à
Athenes, Scis nos conſtituiſſe, feſtertiûm vi-
cena bina millia Montani nomine diſſoluere.
Tullius, decimo ad Atticum, decima quinta. Con-
ſiderant ce que deſſus, il faudra peſer, & exami-
ner, ce que chacun aura de ſien, & de propre à
ſoi, & an vſer moderémant, & non pas vouloir
eprouuer, combien nous eſt conuenable, & duiſant
ce, qui eſt d'autrui, Quæ contemplantes, expen-
dere oportebit, quid quiſque habeat ſui, eáque
moderari, nec velle experiri, quàm ſe aliena
deceant. *Tullius,* primo Officiorum, ſectione centeſima decima tertia. *A chacun cela, ſur toute au-*
tre choſe, eſt fort conuenable, & bien duiſant, qui
eſt plus ſien, plus naturelemant propre à lui, Id maximè quemque decet, quod eſt cuiuſque ſuum
maximè. *Tullius,* ibidem. *Epaminondas bleſſé à*
à mort, demanda, ſi ſon pauois etoit ſauue, & les
ſiens, ſes domeſtiques, lui aians repondu, qu'ouï, il
demanda ancore, ſi les annemis etoient pas rompus,
Quæſiuit Epaminondas, ſaluúſne eſſet clypeus:
cùm ſaluum eſſe flentes ſui reſpondiſſent, roga-
uit, eſſéntne fuſi hoſtes. *Tullius,* ſecundo de Finibus, nonageſima ſeptima. *La vieilleſſe eſt hon-*
norable, & reſpectable, ſi elle retient le pouuoir, &
commandemant ſur les ſiens, ſur ſa famille, iuſ-
ques au dernier point de la vie, Ita ſenectus honeſta eſt, ſi ſe ipſa defendit, ſi ſuum ius retinet,
ſi nemini mancipata eſt, ſi vſque ad extremum
ſpiritum dominatur in ſuos. *Tullius,* Catone Maiore.

iore,tricesima septima. *Appius l'Aueugle , etant vieil, maintenoit non seulemant son autorité , & credit , mais aussi toute sorte de commandeman , & pouuoir sur les siens, sur ses domestiques , sur sa famille,* Appius Cæcus, tenebat senex , non modò auctoritatem , sed etiam imperium in suos. *Alphenus auoit le peuple à commandemant , s'an seruoit comme de chose sienne, toute disposée à son bon plaisir ,* Alphenus populo vtebatur sanè suo. *Qui aura an main les sources , assietes , & lieux des argumans , & raisons pour le discours , & par où il faut i antrer pour an vser , il pourra an tirer dequoi discourir és matieres les plus abstruses, & etre tousiours sien , tousiours à soi , ne se seruir , que de son creu , de son acquis , au discourant ,* Qui sciet, vbi quidque positum sit , quáque eò veniat , is, etiam si quid obrutum erit , poterit eruere, sempérque esse in disputando suus. *Tullius ,* quarto de Finibus , decima. *Ariarates, le fils d'Ariobarzanes est venu à Rome , & venu , à mon aduis, acheter quelque Roiaume de Cesar. Car an l'etat, qu'il est , il n'a pas sur le sien , sur chose , qui soit à lui, où mettre le pied,* Ariarates, Ariobarzanis filius, Romam venit. Vult , opinor , regnum aliquod emere à Cæsare. Nam, quo modo nūc est, pedem, vbi ponat in suo, non habet. *Tullius,* ad Atticum, decimo tertio , secunda. *Il a eté bien troublé de cete nouuele , d'autant que tout le sien , tout son vaillant court risque an ce iugemant,* Illo nuncio vehementer animo est perturbatus , quòd cius vniuersa res isto periclitatur iudicio. *Liuius,* libro tricesimo septimo. *Le fait etoit d'autant plus mal pris , & blamé de tout le monde , que tous les siens se trouuoient anuelopés dans le meme crime*
auec

auec lui, Hoc eo maiore res apud cunctum populum, flagrabat inuidia, quòd eius omnes ne-
ceſſarij eodem ipſo crimine ſimul cum eo, implicabantur. *Liuius,*tertio.

S O I.

11 *Soi, mis an qualité de pur, & ſimple Reci-*
proque, ſe rand an Latin par ſon ſamblable Reci-
proque : mais etant pris quaſi de meme que, Lui,
Elle, *lors il s'expoſe par vn pronom Relatif Latin,*
Vernaculum, *Soi,* vti purum, putúmque Reciprocum, Latino item Reciproco, ei cognato, traducitur: vt autem pænè idem valet, atque, *Lui,*
Elle, Relatiuo Pronomine Latino exponitur.
Epicure a de ſorte conceu, & compris an ſon ame
tout ce, qui eſt du tenemant, & reſſort de la vo-
lupté, qu'il eſtime, que la volupté, de ſoi, an ſoi,
par ſoi, an tant que volupté, eſt ſouhaitable. Tul-
lius, quinta Tuſcul. nonag. quinta. *Ainſi le mon-*
de ſe nourriſſoit par l'anuieilliſſemant, & aneantiſ-
ſemant de ſoi-meme, Ita ſeipſe mundus ſenio, &
conſumtione alebat ſui. *Tullius,* De Vniuerſit.
quadrageſima prima. *Mais toi,* Phyſicien, *tu ne*
prans pas garde, combien la nature eſt douce, & at-
tra ante pipereſſe, & quaſi comme maquignonne de
ſoi-meme, Sed tu hoc, Phyſice, non vides, quàm
blanda conciliatrix, & quaſi ſui lena ſit natura.
Tullius, primo de Nat. Deorum, ſeptuageſima
octaua. *Qui eſt celui, qui d'vne afaire nommé-*
mant ſi importante, ne diſcoure diuerſemant à part
ſoi, pour s'an reſoudre à propos ? Quis eſt, tanta
præſertim de re, quin variè ſecum ipſe diſputet?
Tullius, octauo ad Atticum, viceſ. ſecunda. *Il ſe*
treuue

treuue ie ne ſçai quoi de puiſſant , qui par vne for-
ce na.urele , & interieure , nous alleche à ſoi, non
pas nous conuiant par l'amorce du lucre , mais
nous tirant par la dignité de ſon merite , Eſt quiddam ,quod ſua vi nos alliciat ad ſeſe,non emolu-
mento captans aliquo , ſed trahens ſua dignitate. *Tullius,* ſecundo de Inuent. centeſ. quinqua-
geſ. ſeptima. *Brutus a ecrit , qu'il auoit priſ ſur*
ſoi tout le haſard , toute la riſque de cete afaire,
Scripſit Brutus, rem illam ſuo periculo eſſe. *Tul-*
lius , ſexto ad Atticum , prima. *Le courage de*
Hortenſius digne,& de ſoi,de lui,& de ſes ancetres,
Animus Hortenſij,dignus & ipſo , & maioribus
ſuis. *Tullius* , decima Philippica , ſect. decima
tertia.

S O N , S E s.

12 *Son ,* Ses,*comme vrais Reciproques , ſe tour-*
nent an Latin propremant , par les Reciproques,
Suus , Sua , Suum , Sui , Suæ , Sua , *de leur eſtoc:*
mais la condition du ſuiet , & de la ſtructure des
mots , permet auſsi , qu'on les rande , par les ſim-
ples Relatifs , Ille , Ipſe , Is , *Francica ,* Son , Ses,
velut ſuo genere Reciproca, Latinis,& cognatis
Reciprocis propriè redduntur:argumenti tamen
ratio, & verborum ſtructura interdum facit , vt
nudis Relatiuis , *Ille, Ipſe , Is ,* etiam reddantur.
Son pere lui a touſiours eté indulgeant, Indulſit illi
quidem ſemper ſuus pater. *Tullius ,* decimo ad
Atticum , quarta. *Memmius a fait lecture d'vne*
conuantion,& tranſaction, que lui, & ſon competi-
teur Domitius , auoient paſſeé auec les Conſuls,
Memmius pactionem recitauit, quam ipſe, &
                                        competi

competitor ſuus Domitius, cum Conſulibus feciſſent. *Scipion fut fait Conſul auãt le tans, pour la
premiere fois , mais pour la ſeconde, il le fut fait en
ſon tans, an ſa ſaiſon, an tans deu, & legitime,* Scipio factus eſt Conſul, primùm, ante tempus, iterum, ſibi ſuo tempore. *Tullius,* Lælio, vndec. ſect.
*Comme ſi Appius l'Aueugle auoit à deſſein pa-
ué la grande voie Appia , non pour l'vſage du peuple Romain , mais pour ſeruir d'occaſion, & moien à
ſes arriere-fils , de pratiquer impunemant le bri-
gandage,* Quaſi Appius ille Cæcus viam munie-
rit , non qua populus vteretur , ſed vbi impunè
ſui poſteri latrocinarentur. *Tullius ,* Miloniana,
ſect. decima ſeptima. *Son auditoire meme l'a gauſ-
ſé , & moqué , comme outré , & ruiné d'vn monde
d'arreſts, randus , & prononcés contre lui ,* Etiam
ſua concio riſit hominem , ducentis confixum
Senatuſconſultis. *Tullius ,* de Hatuſpicum reſp.
decima octaua. *Vous auez pû reconnoitre , par les
lettres de Brutus , l'affectueuſe volonté de Hortenſius, digne de ſoi, de lui , & de ſes ancetres ,* Quin-
ti Hortenſij animum egregium, dignum, & ipſo,
& maioribus ſuis, ex Bruti litteris perſpicere po-
tuiſtis. *Tullius ,* decima Philippica , ſect. decima
tertia. *Ses citoiens memes l'ont ieté hors de leur
communauté,* Hunc ſui ciues è ciuitate eiecerunt.
Tullius , pro Seſtio , centeſ. quadrag. ſecunda.
*Hortenſius eſt decedé plus an ſon tans , qu'an celui
de ſes citoiens , an ſaiſon plus conuenable à lui, qu'à
ſa patrie,* Hortenſius è vita ceſſit , ſuo magis,
quàm ciuium ſuorum tempore, *Tullius ,* De Claris Orat. quarta. *Ses propres vices le puniront aſſés
ſuffiſammant ,* Illum vlciſcentur mores ſui. *Tullius ,* nono ad Atticum , decima quarta. *Son pro-*

pre

propre los eſt deu à chaque vertu à part , Sua
cuique virtuti laus propria debetur. *Tullius* , ſecundo de Orat. trecenteſ. quadrag. quinta. *Comme ſi on ne pouuoit rien dire, de ce qui touche à l'o-
rateur , ſinon par l'aide de ſes preceptes* , Quæ cadunt in oratorem , ea nolo ſic tractare , quaſi nihil poſſit dici, ſine præceptis ſuis. *Tullius* , ſecundo de Oratore , quadrag. ſeptima. *Caius Flaminius, Tribun du peuple, propoſoit vne loi, par voie de
ſedition. Son pere le tira hors du tample, où il tenoit
aſſamblée de la populace.* Caius Flaminius , Tribunus plebis, per ſeditionem ad populum legem
Agrariam ferebat. Hunc ſuus pater , plebis con-
cilium habentem de templo deduxit. *Tullius* , ſecundo de Inuent. quinquageſima ſecunda. *Le
meſſager m'a apporté les lettres de Brutus , eſque-
les ſe treuue vn chef , bien aliene de ſa prudance,
portant que ie me treuue à Rome , pour eſtre ſpectateur de ſes ieux* , Tabellarius litteras Bruti ad
me attulit, in quibus vnum alienum ſumma ſua
prudentia , vt ſpectem ludos ſuos. *Tullius* , decimo quinto ad Atticum , viceſima quinta. *Si ſon
frere receuoit quelque mauuais traitemant de Cé-
ſar , que perſonne ne douteroit , que ce ne fut arriué de ſon gré , & conſantemant* , Si quid fratri
grauius ab Cæſare accidiſſet , neminem exiſti-
maturum , non ſua voluntate factum. *Cæſar,*
primo belli Gallici. *Que ſi lui ne s'ingeroit pas de
preſcrire au peuple Romain , de quelle façon il deuoit vſer de ſon droit, & pouuoir : qu'il ne falloit
pas auſſi , qu'il fut troublé par le peuple Romain
an la iouiſſance de ſon droit* , Si ipſe populo Romano non præſcriberet , quemadmodum iure
ſuo vteretur : non oportere ſe à populo Romano
in

in suo iure impediri. *Cæsar,* primo belli Gallici *Il a eté bien troublé en son ame de cete nouuelle,
d'autant que tous ses moiens courent risque an ce
iugemant.* Illis nuncijs vehementer est animo perturbatus, quòd eius vniuersa res isto
periclitatur iudicio. *Liuius,* tricesimo septimo. *Le fait an etoit d'autant plus mal pris &
blamé de tout le monde, que tous ses parans, &
alliés se trouuoient anuelopez dans le msme crime, auec lui,* Hoc eo maiore inuidia res
flagrabat apud cunctum populum, quòd eius
omnes necessarij eodem ipso crimine, simul
cum eo, implicabantur. *Liuius,* tertiò.

PAucia te monitum, *Lector,* volo, vt non te
fugiat, quamobrem hic ex abrupto desina-
mus. Ad extremam vsque huius commētatio-
nis clausulā pauculæ supererant pagello, sed
quæ vel alio auersæ sunt, vel casu interscide-
runt, auulis nuper à prelo per tumultum ty-
pographicis operis, initio funestæ huius Lug-
dunensiū cladis. Quas pagellas speramus, nos
cum fenore instauraturos, haud multas post
hebdomadas, obsecūdātibus nostro instituto
Superis. Tu autem, *Lector,* dum eam tibi operam nauamus, & fructuosiores etiam medita-
mur alias, præsentibus intereà, tametsi muti-
lis, æquo, & beneuolo fruitor animo. *VALE.*

F I N.